企业财务管理

数字化转型研究

尹万军◎著

中国商业出版社

图书在版编目（CIP）数据

企业财务管理数字化转型研究 / 尹万军著. -- 北京:
中国商业出版社, 2023.10
ISBN 978-7-5208-2664-8

Ⅰ. ①企… Ⅱ. ①尹… Ⅲ. ①企业管理－财务管理－数字化－研究 Ⅳ. ①F275

中国国家版本馆CIP数据核字(2023)第191139号

责任编辑：杨善红
策划编辑：刘万庆

中国商业出版社出版发行
（www.zgsycb.com 100053 北京广安门内报国寺1号）
总编室：010-63180647 编辑室：010-83114579
发行部：010-83120835/8286
新华书店经销
定州启航印刷有限公司印刷
*
710毫米 ×1000毫米 16开 15.75印张 215千字
2023年10月第1版 2023年10月第1次印刷
定价：88.00元
* * * *
（如有印装质量问题可更换）

前 言

在科技进步和经济全球化的新时代背景下，数字化转型已经成为一种无法忽视的趋势，对所有领域都产生了深远影响，尤其对企业财务管理方面尤甚。本书旨在对这个主题进行深入研究和探讨，透彻分析并理解这一变革对企业财务管理的影响及其所带来的机遇。在第一章，对财务管理的基础理论进行了介绍，从概念、目标、内容、原则到环境和方法的角度，进行全面的阐述，为读者提供了一本理解和应用财务管理的工具书。进入第二章，将关注企业财务管理的分类，包括资本成本、筹资行为、营运资本、利润分配管理，以及企业的重组与清算。通过深入剖析，为读者构建一个全方位的财务管理框架。第三章转向核心话题：企业财务管理的数字化。从基础档案信息化、初期数据信息化，到系统数据的初始化实证研究，展示了企业财务管理数字化转型的初步步骤。随后，在第四章研究了数字化财务对企业价值的影响和提升。此处，重点探讨了数字经济如何推动企业财务管理的变革，数字化财务如何提升企业的综合价值，以及提升财务分析能力和数字分析能力，还将介绍数字分析师的专业能力及其在数字化财务转型中的应用。第五章从更广阔的视角，考察了基于数字化转型视域下的企业财务管理，包括数字化环境下的工作系统和工作方式，第四张报表的新概念，以及新型企业财务管理模式的应用。第六章希望以此为读者提供一种更具前瞻性的视野，以便更好地适应和引领未来的变革。在第六章，提出企业财务管理数字化建设与转型的策略，如何实现财务组织与财务模式向数字化转变，企业专业财务管理向数字化的转型与创新，以及企业业务财务管理向数字化的转型，新时代下企业财务共享服务的数字化建设，以及改革创新新形势下企业财务数字化的发展规划。希望通过这些详细的策略和实践，为读者提供实际的参考和指导，帮助企业在数字化转型的道路上走得更稳、更远。

《企业财务管理数字化转型研究》一书的目标在于，提供全面而深入的分析，从理论到实践，揭示企业财务管理数字化转型的各个层面。在这个进程中，不仅要看到挑战，更要看到机遇。数字化不仅是一种技术的变革，也是一种思维的转变，它将推动人们对财务管理有更深、更广的理解，使企业财务管理更加精准、高效和智能。本书的每章节都有其独特的价值和含义，既注重理论的深度，也强调实践的针对性。从基本的财务管理概念，到复杂的数字化转型策略，尽可能地覆盖了这个话题的所有关键点。读者无论是财务专业人士，还是对数字化转型感兴趣的人，都可以从中获取有价值的洞见。未来的企业财务管理，无疑将被数字化转型深深地影响和改变。这本书并非给出所有的答案，而是希望通过问题的提出、观点的碰撞、疑问的解答，引发读者更深入的思考，激发读者的主动求知和探索精神。只有通过学习和实践，才能真正把握数字化转型这一时代的大潮，驾驭这股力量，推动企业的持续发展和进步。

本书文字深入浅出，构思严谨，深入对企业财务数字化转型进行了研究，以期对有关人员有所帮助。由于笔者水平有限，在撰写本书时难免存在不足，敬请广大读者批评指正！

目 录

第一章　财务管理的理论概述……1

第一节　财务管理的概念……1

第二节　财务管理的目标、内容与原则……9

第三节　财务管理的环境与方法……37

第二章　企业财务管理的分类……53

第一节　企业资本成本及资本结构决策管理……53

第二节　企业筹资行为及项目投资决策管理……58

第三节　企业营运资本与利润分配管理……72

第四节　企业的重组与清算……81

第三章　企业财务管理初始数字化分析……97

第一节　财务管理中的基础档案数字化……97

第二节　企业财务管理中初期数据信息化……101

第三节　企业财务管理中系统数据的初始化实证研究……118

第四章　数字化财务对企业价值的影响及提升……145

第一节　数字经济对推动企业财务管理的影响与变革……145

第二节　数字化财务对企业综合价值的提升……150

第三节 数字化财务提升财务分析能力与数字分析能力……160
第四节 数字分析师专业能力及其在数字化财务转型中的应用……178

第五章 基于数字化转型视域下的企业财务管理……185

第一节 数字化环境下的工作系统及其工作方式……185
第二节 第四张报表新概念的提出……193
第三节 新型企业财务管理模式的应用……206

第六章 企业财务管理数字化建设与转型策略……211

第一节 财务组织与财务模式向数字化转变……211
第二节 企业专业财务管理向数字化转型及创新……221
第三节 企业业务财务管理向数字化的转型……226
第四节 建设新时代下的企业财务共享服务数字化……235
第五节 改革创新形势下的企业财务数字化发展规划……239

参考文献……245

第一章　财务管理的理论概述

第一节　财务管理的概念

一、财务管理基本概念

简言之，财务管理主要是针对企业资本运动而进行的管理，企业资本运动是企业资本筹集、运用、收益以及其分配活动的总称，也被称为“企业财务活动”。在我们国家的企业实践中，企业财务活动的内容与本质可以体现为两个方面。

（一）企业财务活动

1.筹资活动

企业在运营和发展过程中需要资金支持，可以通过两个主要方式进行筹资：股权融资和债权融资。股权融资是向股东募集资金，形成权益资本；而债权融资则是向债权人借款，形成债务资本。这两种筹资方式各自具有不同的成本和风险，企业在进行筹资决策时需要综合考虑这些因素。股权融资是企业向股东发行股票，以换取资金，这种方式的主要成本是向股东分享利润和控制权，因为股东作为股权持有人，有权分享企业盈利并参与决策。然而，这种方式的风险相对较低，因为企业不需要偿还股东投资，即使企业亏损也不需要返还投资本金。另外，债权融资涉及从债权人处获得贷款，并按约定的利率和期限偿还本金和利息。与股权融资相比，债权融资的成本更多体现在支付利息和偿还债务的义务上，债权融资的风险相对较高，因为企业必须按时偿还债务，即使企业面临经营困难或亏损。在筹资决策中，企业的核心问题是以最低的成本和风险获取所需的资金，同时保持合理的资本结构。为了实现这一目标，企业需要仔细评估股权融资和债权融资的利弊，并考虑多个因素，如财务状况、市场情况、行业竞争和预期增长等。企业还应考虑投资者对不同筹资方式的偏好和信任程度，以及对企业未来发展的影响。

2.投资活动

投资是企业实现增长和利润最大化的关键活动之一，通过投资活动，企业将资本投入使用，以期获得更大的回报，这些投资活动对企业的资产负债表左侧产生直接影响，形成了企业的资产项目。资产负债表左侧的资产项目主要由投资活动形成，投资活动根据回收期限可分为长期投资和短期投资。长期投资包括项目投资和金融投资。项目投资指企业直接投资于自身或外部项目，如新设厂房、购买生产设备等，这些投资通常具有较长的回报期，但也能为企业带来稳定的长期收益。金融投资则是企业通过购买股票、债券或其他金融资产间接投资于其他企业，这些投资通常能够提供投资收益和股权价值上的增长。短期投资也是企业重要的投资活动，体现为流动资产，主要包括企业的日常经营性投资，如存货、应收账款、短期证券等，能够帮助企业维持正常的运营并支持销售和生产活动。短期投资的灵活性较高，可以根据市场需求和经营状况进行调整。

3. 收益与其分配活动

资本运动的目的在于实现收益并保值增值，而资本收益的分配则成为资本运动的起点和终点，对企业的规模和结构产生重要影响。企业在财务活动中需要合理确定收益分配的规模和方式，以协调利益相关方之间的关系，并促进企业的长期发展。筹资、投资和收益分配作为企业财务活动的基本内容，体现了企业在生产经营过程中的价值变化。收益分配是企业实现投资回报的重要环节，也是企业发展的终点，收益分配涉及将企业的盈利回报给股东和其他利益相关方。合理的收益分配规模和方式可以平衡各方利益，维护利益相关方之间的稳定关系，并为企业的持续发展创造良好的环境。企业可以通过派发股利、再投资、股票回购等方式实现收益分配，以实现股东价值最大化和企业长期发展目标的平衡。

伴随着金融市场的发展以及金融工具的不断创新，现代企业经营活动及其对应的财务活动内容得到了进一步拓展，主要表现在以下几点。

（1）货币商品经营

货币商品经营是一种以货币为对象的经营活动，旨在通过买入、持有或卖出货币商品来获得收益。这种经营形式主要针对虚拟化的金融资产进行，涉及金融市场和金融工具的交易和投资。

（2）资本经营

资本经营是一种以资本为对象的经营活动，其核心在于通过对资本的权益属性进行投资、持有或出售等一系列管理活动，这种经营形式主要体现在现代企业间的产权变更和并购行为中。资本经营的主要目的是通过对资本的投资和管理，实现资本的增值和利润的最大化。在资本经营中，企业通过收购其他企业的股权或资产来扩大自身的规模和实力，实现资源的整合和优化配置。并且通过出售或转让企业的股权或资产，实现资本的回流和利润的实现。

这两类财务活动面临着比较特殊的市场，有着特定的投资领域、特有的风险环境以及特有的收益方式。

（二）企业财务关系

财务关系是企业在组织财务活动过程中与各方面发生的经济利益关系，是企业与其内外各相关利益主体所发生的利益关系的总和[①]，内容主要有以下几方面。

1.企业与投资者、受益者之间的财务关系

企业与投资者、受资者之间的财务关系是一种基于投资和分享投资收益的关系，具有所有权的性质。这种关系在企业运作中起着重要作用，需要企业正确处理，以维护投资者和受资者的权益。当企业与投资者发生财务关系时，企业作为受资者从投资者那里筹集资本用于经营活动，并根据约定的协议和法律规定，将实现的收益进行分配。投资者以投资的方式参与企业，成为企业的股东或债权人，享有相应的投资回报权益和决策权。企业通过向投资者提供合适的投资回报，可以吸引更多的资本进入，支持企业的发展和扩大规模。而当企业与受资者发生财务关系时，企业作为投资者以自身的资本向其他单位投资，从中获得投资收益。受资者可以是其他企业、个人或机构，企业根据投资额的多少从受资者那里分享投资收益。这种关系可以通过投资股权、债券、基金等方式实现，旨在获取更高的投资回报和利润。企业应当根据相关法律法规的要求，正确处理与投资者和受资者之间的财务关系。这包括确保投资者的投资安全和合法权益，提供准确、透明的财务信息，履行信息披露义务，以建立良好的信任关系。企业还应尊重受资者的权益，保护其合法权益，确保投资回报的公平分配。在财务关系中，企业需要积极平衡投资者和受资者之间的利益关系，维护其各自的合法权益，可以通过建立健全的公司治理结构，加强内部控制和风险管理，确保财务决策的透明性和合规性。企业还可以通过定期报告、股东大会和利益相关者沟通等方式，

① 肖超栏．财务管理学[M]. 北京：北京理工大学出版社，2020：4.

与投资者和受资者保持良好的沟通和互动，增强彼此的理解与信任。

2. 企业与国家税务机关之间的财务关系

税收是国家的重要财政收入来源，用于支持公共事业、社会福利和经济发展。企业作为纳税义务人有责任履行纳税义务，遵守税法规定并按时缴纳相关税款。企业应根据国家税法规定，正确计算应纳税额，填报纳税申报表，并按规定的时间进行纳税申报和缴税。及时足额地纳税有助于企业树立良好的税收形象，维护企业的信誉和声誉。企业可以积极与税务机关合作，主动了解和遵守税法法规，积极参与税收优惠政策，合理合法地减少税负。税务机关也应提供便利和支持，为企业提供及时的税务信息和服务，降低企业纳税的成本和风险。

3. 企业内部各部门之间的财务关系

企业内部各部门之间的财务关系涉及内部结算和分工协作，这种关系体现了企业内部各部门的收支结算、资源配置和协同合作。一方面，企业内部各部门与财务部门之间存在收支结算关系。各部门可能需要向财务部门申请领取款项用于日常经费支出、项目开展等，同时也需要向财务部门报销相关费用。财务部门负责集中管理和分配企业内部的资金，并进行收付款业务，从而规范企业内部资金流动，确保资金使用的合理性和透明性。财务部门也承担着对各部门收支情况进行核对和审核的职责，确保企业内部财务的准确性和合规性。另一方面，企业内部各单位之间存在计价结算关系，这是基于提供产品或劳务而进行的内部交易。各部门或单位之间通过内部交易定价，进行相互的资源调配和协作合作，能明确各部门间的经济利益关系，促进内部分工协作。内部交易定价可以合理配置资源、协调生产关系，优化企业内部效率和经营成果，计价结算关系还对企业内部的绩效评估和激励机制起到重要作用，有利于激发各部门的积极性和创造力。

4.企业与员工之间的财务关系

企业与员工之间的财务关系涉及利益的分配和劳动报酬的支付，作为劳动者，员工通过提供劳动力为企业创造价值和实现利润。他们投入时间、技能和经验，为企业的生产和服务提供支持，企业作为雇主有义务向员工支付合理的劳动报酬，以体现对员工劳动的公正回报。企业应根据员工的工作量、岗位要求和绩效表现，制定薪酬制度，确保员工的劳动价值得到适当体现。工资通常是基本劳动报酬的核心部分，它可以根据员工的工作时间、技能水平和工作质量进行计算。企业还可以根据员工的表现和贡献给予津贴和奖金等激励措施，以鼓励员工积极参与工作和提高绩效。

二、财务管理的内容及特点

财务管理主要是基于企业生产经营过程中客观存在的财务活动以及财务关系产生的，是组织企业资本运动、处理企业与各方面财务关系的一项经济管理工作，是企业管理工作中的重要部分。结合实际情况来看，目前的企业管理需要解决的基本问题有：如何筹措投资所需要的资本，什么资产值得企业投资，应怎样分配回收的资本，等等。对此，企业财务管理的基本内容包括筹资管理、投资管理以及收益分配管理，企业财务管理还应适当针对财务活动的拓展领域以及特殊性问题进行运作，包括公司并购、财务重整与清算等。可以将财务管理作为一项具有特定对象的经济管理工作，有着两个明显的特征。

（一）企业财务管理是一种价值管理

财务管理具有一种独特的特点，即它是一种价值管理。与其他管理领域相比，财务管理更加注重企业价值的创造、实现和分配，运用资本、成本、收入等价值指标来组织和管理企业的生产经营活动。财务管理处理着企业在价值运动中的经济关系，包括与供应商、客户、债权人和股东等各方的财务交流和合作。及时准确地披露财务信息、进行财务分析和评估，财务管理能够建立透明、公正的合作关系，增加利益相关方对企业的信任，从而促进更多的价值流动和创造。

（二）财务管理是一项综合管理工作

财务管理作为企业管理的一个独立方面，具有综合性管理工作的特点。财务管理与生产管理、营销管理、人力资源管理等子系统相互关联，共同推动企业的发展，以财务规划、预算控制、资金管理等手段，协调各个子系统的工作，确保企业整体目标的实现。财务管理的综合性使其能够从全局的角度审视企业的财务状况和经营效果，为决策提供重要依据。财务管理在企业内部涉及面广，涵盖了财务规划和预测、资本投资决策、成本控制和核算、财务报告和分析、税务管理等诸多方面的活动，应考虑企业内外环境的变化和需求，制定相应的财务策略和措施，以实现企业的长期稳健发展。财务管理具有高度的综合性和灵敏度，关注并分析企业的财务数据，进行准确的财务分析和评估。①财务管理人员需要具备全面的财务知识和技能，能够理解和应对不同领域的财务问题，在各种信息和数据中抓住关键指标，及时发现和解决潜在的财务风险，以确保企业财务的健康和稳定。

三、企业财务管理组织及其职能定位

（一）企业财务管理组织设计模式

企业日常财务管理的组织设计模式根据企业规模和需求的不同，可以分为三种主要模式。财务部门与会计部门合二为一的模式，适用于小型企业。财务部门与会计部门合并为一个部门，负责企业的财务管理和会计核算工作，由于小型企业规模相对较小，财务和会计工作量相对较

① 蔡维灿．财务管理[M]．北京：北京理工大学出版社，2020：3．

少，合并两个部门可以更好地利用资源和人力，实现高效的财务管理。单独设置与会计部门并列的财务部门模式，适用于大多数大型企业，财务部门独立存在，并与会计部门平行运作。财务部门负责财务规划、预算、资金管理、投资决策等方面的工作；而会计部门负责会计核算、报表编制和税务管理等工作，更好地区分财务和会计职能，使各个部门专注于自己的领域，实现更精细化的管理。以公司型组织为特征的财务管理组织的模式，适用于大型集团公司和跨国公司，在这种模式下，设立专门的理财机构或财务公司，负责集团内部各成员企业之间的财务协调和资本调度。这样的组织结构可以更好地实现集团内资金的统一管理和配置，促进资源的最优分配，并提供专业的财务服务和决策支持。

（二）财务管理与会计职能的差异

财务管理与会计职能在现代企业中拥有各自的职能和责任，财务管理涉及筹资、投资、收益分配等职能，旨在实现企业的财务目标和利益最大化，与之相比，会计职能更专注于财务会计、成本会计、会计信息系统处理和税务会计等方面的工作，以提供准确的财务信息和报表。尽管财务管理和会计具有差异，但它们是紧密相关且互为支撑的。财务管理以会计提供的信息为基础进行决策，会计核算和报表编制为财务管理提供了关键的数据和指标，包括企业的资产、负债、收入、成本等方面的信息，会计信息可以帮助财务管理者了解企业的财务状况和运营情况，从而做出准确的决策和战略规划。会计核算也是财务管理的基础，准确的会计核算和报表编制确保了财务数据的可靠性和准确性，财务管理依赖这些会计核算数据来进行预算编制、财务分析和绩效评估等活动。财务管理者可以通过对会计数据的分析和解读，识别潜在的问题和机会，制定相应的财务策略和决策。财务制度是会计核算的基本依据，财务制度规范了企业的会计核算方法、会计政策和报表格式等方面的要求，确保了会计核算的一致性和可比性，为财务管理提供了可靠的基础。财务管理者需要了解和遵守财务制度的规定，以确保企业财务信息的合规性和可信度。

第二节　财务管理的目标、内容与原则

一、财务管理的目标

（一）企业目标及其财务管理的要求

企业的出发点和归宿是获利，企业的经营活动的目标是实现盈利。无论是新成立的企业还是已经存在的企业，都必须面对竞争的现实，并在生存和倒闭、发展和萎缩之间寻求平衡。因此，企业管理的目标可以总结为生存、发展和获利。

1.生存

企业的生存是其经营活动的首要目标，而收支平衡和偿债能力则是实现生存的关键条件。为了维持经营，企业需要从市场中获得足够的货币收入，这包括来自产品销售、服务提供和投资回报等方面的收入来源，收入的稳定性和增长性对企业的生存至关重要。企业需要不断创新以降低成本和增加收入，保持收支平衡。成本控制是企业财务管理的核心内容之一，精细的成本管理有助于企业提高生产效率、优化资源配置、降低运营成本，从而增强企业的盈利能力。企业还应积极寻求增加收入的机会，包括开拓新市场、推出创新产品、提供差异化的服务等。债务偿还能力是企业财务管理的另一个重要方面，企业通过借款来融资，但必须确保能够按时偿还到期债务。长期亏损或无法偿还债务可能导致企业陷入财务困境，甚至面临倒闭风险。因此，企业需要合理规划债务结构、合理安排还款计划，并积极管理现金流，以确保偿债能力。保持收支平

衡和偿债能力是财务管理的首要要求，企业应当建立健全财务管理体系，包括制订预算和财务计划、进行财务分析和预测、优化资金运营等，还应加强内部控制，确保财务数据的准确性和可靠性，以便及时发现和解决潜在的财务风险。

2. 发展

在现代经济中，企业的生存与持续发展密不可分。为了在竞争激烈的市场中立足，企业必须不断创新和改进，推出更新、更受欢迎的产品和服务。企业的发展需要资金的支持，因此资金筹集成为财务管理的重要要求之一，企业需要筹集足够的资金来支持其发展计划和项目，用于研发新产品、扩大生产能力、开拓新市场、进行市场营销和品牌推广等。为了筹集资金，企业可以采取多种策略，如通过债务融资、股权融资、内部资金积累或合作伙伴关系等方式。财务管理在资金筹集方面涉及资本预算、资金计划和预测、投资决策和风险管理等方面的活动，企业需要进行准确的财务分析和评估，以确定最佳的资金筹集方式和策略。财务管理还包括有效的资金管理，确保资金的合理运用和投资回报的最大化。在实际操作中，财务管理者需要与内外部利益相关方进行有效的沟通和协调，以获得支持和合作。与金融机构、投资者和合作伙伴的关系紧密相关，这有助于企业获得更多的资金支持和合作机会。

3. 获利

企业的生存和发展必须建立在盈利的基础上，盈利是创立企业的目的，也是企业综合能力的最重要指标之一。虽然企业可能有多个目标，但盈利能够综合评估其他目标的实现程度，并推动其他目标的达成。在财务管理中，盈利意味着资产能够获得超过投资的回报。在市场经济中，资金并非免费获得，因此财务管理需要合理有效地运用资金来实现企业的盈利目标。有效地实现盈利需要财务管理者采取一系列措施来优化企业的财务状况和运营效率，财务管理者需要制定有效的财务战略和规划，确保企业的收入和支出之间的平衡，并提高收入的增长率，可能涉及产品定价、销售渠道优化、市场营销策略等方面的决策。并且应进行精确的财务分析和预测，以识别潜在的盈利机会和风险，并及时采取相应的措施来调整和优化企业的经营策略。财务管理者还应关注成本控制和效率提升，降低运营成本、提高生产效率、优化资源配置等，从而增加企业的盈利能力。

（二）企业的财务目标

1.利润最大化

利润最大化的观点认为：利润代表了企业新创造的财富，利润越多则越能说明企业的财富增加越多，更加接近企业的目标。这种观点的缺陷是：没有考虑利润的取得时间、没有考虑所获利润和投入资本额的关系、没有考虑获取利润和所承担风险的关系。企业在短期内追求最大化的利润可能会采取短视的经营策略，忽视了长期可持续性的发展。利润最大化观点没有考虑到所获利润与投入资本额之间的关系，企业可能通过增加资本投入来追求更高的利润，但这并不意味着资本的投入一定能够实现预期的回报，管理者需要综合考虑资本回报率和资本成本，以确定最优的资本配置方案。利润最大化观点忽视了获取利润与所承担风险之间的关系，企业在追求高利润时通常需要承担相应的风险，高利润往往伴随着更高的风险水平，包括市场风险、竞争风险、经济波动等，因此，企业必须在追求利润的同时，进行风险管理和控制，以确保企业的长期稳定发展。

2.每股盈余最大化

每股盈余最大化观点认为：应该将企业的利润与股东投入的资本联系起来考虑，通过每股盈余或权益资本净利率等指标来综合评估企业的财务目标，以避免“利润最大化目标”的一些缺点。然而，这种观点仍然存在一些缺陷。这种观点仍然没有考虑到每股盈余取得的时间性，企业的盈利可能会受到经济周期、行业发展阶段和竞争状况等因素的影响，导致每股盈余的波动，单纯关注每股盈余而忽视其时间性可能导致对企业短期盈利的过度追求，忽略了长期可持续发展的重要性。这种观点仍然没有充分考虑到每股盈余的风险性，企业在追求每股高盈余时，往往需要承担相应的风险。例如，企业可能需要进行大额投资、面临市场变化、技术风险等。忽视风险因素可能导致过度乐观的财务目标设定，而忽略了风险管理和控制的重要性。

3. 股东财富最大化

股东财富最大化或企业价值最大化是财务管理的主要目标，这意味着企业致力于为股东创造最大化的经济利益和增加股东财富。盈利作为企业为股东创造价值的关键指标，反映了企业的经营效益和竞争力。实现持续的盈利，能使企业增加股东权益的市场价值，进而提高股价，使股东的投资获得回报。股价的最大化被视为股东财富的体现，因为它直接影响着股东的投资回报率和财富增长。企业价值的增加不仅涉及股东权益的增长，还包括债务价值的增加。企业通过有效的财务管理，提高资本结构的稳健性，降低债务成本，从而增加企业的价值。综合考虑股东权益和债务价值的增长，可以实现企业价值的最大化。财务目标的统一性提供了决策的依据，并确保了内在一致性，有助于企业管理层在制定战略和决策时明确目标，并在追求股东财富最大化的同时保持财务健康和可持续发展。

（三）影响财务管理目标实现的因素

从宏观角度上说，股东价值的创造是由企业长期的现金创造能力决定的，创造现金最基本的途径有两种：一种是提高现金流量，另一种是降低资本成本。按照不同形式的现金流量，可以将企业活动分成经营活动、投资活动与筹资活动。

1.经营活动

经营活动所产生的现金对于企业的价值创造具有决定性的意义，现金流是企业盈利的基础，反映了企业在日常经营中实际收入和支出的情况。从长远来看，经营活动所产生的现金对于企业的可持续发展和增加股东财富至关重要。经营活动所产生的现金取决于销售收入和成本费用两个因素，销售收入是企业创造价值的来源，体现了企业产品或服务的市场需求和竞争力。不断提高销售额和市场份额，可以使企业增加收入，进而为股东创造更多的财富。然而，为了实现持续的现金流增长，企业还需要关注成本费用的控制和降低，以提高利润率和现金流量。利润是经营活动中的关键因素，是销售收入与成本费用之间的差额，利润的增长可以推动股价上升，因为股价往往受到企业盈利能力的影响。除了当前的利润水平，投资者也会关注企业未来的利润增长率，需要企业在考虑经营环境、内部条件和竞争战略的基础上制订有效的增长计划和策略，以确保持续的利润增长和股东财富的增加。

2.投资活动

投资活动在企业财务管理中涵盖了资本资产投资和营运资产投资两个方面，目的是增加产量、提高产品性能、降低成本或减少营运资金的占用。资本资产投资是指企业对于生产能力的扩张或升级进行的投资。通过资本资产投资，企业可以增加生产产能、改进产品质量和性能，降低生产成本，提高生产效率。这种投资往往需要大量的资金投入，并且在投资初期可能会减少股东财富。然而，只有当这些投资能够带来增加的收入、降低的成本或减少的营运资金时，才能为企业创造更多的股东财富。因此，在进行资本资产投资时，企业需要仔细评估投资项目的可行性和预期回报，确保投资能够增加股东财富。营运资产投资是指为支持日常经营活动而进行的资金投入，营运资产包括现金、存货、应收账款等。企业通过合理的营运资产投资，可以实现经营活动的正常运转，并尽量减少资本占用和资本成本。优化资金运作和减少资金周转周期，企业可以提高营运资金的效率，节约成本，并为企业增加股东财富。所以在进行营运资产投资时，企业需要关注现金流量和资金运作的优化，以实现最佳的资本回报率。投资活动与企业的盈利能力密切相关，企业通过投资活动来创造利润，并通过投资的产出与投入的比率，即投资资本回报率，来评估企业的盈利能力和效益水平。投资资本回报率是衡量企业绩效的关键指标之一，也是影响股价的重要因素。合理的投资决策和优化资本配置，可以进一步使企业提高投资资本回报率，进而增加股东财富和提升股价。

3.筹资活动

企业的资金筹集对于股东财富的影响是一个复杂的问题，存在不同的观点和看法，资金筹集可以通过债务和权益两种方式进行。债务资金筹集是指企业通过向债权人借款来筹集资金，债务资金的利用可以带来利息支出，从而减少企业的净利润，进而影响股东财富。然而，债务资金具有一定的税收优势，因为债务利息可以在税前扣除。这意味着债务成本相对较低，可以降低企业的资本成本，从而增加股东财富。但债务增加也会增加企业的破产风险，从而对股东财富产生不利影响。因此，企业需要仔细权衡债务和权益的利弊，确定适当的负债或权益比例，以降低平均资本成本，并最大化股东财富。除了债务资金筹集，广义的筹资活动还包括股利分配，这也是一种内部筹资决策。如果企业具有投资回报率超过资本成本的投资机会，将多余现金用于再投资可以增加股东财富，那么企业将利润再投资到具有较高回报率的项目中，而不是将其作为股利分配给股东。如果企业没有具有高回报率的再投资机会，刚将多余现金返还给股东可以更好地满足股东的利益。

（四）实践中的财务管理目标

股东与债权人都能为企业提供财务资源，但是均处于企业之外，只有经营者，即管理当局在企业内部直接从事财务管理的工作。股东、经营者以及债权人之间相互构成了企业的核心财务关系，财务管理过程中应协调这三方面的利益关系，进而有效实现企业价值最大化的目标。

1.股东与经营者之间的目标差异及利益协调

协调股东和经营者的利益目标是一个关键的议题，因为二者的利益可能存在偏差。股东作为企业的投资者，追求股东财富的最大化；而经营者则负责企业的日常经营管理，并可能受到其他因素的影响。为了解决这种利益冲突，股东需要采取一些措施监督和激励经营者，以确保他们的行为符合股东利益。协调两者利益目标的具体方式如下。

（1）解聘

在公司治理中，股东大会作为一种重要的机制，赋予股东权力来约束和控制经营者的行为。股东大会是股东的最高决策机构，股东通过参与股东大会行使其权利，并对经营者的表现进行监督和评估。其中，股东大会具有对经营者解聘的权力，这是一种行政约束措施，用以确保经营者为实现股东利益目标而努力。通过解聘经营者的威慑作用，股东能够迫使经营者在其职责范围内努力追求企业的财务管理目标。经营者面临着被解聘的风险，因此他们会努力避免行为或决策对股东财富造成损害，并寻求实现股东利益的最大化。这种行政约束的机制激励经营者更加负责地管理企业，并对其行为进行自我调整。

（2）接收

在竞争激烈的市场环境中，如果经营者未能有效地提高公司的市场价值，企业可能面临被其他公司强行接收或吞并的风险。这种市场约束机制对经营者起着重要的作用，促使其采取一切必要措施来提升公司的市场价值，以避免被竞争对手取而代之。当经营者的经营决策失误或经营不力时，导致企业未能实现预期的增长和利润，投资者和市场参与者会对企业的表现产生怀疑，并可能导致股价下跌，这种市场反应强化了经营者的市场约束。经营者面临着失去股东信任、投资者撤资以及其他竞争对手获取市场份额的风险，因此必须采取积极措施来改善公司的竞争力和市场表现。

（3）激励

激励是一种重要的管理工具，旨在通过将经营者的报酬与其绩效挂钩，激发他们自觉采取能够实现企业价值和股东财富最大化的措施。在竞争激烈的商业环境中，企业需要吸引和留住卓越的经营者，激励措施起到了关键的作用。短期激励措施主要包括工资、奖金和津贴等形式的报酬，与个人的短期绩效相结合，激励经营者在日常经营活动中取得良好的业绩。例如，设置目标和指标，并将经营者的绩效与这些目标相联系，根据实际表现给予相应的奖励。短期激励可以促使经营者更加专注于当下的经营任务，并通过积极的行动来实现预期的业绩。长期激励措施是为了引导经营者关注公司的长期发展，并与其股东利益紧密相连。股权激励和股票期权激励是常见的长期激励方式，给予经营者公司股权或股票期权，他们可以分享企业价值的增长，并且在长期发展中获得经济回报，可以激励经营者持有长期的经营目标，促使他们作出具有战略眼光和长远影响的决策。

2. 股东与债权人之间的目标差异及利益协调

股东与债权人之间存在着委托代理关系，这是因为股东将经营权委托给经营者，而债权人则提供了企业所需的资金。由于利益目标的差异，股东和债权人对于企业现金流的要求存在一定的差异。债权人通常对现金流具有首要权，因为他们希望确保企业能够按时偿还债务和支付利息。债权人更加关注企业的偿债能力和稳定性，他们在项目选择和投资决策中更为保守，注重降低风险。相比之下，股东更加关注企业的剩余现金流，即除去债务偿还后归股东享有的现金流。股东可能会追求高回报的投资机会，甚至愿意承担更高的风险。他们可能会采取一些行动来满足自身利益，如增加新债务或投资高风险项目，这可能对债权人的利益造成损害。为了协调股东和债权人之间的利益差异，股东需要获取更多的信息并对经营者进行监督。增加透明度和监督机制，使股东更好地了解企业的运营情况，以确保经营者按照企业整体利益进行决策。股东还可以采取激励机制来激发经营者的积极性和创造力，使其对股东和债权人的利益保持一致。然而，协调股东和债权人利益差异并不是一项简单的任务，需要权衡不同利益方的权益，确保企业的长期稳健发展。在制定激励机制和监督机制时，必须考虑到利益的平衡和合理性，以避免对任一方造成不公平或损害。

为了保护债权人的权益，除了寻求立法保护，通常还可以采用以下协调方式：

（1）限制性借债

限制性借债是一种通过债务合约来实现的财务管理手段，债务合约是债权人与企业之间达成的协议，旨在限制股东可能导致对债权人权益剥夺的行为。限制性借债可以对公司的投资政策进行限制，债务合约可以规定债务资本的用途，确保借款资金被合理投资，避免股东滥用资金，如追求个人利益或进行高风险投资，限制投资政策，可以使债权人确保资金被用于提高企业长期价值和盈利能力的项目上。限制性借债可以对额外财务杠杆进行严格限制，所以企业在未经债权人同意的情况下不能增加额外债务，这样一来，债务合约可以控制企业的债务水平，降低财务风险，保护债权人的权益。这种限制性条款有助于防止企业陷入过度负债的境地，从而保持企业的偿债能力和财务稳定性。限制性借债还可以约束公司的股利政策，债务合约可以规定公司在发放股利时需遵循一定的限制，如将股利发放与公司业绩挂钩，限制性条款可以确保股利的发放与公司的经营绩效相一致，防止股东过度分配利润，确保债权人能够及时获得利息和本金的偿还。债务合约通常包含严格的债务担保条款，规定了企业提供给债权人的担保资产或担保方式，以确保债权人在债务违约时能够得到偿付。债务担保条款的存在为债权人提供了额外的保障，增加了债务合约的执行力和债权人的信心。

（2）收回借债不再借款

收回借债不再借款是债权人在发现企业有可能侵蚀其债权价值的意图时采取的一种行动，当债权人认为企业存在风险或不良行为时，他们可能会选择停止向企业提供新的借款或提前收回未偿还的借款。这种行为反映了债权人对债务风险的担忧，以及他们对维护自身权益的决心。债权人的主要目标是保护自己的投资，并确保企业按时偿还借款本金和利息。如果债权人发现企业可能无法履行借款协议，或者企业存在欺诈、违约或其他不当行为，他们可能会采取行动以减少损失。

3. 财务管理目标与社会责任之间的关系及其协调

财务管理目标与社会责任之间的关系是一个重要的议题，尽管财务管理的主要目标是实现利润最大化，但企业在追求财务目标的同时也承担着社会责任。事实上，企业的财务成功与其社会责任履行是相互依存的。企业在满足顾客需求的过程中创造了社会价值，提供高质量的产品和服务，满足了消费者的需求，改善了他们的生活质量，并促进了社会福祉的提升，而满足顾客需求也直接促进了企业的财务管理，增加了销售收入和市场份额。财务管理目标与创造就业机会密切相关，企业的健康财务状况为其提供了发展和扩张的机会，进而创造更多的就业岗位，提供稳定的就业机会，企业为社会创造了经济机会和社会福利，并促进了社会的稳定和发展。财务管理还涉及生产效率的提高，有效的资源配置和流程优化，企业能大大降低成本、提高生产效率，并在市场竞争中取得优势，有助于实现财务目标以及推动社会经济的发展和可持续性。

然而，财务目标与社会责任之间也存在潜在的差异，企业过度追求利润最大化可能导致一些负面影响，如环境污染、劳工权益被忽视以及市场垄断等。为了平衡财务目标与社会责任，政府在这方面发挥着重要的作用。制定法律法规和政府干预，政府能够规范企业行为，确保其履行社会责任。例如，环境法规可以要求企业采取环保措施，消费者权益保护法可以保护消费者利益，从而平衡企业的财务追求和社会责任。

二、财务管理的主要内容

财务管理是一项关于投资的筹集、投放以及分配方面的管理工作。财务管理的对象主要是现金的循环与周转，主要内容是筹资、投资以及股利分配，主要的职能是决策、计划以及控制。

（一）财务管理的对象

财务管理的核心职责是有效地管理现金及其流转过程，现金作为企业经营的血液，在企业的各个环节中起着至关重要的作用。财务管理通过关注现金的流转过程，涉及成本、收入和利润等关键问题，确保企业的经营活动能够顺利进行。在企业建立阶段，筹集足够的现金是企业生存和发展的关键，初创企业需要资金来购买设备、租赁场地、雇用员工等，以启动业务。财务管理需要确保企业能够及时获得所需的资金，并合理规划资金的使用。随着企业进入生产经营阶段，现金的流转变得更加复杂。现金在不同资产之间进行转化，实现资金循环。例如，企业通过购买原材料和支付工资等经营活动产生现金流出，然后通过销售产品和收取客户款项等经营活动产生现金流入。财务管理需要关注现金流量的实际情况，确保资金的合理运用和流动性的充足性。现金循环包括短期循环和长期循环，短期循环涉及企业在一年内的现金流转，涉及现金、存货、应收账款、短期投资等短期资产；长期循环涉及企业超过一年的资产流转，包括固定资产、长期投资、无形资产、递延资产等长期资产。财务管理需要根据企业的资产结构和经营特点，合理管理短期和长期循环，确保资金的流动和利用的效率。有效的财务管理需要对现金流转过程进行全面的监控和分析，企业需要及时预测和规划现金流量，合理控制成本，优化收入结构，以实现利润最大化。财务管理还需要关注风险管理，确保企业能够应对可能的不确定因素，维护现金流的稳定性。

（二）财务管理的内容

企业财务目标主要是股东财富最大化，而股东财富最大化的途径是提高报酬率以及减少风险，企业的报酬率高低以及风险的大小主要是由投资项目、资本结构以及股利政策决定的。对此，财务管理的主要内容为投资决策、筹资决策以及股利分配决策。

1. 投资决策

投资主要指的是以收回现金并且取得收益为目的，从而发生的现金流出。比如，购买政府公债、购买企业股票与债券、购置设备、建造厂房等，企业都需要发生现金流出，并且期望取得更多的现金流入。可以按照不同的标准将企业的投资决策分为以下几类：

（1）项目投资与证券投资

项目投资是指将资金直接投入生产经营性资产，通过实际的生产活动获取营业利润的投资。这种投资通常涉及购置设备、建造厂房、开办商店等实体资产的投资。在进行项目投资决策时，企业需要事先准备备选方案，并进行详细的分析和评价，包括考虑项目的可行性、投资回报率、风险评估等因素，以选择最合适的行动方案。相比之下，证券投资是将资金投放于金融性资产，如政府公债、企业债券和公司股票等证券，以获取股利或利息收入的投资。证券投资的决策过程主要依靠证券分析与评价，通过对证券市场的研究和分析，选择具有潜在增值和稳定回报的证券组合，这种投资方式更加依赖于市场情况、公司财务状况和宏观经济因素等的考量。项目投资和证券投资在风险收益特征上也存在一定差异，项目投资通常具有较高的风险和不确定性，因为涉及实际的生产和经营活动，面临市场竞争、技术变革等风险因素；而证券投资的风险主要来自市场波动、公司业绩变化等因素，具有较高的流动性和投资组合的灵活性。

（2）长期投资与短期投资

长期投资是指企业投资于影响时间超过一年的资产或项目，主要包括购买设备、建造厂房等固定资产的投资。这种投资通常具有较高的金额和较长的回报周期，因此较难快速变现。长期投资决策需要综合考虑货币时间价值和投资风险，因为时间价值的衰减和风险的变化对长期投资决策具有重要影响。长期投资可能涉及技术创新、市场需求和竞争环境等因素的不确定性，企业需要对这些因素进行仔细评估和分析。相比之下，短期投资是指企业投资于影响时间不超过一年的流动资产，如应收账款、存货和短期有价证券等。这种投资通常具有较低的金额和较短的回报周期，可以相对容易地变现。短期投资的决策更加注重流动性和短期收益的实现，企业需要根据市场条件、资金需求和流动性要求等因素来进行投资选择和组合。长期投资和短期投资在风险特征上也存在差异，长期投资由于时间周期较长和项目复杂性较高，面临的风险相对较大，包括市场需求波动、技术变革、政策变化等风险因素的影响，短期投资的风险通常更加集中在市场价格波动、流动性风险和信用风险等方面。

2. 筹资决策

筹资主要指的是筹集资金，如企业发行股票、发行债券、取得借款等均属于筹资。如何取得企业所需要的资金是筹资决策需要解决的问题，包括向谁、在什么时候、筹集多少资金。筹资决策与投资、股权分配之间有着十分密切的关系，筹资数量的多少应充分考虑投资需要，在利润分配的时候加大保留盈余能够减少从外部筹资。筹资决策的关键在于决定各种资金来源在总资金中所占的比重，也就是确定资本的结构，从而使得筹资风险与筹资成本之间能够相互配合。可供企业选择的资金来源包括许多种，我们国家习惯上称为“资金渠道”。按照不同的标准，可以将其分成以下几种。

（1）权益资金与借入资金

资本结构是企业融资决策的关键方面，它涉及权益资金和借入资金的比例配置。权益资金是由企业股东提供的资金，优势在于它不需要偿还，因此不会给企业增加债务负担。此外，股东为企业提供的资金代表了他们对企业未来成功的信心，因此他们通常期望获得较高的回报率。然而，权益资金的代价在于股东要求获得股权收益，这对企业的盈利能力和现金分配提出了一定要求。借入资金是从债权人处借入的资金，借入资金的优势在于它通常具有较低的成本，尤其是在利率较低的时候。借入资金可以帮助企业满足短期和长期的资金需求，并提供一定的灵活性。然而，借入资金也存在风险，企业需要按时偿还债务，并支付债务利息。如果企业无法按时偿还债务，可能会面临丧失信用、支付高额利息甚至破产的风险。确定最佳资本结构需要综合考虑企业的经营状况、行业特点、风险承受能力和市场条件等因素。一般而言，企业在选择资本结构时追求平衡，既要确保融资成本的合理性，又要避免过度依赖借入资金而增加财务风险。不同行业和企业的资本结构偏好也可能存在差异，一些行业可能更倾向于权益融资，而另一些行业可能更倾向于债务融资。

（2）长期资金与短期资金

长期资金主要用于支持企业的长期投资和经营活动，包括权益资金、长期借款和长期负债。这些资金的特点是较为稳定，需要在较长时间内使用，并根据合同约定或到期日进行还款。权益资金不需要归还，而长期借款和长期负债则需要按期偿还本金和支付利息。短期资金主要用于满足企业的短期资金需求，包括短期借款和临时资金。短期资金的特点是流动性强，需要在较短时间内使用，并在较短时间内偿还。短期借款通常用于应对季节性或临时性的现金流波动，以满足企业日常经营的资金需求。通常而言，长期资金筹集需要更长的时间和复杂的程序，如发行股票、债券或贷款合同的谈判和签订。而短期资金筹集相对更为迅速和灵活，可以通过银行透支、短期贷款或商业票据等方式快速获得。不仅如此，长期资金往往具有较高的成本和风险，因为借入资金需要支付利息，并且在经济不确定性的情况下，长期负债可能会增加企业的财务风险。

3. 股利分配决策

股利分配是企业财务管理中一个关键的决策，涉及将利润的一部分作为股息发放给股东，并决定留下多少利润用于再投资，这一决策的核心是平衡企业的再投资需求和股东的利益。适当的股利支付率能够满足股东对于获得回报的期望，同时为企业提供足够的资金进行再投资，支持其成长和发展。如果股利支付率过高，将导致企业内部再投资能力不足，限制了企业资金的积累和利润的增长。过高的股利支付率可能表明企业无法发现或利用现有的投资机会，从而导致股东的长期利益受损。另外，股利支付率过低可能导致股东对企业不满，因为他们期望从投资中获得回报。如果企业持续保留过多的利润，而无法有效利用这些资金进行再投资，可能会引起股东的质疑和不满。过低的股利支付率也可能影响企业的股东回报率，进而影响其市场声誉和股价表现。在确定股利政策时，还需要考虑其他因素。税法处理是其中一个重要因素，因为不同国家和地区对于股利收入征税的方式各不相同，这会影响企业和股东的税务负担。未来的投资机会和资金来源也需要考虑，如果企业有高回报的投资项目，可能会选择保留更多的利润用于再投资。

（三）财务管理的职能

一般来说，管理最主要的职能是计划与控制，所以财务管理的职能分为财务计划与财务控制。之后，人们对于计划逐渐有了深入的认识，并且将计划分成了项目计划与期间计划。项目计划主要针对企业的个别问题，其编制与采纳的过程就是决策过程，包括对目标的描述、对实现目标的各个方案的可能结果预测，以及如何实现目标的决策。在此之后，管理的职能分为决策、计划与控制。这里的计划专指期间计划，期间计划主要是针对一定时期的，其编制目的是落实既定决策，明确本期间应该完成的全部事项。控制是执行决策与计划的过程，包括对比计划与执行的信息、评价下级的业绩等，期间计划与控制均为决策的执行过程。

1. 财务决策

财务决策指的是有关资金筹集与使用的决策。

（1）财务决策的过程

财务决策是企业管理中至关重要的环节，涉及收集信息、设计备选方案、做出选择和进行评估的多个阶段，这个决策过程可以分为情报活动、设计活动、抉择活动和审查活动四个阶段。在情报活动阶段，决策者需要收集相关的情报和数据，以了解当前的经济环境、市场趋势、竞争对手的行动和内部的财务状况，这些情报和数据为后续决策提供了基础和依据。在设计活动阶段，决策者根据收集到的情报，创造和制定各种备选方案，这可能包括不同的投资方案、财务策略、资金管理方法等，设计活动还涉及对备选方案进行分析和评估，以确定其各自的优点缺点、风险和潜在回报。抉择活动阶段是从备选方案中选择最佳行动方案，在这个阶段，决策者需要综合考虑多个因素，如企业目标、风险承受能力、市场需求、竞争优势等，决策者可能采用各种决策工具和技术，如财务指标分析、敏感性分析和决策树等，来辅助做出决策。审查活动阶段是对已做出的决策进行评价和改进，这个阶段的目的是从实际执行和结果中学习经验教训，以便将其应用于未来的决策过程中。决策者通过评估决策的有效性和效率，可以发现潜在的问题和改进的机会，并进行必要的调整和修正。但是这四个阶段并不是严格按顺序进行的，而是一个循环迭代的过程，决策者可能需要反复回到之前的阶段，重新收集情报、调整设计、重新抉择和审查决策，以确保最终的决策是最优的。在每个阶段中，决策者还可以采用各种工具和技术来支持决策过程，包括市场调研、财务分析、预测模型、决策模拟等方法，以提供更准确和可靠的信息和数据，增强决策的科学性和可信度。

（2）财务决策系统的要素

财务决策系统是一个复杂的组合体，由多个要素相互作用而形成。决策者是决策系统的核心，是决策的主体，负责制定和执行决策；决策者可以是企业的高级管理人员、董事会成员或投资者，他们根据自身的知识、经验和判断力来做出决策。决策对象是决策要解决的问题或客体，可以是企业面临的具体业务决策、财务问题、投资选择等，决策对象的性质和复杂程度对决策过程和结果产生重要影响。信息是决策过程中至关重要的要素，决策者需要依据准确、全面的信息来做出决策，信息可以来自企业内部的财务报表、市场数据、竞争对手情报等，也可以来自外部的经济指标、行业研究、市场调研等，信息的准确性和时效性对于决策的质量至关重要。决策的理论和方法是决策者在制定决策时所依据的理论框架和分析方法，包括财务管理理论、投资评估模型、风险分析工具等，决策者需要根据具体情况选择适当的决策理论和方法，并灵活运用它们来解决问题。决策结果是决策过程形成的行动方案或决策方案，可能是制定新的财务策略、选择投资项目、制定预算计划等，需要在实施过程中进行监控和评估，以确保其有效性和可持续性。这些要素相互联系、相互作用，构成了一个完整的财务决策系统。决策者通过获取和分析信息，运用适当的理论和方法，制定决策方案，并最终实施和评估决策结果。在这个过程中，决策者需要具备良好的判断力、分析能力和决策能力，以应对复杂的商业环境和挑战。

（3）决策的价值标准

决策的价值标准在财务管理中为评估各种方案的优劣提供了尺度，帮助决策者选择最具价值的方案。在财务决策中，价值标准通常基于企业的目标和利益相关者的期望，旨在衡量方案实现目标的程度。一个常用的价值标准是财务绩效指标，如投资回报率、净现值、内部收益率和盈亏平衡点等。这些指标能够量化方案的经济效益，比较不同方案之间的经济利益大小。投资回报率衡量投资项目带来的经济回报，净现值是指未来现金流的现值与投资支出之间的差额，内部收益率则衡量投资项目的潜在收益率。

（4）决策的准则

决策的准则是指在制定行动方案时，决策者所依据的一般原则和指导方针。在传统的决策理论中，最优化是主要的决策准则，即选择能够带来最大利益或最佳结果的方案。然而，现实生活中决策者面临诸多限制和不完全信息，无法完美地追求最优解。因此，现代决策理论更加注重“令人满意的”或“足够好的”决策。现代决策理论认识到决策者的认知能力受限，决策过程中存在时间、成本和信息来源等方面的限制。这使得决策者通常只能追求相对满意的结果，即在特定情况下，达到一种满意水平的行动方案。决策者会综合考虑问题的多个方面，并权衡各种因素，以在有限的资源和信息下做出决策。决策的准则还与问题的特定情况密切相关，不同的决策问题涉及不同的目标和约束条件。决策者会根据问题的性质、目标的重要性以及可行性等因素，确定满意的决策水平。例如，在紧迫的决策情况下，决策者可能会追求快速解决问题的方案，而在重要的战略决策中，决策者可能会更加注重长期效益和风险控制。因此，决策的准则强调实际情况下的满意性和可接受性，决策者需要在资源、时间和信息等限制条件下，制定出具有实际可行性的行动方案，从而更好地适应现实世界中的复杂性和不完全信息的限制，减少决策的不确定性和风险。

（5）决策的分类

企业决策在实践中需要根据不同的分类方法进行划分，以更好地理解和处理各类决策情境，一种常见的分类方法是根据能否程序化来区分决策类型，程序化决策适用于那些重复性较高、可预测并且已经建立了标准程序的例行活动，按照既定的规则、程序或模型来进行解决，以确保一致性和效率，典型的程序化决策包括库存管理、订单处理和维护保养等例行操作。相反，非程序化决策适用于那些独特性活动，没有明确的解决方案可供参考，需要根据具体问题进行个别解决。这些决策通常具有较高的不确定性和风险，需要经验、专业知识和判断力来做出正确的决策。非程序化决策涵盖了战略规划、创新项目选择、市场拓展等领域，需要对环境和情况进行全面分析和评估。另一种常见的分类方法是根据决策对时间的影响来进行划分，长期决策是指那些对企业未来超过一年时间范围内产生重大影响的决策，这类决策通常涉及投资决策、资本筹集和战略规划等，其影响因素复杂多样，需要综合考虑风险、回报、时间价值和长期目标等因素；短期决策是指那些对企业在一年内产生较为直接和即时影响的决策，通常涉及日常运营、生产安排、短期资金筹集等，其决策焦点在于满足短期需求、控制成本和适应市场变化。还可以根据决策涉及的管理领域进行分类，销售决策涉及市场营销策略、定价和销售渠道等方面；生产决策涉及生产能力规划、生产工艺和资源配置等方面；财务决策涉及资金管理、投资和融资等方面，这种分类方法可以帮助企业更好地理解和管理不同领域的决策挑战。

2. 财务计划

财务计划包括广义财务计划和狭义财务计划两个方面。广义的财务计划涵盖了整个企业的目标设定、战略规划以及制定工作程序和规则等方面，明确企业的长期目标和愿景，财务计划为决策提供了指导方针，并确保各个部门在企业整体战略框架下进行协调合作。狭义的财务计划则着重于特定期间的财务规划和预算编制，是基于企业目标和战略规划的基础上，调整经营活动和资源配置，以协调资金、收益和成本的关系，实现财务目标的过程。财务规划依赖于有效的决策指导和限制，并使用各种财务分析工具和技术，如财务预测、本量利分析等，对未来的财务状况和业绩进行评估和预测。在财务计划中，预算是一项重要的工具。预算以货币形式表达了企业在特定期间内的预期结果，它将战略目标转化为具体的可操作的数值指标，并通过详细而确切的计划推动实施和控制过程。预算制定过程中，各个部门和个体需要参与，确定预算指标、分配资源和责任，并在预算执行过程中进行监督和调整，以确保企业能够按照计划实施，并实现预期的财务绩效。

3. 财务控制

财务管理循环是企业财务管理的一个闭环过程，涵盖了多个环节和活动，确保财务目标的实现和持续改进。财务管理循环开始于制定财务决策的阶段，在这个阶段，企业需要根据内外部环境和战略目标，制定相应的财务决策，如投资决策、筹资决策和盈利分配决策等，为后续的财务管理提供了指导和框架。制定预算和标准是财务管理循环的关键环节之一，预算和标准是根据财务决策和目标制定的，用于规划和控制企业的财务活动。预算制定过程中，各个部门和个体参与其中，确定预算指标、分配资源和责任，并为后续的实际数据对比提供基准。接下来，记录实际数据和对比标准与实际是财务管理循环中的执行阶段，企业需要准确记录和报告实际的财务数据，与预算和标准进行对比。通过对比分析，企业可以发现差异和偏离，并对其进行调查和解释，有助于发现问题、识别机会，并采取相应的行动进行调整。在财务管理循环中，采取行动是核心环节，企业需要根据差异分析的结果，采取相应的行动措施，包括调整经营策略、改进业务流程、优化资源配置等，以实现财务目标的达成。评价与考核是财务管理循环的反馈环节，企业需要对实际执行情况进行评价和考核，以确定执行效果和改进的方向，可以通过财务指标的监测、绩效评估和定期审查来实现。激励是财务管理循环中的重要元素，通过激励措施，如奖励制度、绩效考核和薪酬激励等，企业可以激发员工的积极性和创造力，促进财务目标的实现。预测环节是财务管理循环中的前瞻性环节，企业需要根据内外部环境的变化，重新预测和评估经济活动，为下一步的财务决策和规划提供依据。

三、企业财务管理的基本原则

企业财务管理原则是指导财务活动的基本准则，为企业提供理性、经验丰富的指导，以支持有效的财务决策和管理实践。财务管理原则基于财务理论的推导和总结，是对财务现象和经济行为的理性认识，基于经济学和会计学等学科的理论基础，将这些理论转化为可操作的准则，以指导企业的财务活动。财务管理原则需要得到广泛的接受和认可，不仅仅是理论推断，更是在实践中经过观察、实证和验证的结果。只有在实践中被广泛接受并得到验证，才能成为普遍认可的财务管理原则。财务管理原则是财务交易和决策的基础，无论是资金筹集、投资决策、资本结构管理还是盈利分配，都需要遵循财务管理原则来进行准确评估和决策。财务管理原则还能为解决新问题提供指引，随着市场环境和经济条件的变化，新的财务问题和挑战不断出现。在面对这些问题时，财务管理原则可以作为指导，帮助管理者寻找解决方法，做出适应新环境的决策。然而，需要注意的是，财务管理原则并不是绝对正确的，在不同的应用环境下可能会有一定的灵活性和变化。企业管理者需要根据具体情况和实际需要，灵活运用财务管理原则，结合实际情况做出决策。

（一）竞争环境的原则

关于竞争环境的原则是对资本市场中人们的行为规律的基本认识。

1. 自利行为原则

自利行为原则认为人们在决策时会追求个人的财务利益最大化，通过权衡成本和利益，选择对自己最有利的方案。在企业决策中，自利行为原则被广泛应用，假设企业决策者具有理性和目标导向，致力于实现自身的经济利益。委托代理理论是自利行为原则的重要应用之一，企业中存在着各种利益相关方，如股东、经理人、员工等。委托代理理论研究这些利益相关方之间的利益冲突和协调问题，根据该理论，股东作为委托人委托经理人作为代理人来管理企业，但双方的利益可能存在不一致。因此，股东需要通过监督和激励机制来约束经理人的行为，以保护自己的利益。另一个重要的应用是机会成本概念，机会成本是指在做出某个决策时所放弃的其他可行选择所带来的成本。自利行为原则认识到在做决策时，决策者需要权衡不同的选择，并考虑每个选择所带来的机会成本，有助于决策者在有限的资源条件下做出最优决策，追求经济利益的最大化。自利行为原则的应用对决策和经济活动产生了深远的影响，促使决策者在考虑不同选项时，从经济利益的角度进行评估和选择，也提醒了企业管理者要意识到利益冲突的存在，并采取相应的措施来协调各方利益，以实现整体的经济效益。然而，自利行为原则并不意味着完全忽视其他因素，如道德和社会责任。企业在追求财务利益的同时，也应考虑其他利益相关方的权益，维护良好的企业形象和社会声誉。

2. 双方交易原则

双方交易原则是财务管理中的一个重要概念，强调在交易中，交易双方都按照自身经济利益行事。双方交易的特点是零和博弈，即买方和卖方之间的利益相互关联，交易的总收益为零，如此一来，在交易中一方的利益的增加必然伴随着另一方的利益的减少。双方交易的实现依赖于信息不对称和预期差异，交易双方通常拥有不同的信息和预期，这可能导致交易过程中的不确定性和风险。决策者在面对交易时应该考虑对方的利益，并追求共同利益而非自我中心。合作和协商是实现双方交易的关键，在交易过程中平衡双方的利益，达到双赢的结果。决策者在进行财务交易时需要考虑税收规定，以最大限度地减少税务成本，同时遵守税法的规定。双方交易原则对财务交易的决策和行动具有指导作用，提醒决策者要意识到交易双方的利益关系，通过协商和合作来寻求共同利益。[1] 决策者还需要考虑信息不对称和预期差异对交易的影响，并在决

① 刘静，徐莉，欧阳春．财务管理 [M]. 南昌：江西高校出版社，2018：5.

策过程中合理规划税务成本。

3. 信号传递原则

信号传递原则指出人们的行动可以传递信息，并且比口头声明更具说服力，根据自利行为原则，人们的行动可以提供对未来预期或计划的信息，如此，公司的行为和决策可以被视为一种信号，反映了公司未来的收益状况和发展趋势[①]。在决策过程中，公司的行动通常比口头宣告更具有说服力，因为行动往往需要承担一定的成本和风险，而口头宣告可能只是空洞的承诺。当公司的行动与口头宣告不一致时，人们往往更倾向于相信行动所传递的信息。信号传递原则要求决策者根据公司的行动来判断其未来的收益状况。例如，一家公司如果持续进行研发投资并推出创新产品，这表明公司有着良好的发展前景和增长潜力；相反，如果公司频繁进行裁员和资产出售，这可能暗示公司面临困境或经营不善。交易的信息效应对资本市场和消费者的决策都具有影响，资本市场的投资者会根据公司的行动来判断其股票的价值和投资潜力，消费者则根据产品和服务的质量以及公司的行为来做出购买决策。因此，公司在决策时应考虑其行动所传达的信息效应，并意识到这对于资本市场的反应和消费者的信任度有重要影响。

4. 引导原则

引导原则是在无法找到最优解决方案或成本过高的情况下，寻找可信赖的榜样来进行决策。当人们的理解能力有限或寻找最优方案的成本过高时，可以依据成功榜样或大多数人的做法进行模仿，作为一种引导。引导原则实际上是行动传递信号原则的应用，通过观察他人的行为来获取有关未来结果的信息。引导原则并不是盲目模仿，而是一种次优化准则，可以帮助人们避免采取最差的行动。当面临复杂决策或缺乏完全信息的情况下，参考他人的成功经验或行为模式可以提供一些指导和思路，

① 刘静，徐莉，欧阳春．财务管理 [M]. 南昌：江西高校出版社，2018：9.

这种方法可以节省时间和精力，并减少决策过程中的不确定性。引导原则在理解能力、成本或信息受限的情况下应用广泛，在现实生活中，人们经常会面临各种各样的决策，而寻找最优解决方案可能需要耗费大量的时间、资源和精力。此时，参考行业标准或跟随成功榜样的做法可以提供一些指导，能更快地做出决策，并避免犯下显而易见的错误。引导原则在许多领域都有重要的应用，在商业领域，行业标准和最佳实践通常被视为引导决策的依据，帮助企业在竞争激烈的市场中取得成功。在投资领域，参考专业投资者的做法和市场趋势可以为个人投资者提供一些指导，以避免投资风险。在个人生活中，也可以从他人的经验中获得启示，如通过观察他人成功的理财策略来管理个人财务。

（二）创造价值的原则

关于创造价值的原则是人们对于增加企业财富基本规律的认识。

1.有价值的创意原则

有价值的创意原则是指新的创意能够带来额外的回报，这一原则适用于企业的各个方面，包括竞争优势、直接投资项目以及经营和销售活动。有价值的创意可以为企业带来竞争优势，企业能够通过创新和独特的创意，在市场上脱颖而出，超越竞争对手。创意可以改进产品或服务的设计，提升品质或功能，满足客户不断变化的需求。这种创意驱动的竞争优势可以帮助企业赢得更多的市场份额，提高产品或服务的售价，并实现高于平均水平的利润。有价值的创意对直接投资项目至关重要，在评估投资项目时，只有具备创意的项目才能够获得正的净现值。创意项目通常具有创新性和市场前景，能够创造新的商机和利润增长，吸引投资者，为企业增加价值，提高股东的财富。在经营和销售活动中，创意的作用同样不容忽视，创意可以帮助企业开拓新的市场、开展新的业务模式和销售策略。例如，通过引入连锁经营模式或创新的营销活动，企业能够吸引更多的消费者，并提升销售额和市场份额。创意带来的增加销售额和利润的机会，使企业能够取得竞争优势并保持长期的商业成功。

2. 比较优势原则

比较优势原则是指专长能够创造价值，在市场经济中，个人和企业要实现盈利，就需要依靠自身的专长和优势来创造超过平均水平的收入或增加股东财富。这一原则建立在经济学中的分工理论基础上，让每个人和企业专注于最适合自己的工作或产品，提高社会的经济效率。比较优势原则体现了“人尽其才、物尽其用”的理念，鼓励每个人发挥自己的特长，做自己擅长的事情。个人和企业通过专注于自身的优势领域，能够更高效地生产和提供产品或服务，从而实现更好的经济回报。比较优势原则还强调了合作与协作的重要性，个人和企业可以通过互相合作，互补优势，共同创造更大的价值。在实践中，企业应将主要精力放在自身的比较优势领域上，明确自身在某一领域的专长和核心竞争力，并将资源和精力集中在这些领域的发展和创新上。通过建立和维持自身的比较优势，企业能够在市场上获得竞争优势，并实现长期的盈利。比较优势原则对于个人和企业都具有重要意义，个人可以通过发挥自身的专长和优势，提高个人价值和竞争力；企业可以通过专注于核心业务和领域，提高生产效率和创新能力，从而获得市场份额和利润增长。

3. 期权原则

期权是一种不附带义务的权利，赋予持有人在特定条件下进行某项交易的权力，具有经济价值，期权原则强调在估价和决策时要充分考虑期权的存在和价值。最初，期权原则主要应用于金融期权交易领域，其中购买人有权要求出售人履行合约约定的交易，而出售人无法强制购买人采取行动。然而，除了金融合约，许多其他权利也可以视为期权，只要它们是不附带义务的。例如，企业决定是否出售资产，这个决策就带有隐含的期权。在评估投资项目时，期权原则要求考虑后续的选择权是否存在以及其价值。在决策时要认识到，所做的决策可能会影响将来可行的选择。期权的存在可以为决策者提供更多的灵活性和机会，因为他们可以根据市场变化和其他因素来决定是否行使期权。实际上，有时候资产的附带期权价值甚至超过资产本身的价值。期权原则的应用在估值和决策过程中提醒决策者不能仅仅关注当前情况下的现金流量和收益，而应该考虑到未来可能出现的选择和机会，全面评估期权的存在和价值，决策者可以更好地权衡风险和回报，制定更具策略性和长远性的决策。

4. 净增效益原则

净增效益原则在财务决策中强调通过比较不同可替代方案的净增收益来评估决策的价值，决策的优劣取决于方案相对于其他可替代方案所带来的净收益增加。净收益是以现金流量的形式来衡量的，即考虑了现金流入和现金流出之间的差额。净增效益原则在差额分析法中得到广泛应用，通过分析方案之间的差异来评估投资方案的可行性，关注的是方案变化所带来的净增效益，而不是简单地考虑总体的收入或支出。在应用净增效益原则时，需要综合考虑方案对现金流量的直接和间接影响，包括投资成本、运营资金、预期的销售收入以及可能的税务负担等方面。综合考虑这些因素，可以得出每个方案的净现金流量，并进行比较。净增效益原则还与沉没成本概念密切相关，沉没成本是指已经发生且无法改变的成本，它在决策分析中应该被排除在外。净增效益原则强调应该关注决策对未来的影响，而不应受到已经发生的沉没成本的干扰。

（三）财务交易的原则

关于财务交易的原则是基于人们对于财务交易基本规律的认识。

1. 风险与报酬权衡原则

风险与报酬权衡原则指出投资人在做出决策时必须平衡风险和报酬之间的关系，投资人可以选择追求较高的报酬但承担较大的风险，或者接受较低的报酬以减少风险，这个原则认为风险和报酬存在对等的关系，高收益往往伴随着高风险，而低风险通常只有较低的报酬。在财务交易中，人们倾向于追求高报酬和低风险，但在实际决策时需要权衡两者之间的关系。如果两个投资机会除了报酬不同外其他条件相同，人们会选择报酬较高的机会，这符合自利行为原则。如果两个投资机会除了风险不同外其他条件相同，人们会选择风险较小的机会，这是由于人们对风险有反感。在市场竞争中，由于每个人都追求自身的经济利益，无法同时获得低风险高回报和低风险低回报的机会。即使某人首先发现了这样的机会并采取行动，其他人也会迅速跟进，导致回报率降至与风险相匹配的水平。因此，在现实市场中，只有高风险才能获得高回报，而低风险只能获得相对较低的回报。投资人在权衡风险和回报时必须考虑到两者之间的平衡，每个人的偏好不同，有些人偏向高风险高回报，而有些人偏向低风险低回报，但每个人都追求风险和回报之间的对等关系，不会承担没有相应价值的风险。

2.投资分散化原则

投资分散化原则是在投资决策中广泛应用的重要原则，它的核心思想是将资金分散投资于多个公司或多个项目，以降低风险并提高整体投资组合的稳定性和回报潜力。投资分散化原则的理论依据是投资组合理论。马克维茨的投资组合理论认为，若干种股票组成的投资组合，其收益是这些股票收益的加权平均数，但其风险要小于这些股票的加权平均风险，所以投资组合能降低风险。[①]

在证券投资领域，投资者可以通过购买多只不同类型的股票、债券、基金等来实现分散化。[②]这样，即使其中某些投资表现不佳，其他投资的良好表现也能够平衡整体风险。类似地，企业在项目投资、销售客户选择以及资源供应方面也可以采取分散化策略，以减少对单一因素的依赖和风险集中。分散化原则的实施需要投资者或企业管理者具备良好的风

① 傅连康.金融投资[M].上海：上海财经大学出版社，2010：80.

② 邓向荣.投资经济学[M].天津：天津大学出版社，2001：384.

险意识和投资知识，以便进行有效的资产配置和项目选择。分散化并非简单地将资金分散投资，而需要考虑不同投资之间的相关性和相互影响，合理的资产组合配置和项目选择可以最大限度地发挥分散化策略的优势。然而，分散化并非没有限制。投资者或企业在追求分散化的同时，也需要平衡投资组合的管理成本、流动性和市场机会等因素。分散化并不能完全消除投资风险，而是通过降低特定风险对整体投资组合的影响来实现风险的分散。①

3. 资本市场有效原则

资本市场有效原则是现代金融理论的重要基石之一，它强调市场对金融资产定价的准确性和信息的高度反映。根据这一原则，资本市场上的交易价格反映了市场参与者对可得到的所有信息的理解和判断。市场对新信息的快速适应能力意味着价格会迅速调整，以反映新的情况和预期，这一原则为投资者提供了一个有效获取和利用信息的机制。资本市场有效原则提醒投资者要重视市场对企业的估价，由于资本市场的高度竞争和有效性，企业的估值往往会反映市场对其潜在价值的合理判断。投资者可以参考市场价格来评估自己的投资决策，并避免过度估值或低估企业的风险。资本市场有效原则对企业提出了警示，要求企业遵守道德和合规的准则，避免通过操纵财务报表等手段来欺骗市场。市场有效性意味着市场参与者对信息敏感且反应迅速，企业的操纵行为很难长期掩盖，最终可能导致严重后果。市场有效性原则还提醒人们在资本市场交易中要谨慎选择金融工具，有效市场的特征之一是交易的净现值接近零，即交易价格与资产的内在价值相符，投资者很难通过筹资或投机来获得超过资本成本的回报。因此，投资者需要仔细考虑风险与回报之间的权衡，选择合适的投资工具，并将其与自身的投资目标和风险承受能力相匹配。

① 傅连康. 金融市场投资[M]. 上海：上海财经大学出版社，2008：76.

4.货币时间价值原则

货币时间价值原则是财务管理中的基本原则之一，它强调了货币的时间价值对财务决策的重要性。根据这一原则，货币的价值随着时间的推移而发生变化，因此在财务计量中必须考虑到这种变化。现值概念是货币时间价值原则的核心，要求将未来的货币流入和流出折现到现在的时间点进行计量。这是因为具有相同金额的货币在不同时间点的价值是不同的，由于时间的价值，较早收到的货币价值更高。将未来现金流折现到现值，更准确地比较和评估不同时间点的货币流入和流出。货币时间价值原则中的“早收晚付”观念指出，对于没有利息的货币收支，更早收到款项和更晚付款都具有经济上的优势。这是因为早收款项可以更早地进行再投资或用于其他收益性活动，而延迟付款可以延迟货币流出并利用资金进行其他投资。在财务决策中，应用货币时间价值原则有助于更准确地评估和比较不同时间点的货币流入和流出。例如，在资本预算决策中，通过将未来的现金流折现到现值，可以计算出投资项目的净现值，从而评估项目的经济可行性和回报率。在债务融资和财务规划中，货币时间价值原则也可以用来确定最佳的借贷时机和还款计划，以最大化财务利益。

第三节　财务管理的环境与方法

一、财务管理的环境

财务管理的环境是企业财务活动所处的综合环境，它由宏观环境和微观环境组成，共同影响着企业的财务决策和运营。宏观环境是指外部因素对企业财务活动的影响。政治因素涉及政府政策、法规和法律环境，这些因素对企业的财务决策和运作产生直接影响。经济因素包括整体经济状况、通货膨胀率、利率水平等，这些因素影响着企业的融资成本、市场需求和价格水平，从而对财务决策产生重要影响。金融市场因素包括股票市场、债券市场和货币市场等，这些市场的变化对企业融资和投资决策产生直接影响。微观环境是指企业内部的因素，组织形式和结构决定了企业的治理机制和决策层级，影响着财务管理的有效性和效率。

财务管理环境又称为“理财环境”，指的是对企业财务活动产生影响作用的企业外部条件。[①]财务管理环境是企业财务决策难以改变的外部约束条件，企业财务决策更多的是适应其要求与变化。从整体的视角上看，财务管理的环境涉及范围较广，法律环境、金融市场环境与经济环境是其中最为重要的部分。

（一）法律环境

财务管理的法律环境涉及企业与各方之间的经济关系和交易，包括国家、其他企业、社会组织、员工、公民以及国外经济实体或个人，法律环境为企业提供了法律框架和规范，确保企业在经济活动中合法合规地行事。法律环境在企业筹资活动中起到重要的约束和规范作用，企业在进行股权融资、债权融资或其他形式的筹资时，需要遵守证券法、公司法等相关法律法规，确保投资者的权益得到保护，同时规范企业的融资行为。法律环境对企业的投资活动和合同签订起到指导作用，企业在进行投资决策时，需要遵守国家的有关投资法律法规，确保投资合法、合规，并保护自身权益。合同的签订和履行也需要依据合同法律法规进行，确保交易双方的权益得到保护，避免合同纠纷的发生。

1.企业组织法律的规范

企业组织必须遵守法律规范，这是企业运作的基本前提。不同类型的企业应选择适用于其业务性质和组织形式的相关法律，如《公司法》

① 邹娅玲，肖梅崚.财务管理[M].重庆：重庆大学出版社，2021：12.

《外资企业法》等。这些法律既是企业组织法，也是企业行为法，它们规定了企业的设立条件、程序、组织结构等，并明确了企业在经营方面的规范。以《公司法》为例，它适用于公司企业，规定了公司的设立要求、程序和组织结构等方面的内容。《公司法》还涉及公司的经营活动，如股票发行、债券发行和利润分配等，对公司的治理、财务报告和股东权益保护等方面做出了具体规定。在公司企业中，股东承担有限责任，其责任受到出资额限制，这为股东提供了一定的风险控制和保护。与公司企业不同，非公司企业的所有者承担着无限责任，非公司企业的所有者个人财产与企业财产之间没有明确的法律分隔，所有者需承担更大的个人财产风险。财务管理在不同类型的企业中也存在差异，非公司企业的财务管理与所有者的个人财务密切相关，所有者对企业的财务状况和经营结果承担直接的责任。而在公司企业中，股东通过出资获得股权，并享有有限责任的特权，财务管理更加独立和专业化。

2. 税收法律的规范

企业在财务管理中必须遵守税法规定，并履行纳税义务，税收立法主要包括所得税、流转税和其他地方税的法规。税收负担是企业的一种费用，对企业的现金流出和财务管理产生重要影响。企业需要根据税法规定，按时缴纳各项税款，确保合法合规经营。税收政策对企业的财务决策产生直接影响，如借款利息、债券发行、投资决策、现金流量、利润和股利分配等。财务管理人员应深入了解税法规范，并在合法范围内履行财务职责，以实现企业的财务目标，需要掌握税收政策对企业各项经济活动的影响，以便在财务决策中充分考虑税收因素。合理的税收筹划可以帮助企业合法地减少税收负担，提高财务绩效，但决策者必须确保在合法的范围内进行，并避免违法行为如偷税漏税。税收对企业的筹资、投资、现金流量、利润和收益分配等方面产生重要影响，在进行财务决策时，企业需要综合考虑税收对不同方面的影响，如债务融资是否能获得利息税盾、投资项目是否符合税收优惠政策、现金流量安排是否考虑税务要求等。财务管理者应牢记合法合规的原则，遵守税法规定，并积极进行税收筹划，以最大限度地降低税收负担，提高企业的竞争力和盈利能力。保持与税务部门的良好沟通与合作，及时了解税收政策的变化，以便调整财务策略和决策，确保企业财务活动与税收法规的一致性。

（二）金融市场环境

广义的金融市场是指一切资本流动的场所，包括实物资本与货币资本的流动。广义金融市场的交易对象主要包括货币借贷、票据承兑与贴现、有价证券的买卖、黄金和外汇买卖等。狭义的金融市场一般指的是有价证券市场，也就是股票与债券的发行与买卖市场。

1.金融市场与企业财务管理

金融市场是企业进行投资和筹资的重要场所，为企业提供了多种筹集资金和投资方式。企业在金融市场中可以根据自身需求选择适合的筹资方式，如发行债券、股票或融资租赁等。同时，金融市场也提供了将长期资金转化为短期资金或将短期资金转化为长期资产的机会，满足企业在不同经营阶段的资金需求。利率的变动直接影响着企业的借款成本和投资回报率，企业可以根据市场利率的变化来决定何时进行借款或偿还债务，以优化资金成本，还可以通过观察有价证券市场的行情，如股票价格、债券收益率等，来评估自身经营状况和盈利能力，以及判断市场对其信用和前景的看法。企业可以通过关注金融市场的信息，了解行业趋势、市场需求和竞争情况，从而调整经营战略和投资计划。金融市场提供了融资、投资和风险管理工具，如衍生品合约、期货市场和保险市场，为企业提供了多样化的金融工具来管理风险和优化收益。

2.金融市场的分类及构成要素

（1）金融市场的分类

金融市场是一个多样化且复杂的体系，根据不同的分类方式，为企业提供了各种不同的融资和投资渠道。这些市场的分类基于交易期限、交割时间、交易性质和交易对象等因素，为企业提供了灵活多样的选择。根据交易期限，金融市场可以分为短期资金市场和长期资金市场。短期资金市场主要满足短期流动性需求，如银行间拆借市场和货币市场基金等，提供了短期借款和投资工具；而长期资金市场则为企业提供了长期融资和投资渠道，如股票市场、债券市场和风险投资市场等。根据交割时间，金融市场可分为现货市场和期货市场。现货市场是指即时进行交割的市场，如外汇市场和股票市场，企业可以在这些市场上进行即时的买卖交易；而期货市场则是指未来交割的市场，企业可以通过期货合约来管理风险或进行投机交易。金融市场还可以根据交易性质进行分类，包括发行市场和流通市场。发行市场是指企业进行新股票或债券的发行，从而获得融资的市场；流通市场则是指已经发行的证券进行买卖交易的市场，如二级市场。金融市场还可以根据交易对象进行分类，涵盖了同业拆借市场、国债市场、企业债券市场、股票市场和金融期货市场等。这些市场针对不同类型的金融资产和工具，提供了特定的交易平台和规则，使企业能够根据自身需求选择适合的交易市场。

（2）金融市场的构成要素

金融市场是由多个要素构成的复杂系统，这些要素相互作用，共同支撑着金融市场的运作。金融市场的参与者是市场的核心，包括资本供应者、资本需求者、中介机构和市场管理者等各类经济单位。资本供应者如个人、家庭、企业和政府等，通过投资和融资提供资金资源。资本需求者则是寻求资金融资以满足各种投资和运营需求的实体。中介机构如银行、券商、基金管理公司等则发挥着促进资金流动和交易的作用。市场管理者则负责维护市场秩序和监管市场活动。金融市场的金融工具是交易的对象，涵盖了各种金融资产和金融衍生品。金融工具的种类繁多，包括股票、债券、期货、期权、外汇等，它们根据资本供求的不同需求而多样化。金融工具提供了投资和融资的方式，为参与者提供了多样的选择和投资组合的可能性。金融市场存在不同的组织形式和管理方式，交易所交易是一种公开透明的交易方式，通过交易所提供的场所和规则进行交易，不同的金融工具可能在不同的交易所上市交易。柜台交易是通过交易商之间的直接交易进行的，交易规模相对较小。组织形式和管理方式的不同，使得金融市场具备了多样性和灵活性。金融市场的内在机制是其运作的基础，主要包括利率体系。利率作为资本商品的价格，调节资本的供求关系和引导资本的流动。利率的变动对投资和融资的成本和回报产生重要影响，进而影响市场参与者的决策和行为。

3. 金融市场上利率的决定因素

利率是资金使用权的价格，反映了资金的成本和价值，利率的构成包括纯粹利率、通货膨胀附加率和风险附加率。纯粹利率是指在没有通货膨胀和风险的情况下的基准利率，受到多种因素的影响，如平均利润率、资金供求关系和国家政策的调节。平均利润率反映了投资者对资本投资的预期回报，资金供求关系则受到市场上资金供给和需求的影响，国家政策的调节可以通过货币政策和财政政策等手段来影响利率水平。通货膨胀附加率是由于通货膨胀导致货币购买力下降而增加到纯粹利率上的附加利率，通货膨胀导致货币贬值，使得持有货币的价值减少，投资者要求在利率中获得一定的补偿以抵销购买力损失。因此，通货膨胀附加率与预期通货膨胀率密切相关。风险附加率是由于借款人的信用风险或项目的风险而增加到纯粹利率上的附加利率，其反映了借款人或项目的违约风险，风险越高，借款人或项目的利率成本就越高，借款人的信用评级、借款用途和担保品等因素都会影响风险附加率的大小。

（三）经济环境

这里所指的经济环境是企业进行财务活动的宏观经济状况。

1. 经济发展

在快速的经济增长中，企业需要紧跟时代的步伐，并保持自身在行业中的竞争地位，企业需要增加资产投资，扩大规模和经营范围，以满足不断增长的市场需求。在这种情况下，企业需要大量的资金支持，可能通过借款或增发股票等方式筹集资金。财务部门扮演着关键的角色，负责评估资金需求，制订融资计划，并确保融资方式符合企业的战略目标和财务可持续性。另外，经济波动也对企业的财务管理产生重要影响，经济的不稳定性可能导致销售额的波动，这直接影响企业的现金流转。当经济不景气时，销售额下降可能导致现金流紧张，而在经济复苏时，销售额增加则需要额外的资金来满足扩张需求。因此，财务管理人员需要灵活应对，及时调整资金筹措和分配的策略，以适应市场环境的变化。他们需要预测和评估企业的现金需求，合理安排资金的使用和分配，确保企业在经济波动中保持稳健的财务状况。在面对经济发展速度的变化和经济波动时，财务管理人员还需要密切关注市场动态和行业竞争，需要进行准确的财务分析，评估企业的财务状况和风险，并制定相应的财务战略和决策。这可能包括优化资本结构、灵活运用财务工具、积极管理风险，并与利益相关方保持良好的沟通和合作。

2. 通货膨胀

通货膨胀对企业的财务管理带来了一系列的挑战和困难，企业面临通货膨胀时，物价上涨导致成本的增加，同时也会对消费者的购买力造成冲击。在这种情况下，企业需要采取一系列措施来应对通货膨胀所带来的财务影响，以确保实现期望的报酬率。企业需要加强收入管理，通货膨胀时，产品和服务的价格上涨有助于提高企业的收入。因此，企业可以考虑适当提高产品和服务的售价，以抵销成本的上涨。然而，企业需要谨慎平衡价格调整对市场需求和竞争力的影响，确保价格的合理性和可接受性。企业还需要加强成本管理，通货膨胀导致原材料、劳动力和运输等成本的增加，对企业的盈利能力造成压力。在这种情况下，企业可以通过采购和供应链管理的优化，寻找更具竞争力的供应商，控制成本的上涨。此外，企业还可以提高生产效率，优化生产流程，降低成本。企业可以利用套期保值等金融工具来减少通货膨胀对企业的损失。例如，企业可以提前购买设备和存货，以锁定当前较低的价格，而通过买进现货卖出期货等操作，企业可以在物价上涨时获得一定的对冲收益，降低风险。

3. 利息率波动

银行贷款利率的波动以及与之相关的股票和债券价格的波动对企业来说既是机遇也是挑战，这些波动可以给企业提供投资和融资方面的机会，但同时也存在一定的风险。在投资方面，企业可以利用银行贷款利率的波动来获得额外收益。例如，当市场利率下降时，企业可以考虑购买长期债券，因为按固定利率计息的债券价格会上涨，企业可以在市场上出售这些债券，从而获得更多的现金流入。然而，如果市场利率上升，企业可能会面临债券价格下跌的风险，导致损失。在筹资方面，企业也可以根据预期的利率变动来选择最佳的筹资来源。当企业预期利率将持续上升时，可以选择以当前较低的利率发行长期债券，以节省资本成本。这样，在未来利率上升时，企业的资金成本相对较低。但是如果实际情况是利率下降了，企业就要承担比市场利率更高的资本成本，这可能增加企业的财务负担。在利用这些机会和应对挑战时，企业的财务管理团队需要密切关注金融市场的变化和趋势，进行详尽的风险评估和财务分析，以了解不同利率变动对企业财务状况的影响，并相应地制定合适的财务策略。还需要与银行和金融机构建立良好的合作关系，获取及时的市场信息和专业的建议，以支持企业在利率波动环境下的决策和行动。

4. 政府的经济政策

政府在宏观经济调控方面具有重要的职能，其制定的国民经济发展规划、产业政策、经济体制改革措施以及行政法规等对企业的财务活动产生深远影响。企业在进行财务决策时必须认真研究政府政策，并按照政策导向进行行动，以充分利用政策所提供的优惠和鼓励措施，并避免受到政策限制的影响。政府政策的主要内容通常包括对特定地区、行业和经济行为的优惠和倾斜。例如，政府可能通过减税、补贴和优惠政策来鼓励特定地区或行业的发展，从而促进经济增长和就业机会。企业可以根据政策导向来选择适合自身发展的地区和行业，以获得更多的支持和机遇。然而，政府政策也可能对某些地区、行业和经济行为施加限制，可能包括减少或取消补贴、加强监管和限制特定行业的发展。企业需要认真研究政策的细则和变化，以了解其对企业财务活动的影响，并及时做出相应的调整和规划。财务决策的复杂性在于政府政策会随着经济状况的变化而调整，因此，企业在进行财务决策时需要留有余地，并尽可能预见政策变化的趋势，可以通过密切关注政府的宏观经济政策、产业发展方向和相关法规的动态，以及与政府相关部门的沟通和合作来实现。企业还可以建立灵活的财务策略和规划，以适应政策调整带来的影响，从而更好地应对政府政策的变化。

5. 竞争

竞争是市场经济中的常态，对企业而言既是机会，也是威胁。在竞争激烈的商业环境中，企业必须不断提升自身的综合实力才能在市场中取得竞争优势。竞争的范围广泛，涵盖了企业之间、产品之间以及新旧产品之间的竞争。在这个过程中，各个方面都受到影响，包括设备、技术、人才、营销和管理等。竞争能够促使企业不断改进和创新，通过更高效的生产方式和更优质的产品来满足消费者的需求。竞争推动着经济的发展，促进着市场的活跃和进步。竞争也对企业构成了一定的挑战，为了改善竞争地位，企业常常需要进行大规模的投资，投入更多的资源和精力来提升产品质量、降低成本，以及改善客户服务等方面。竞争存在风险和不确定性，投资失败可能导致企业面临竞争地位的进一步下滑，造成盈利的减少甚至亏损。因此，企业在面对竞争时需要审慎决策，制定有效的竞争战略，并加强对市场的分析和预测能力。企业还应关注经济增长、通货膨胀和利率波动等宏观经济因素对财务状况的影响，并制定相应的应对措施。在竞争中，企业需要注重资源配置的合理性和效率，不断提升自身的核心竞争力，加强内部管理，培养高素质的人才队伍，建立有效的市场营销策略，以及不断进行技术创新和产品升级，还应与政府、供应商、合作伙伴和消费者等各方建立良好的合作关系，共同应对市场竞争带来的挑战。

二、财务管理的方法

财务管理的方法也被称为“财务管理环节”，企业财务管理的过程从整体上可以分成财务预测、财务决策、财务预算、财务控制与财务分析几个基本环节。这几个基本环节之间相互联系、相互配合，形成了周而复始的财务管理循环过程，进而构成了完整的财务管理方式与体系。

（一）财务预测

财务预测主要是指根据财务活动的历史资料，充分考虑现实的要求与条件，科学预计与测算企业未来的财务活动与财务成果。财务预测环节的主要任务有：预算各项生产经营方案的经济效益；为决策提供可靠的依据；预计财务收支的发展变化情况，从而确定经营的目标；测定各项定额与标准，服务于编制预算。财务预测环节主要的步骤包括：

1.明确预测对象与目的

由于预测对象与目的不同，那么预测资料的收集、预测模型的建立、预测方法的选择以及预测结果的表现方式等各方面也有着不同的要求。

2.收集与整理资料

结合预测的对象与目的，广泛对预测目标有关的各种资料信息进行收集，其中包括内部与外部资料、财务与生产技术资料、计划与统计资料等，除了对所收集资料的可靠性、完整性以及典型性进行检查之外，还应对其进行汇总、归类、调整以及加工处理，从而使资料更加符合预测的需要。

3. 建立预测模型

根据影响预测对象各个因素之间的相互关联，巧妙选择相应的财务预测模型，因果关系预测模型、回归分析预测模型、时间序列预测模型等是比较常见的财务预测模型。

4. 实施财务预测

利用财务预测模型，选择适当的预测方式，将经过加工整理的资料进行定性、定量分析，并且确定预测的结果。

（二）财务决策

财务决策主要是结合企业经营战略的要求，在理财目标的总体要求下，经过专门的方式，从各种备选方案中，选择出最佳方案的过程。在市场经济条件下，财务管理的核心是财务决策，其是编制财务预算、进行财务控制的基础，决策直接关系到企业的兴衰成败。财务决策的基本程序为：

1. 确定决策目标

将预测数据作为基础，结合企业总体经营战略，从企业实际情况出发，确定决策期内企业应实现的具体理财目标。

2. 提出备选方案

结合决策目标，应用一定的预测方式，进一步加工、整理所收集的资料，并且提出有效实现目标的各种可供选择的方案。

3. 评价选择最优方案

通过分析论证以及研究比对各种可实施方案，评定出各种方案的优劣，适当采取一定的决策方式，做出最优方案的选择。

（三）财务预算

财务预算是企业财务管理的重要工具，提供了对未来经营结果的预测，财务预算包括现金收支、经营成果和财务状况等方面的预测。通过对企业未来一定时期内的财务活动进行数字化的预测，企业能够制订具体的计划和目标，为经营决策提供参考。财务预算对企业的经营过程起到指导作用，使企业能够更好地控制支出、提高收入，实现盈利目标。预算管理模式以目标利润为导向，以销售预算为起点，以现金流量预算为核心。目标利润是企业在预算期内期望实现的利润目标，它引导企业制定销售预算和控制成本开支。销售预算是企业在预算期内计划实现的销售额，为其他预算提供了基础数据，如生产预算、成本预算等。而现金流量预算则关注企业的现金收入和支出情况，确保企业能够合理安排资金流动，保持良好的现金状况。财务预算的编制需要收集和分析大量的数据，包括历史财务信息、市场趋势、行业数据等。在编制过程中，需要考虑外部环境的变化、内部资源的利用以及风险管理等因素，制定合理的财务预算，企业能够更好地规划资源、评估经营风险，并为决策者提供决策依据（见图 1-1）。

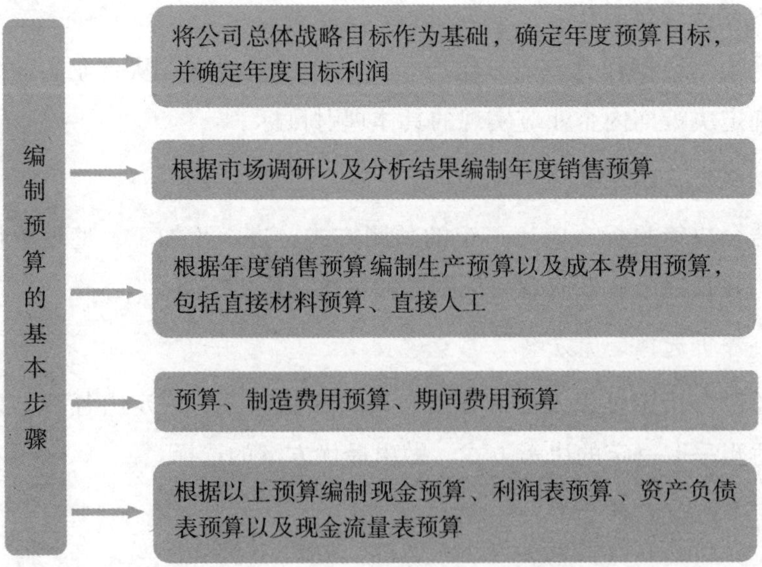

图 1-1　编制预算的基本步骤

常用的编制预算方法有以下几种：

1.固定预算法

固定预算法，又称为“静态预算”，是一种根据预算期内正常可能实现的某一业务活动水平而编制的预算方法。其特点在于预算编制时不考虑预算期内业务水平可能发生的变动，而是以预算期内某一共同水平为基础进行计划。固定预算法适用于那些经营发展相对稳定或对经营发展能够较为准确预测的企业，这种方法的优点在于其简单性和稳定性，可以为企业提供一个固定的参考水平。在经营环境相对稳定的情况下，固定预算法能够帮助企业制定合理的预算目标和计划，提供一个基准来评估业绩。

2.弹性预算法

弹性预算法是一种根据可预见的不同业务活动水平来设定相应目标和任务的预算方法，弹性预算法的优势在于它能够适应不同的业务活动水平和变化。它允许企业根据预期的业务需求和市场变化，灵活地调整预算额度，以确保预算目标的实现。这种方法的灵活性使企业能够更好地应对市场波动和竞争压力，同时能够更准确地反映实际业务情况。通过弹性预算法，企业能够更好地规划和分配资源，根据不同的业务水平制定不同的预算额度，有助于提高资源利用效率和经营绩效，使企业能够更好地应对市场变化和竞争的挑战。弹性预算法还能够提供更准确的预算执行情况评价，帮助企业进行预算控制和决策优化。

3.滚动预算法

滚动预算法，又称为“连续预算”，是一种经常稳定保持一定期限的预算方法，基本做法是在预算执行一段时间后，将预算顺延到下一个周期，并根据执行过程中的信息修订和续编。例如，以年为周期进行滚动预算的编制，当执行了一个月后，对其余的 11 个月进行修订和续编，形成一个新的年度预算。滚动预算法的优点在于能够对未来一段时间的经营活动进行持续不断的计划，保持一个稳定的视野。相比于静态预算，滚动预算更具灵活性和针对性，能够更好地应对市场变化和业务需求的变化。持续修订和更新预算，帮助企业更准确地预测和掌握未来的财务情况，及时进行调整和优化。然而，滚动预算也面临一些挑战，预算编制和管理成本较高，需要投入更多的时间和资源。与静态预算相比，滚动预算需要更频繁地进行修订和续编，增加了预算编制的复杂性和工作量。并且滚动预算要求企业具备较高的信息收集和分析能力，以及灵活的决策机制和预算管理体系。

4. 零基预算法

零基预算法是一种以零为起点的预算方法，要求在编制预算时对每项作业活动或职能进行重新评估，以求发现效益不佳的作业并消除资源浪费和缺乏效率的情况。与传统预算方法不同，零基预算不是简单地按照过去的预算额进行调整，而是从零开始重新审视和评估每个预算项目的合理性和必要性。零基预算的核心思想是在每个预算周期开始时，对所有预算项目进行全面的审查和评估，以确定其对企业目标的贡献和价值。通过这种重新评估的过程，企业可以识别出哪些项目是真正需要的、对企业核心业务有重要影响的，而哪些项目是可以被优化或被淘汰的，帮助企业更加有效地配置资源，提高运营效率，优化成本结构。零基预算的优势在于强调资源的优先级和有效利用，使预算编制更加客观、科学和精确，促使企业对每个预算项目进行全面评估，鼓励管理层重新思考和挑战过去的做法，以确保资源的最佳配置和实现长期目标。零基预算还能激发管理层和员工的创新和创造力，提高对资源的敏感性和意识，推动企业朝着更高效、更灵活的方向发展。

（四）财务控制

财务控制通过制度控制和预算控制两种方式，对企业的财务活动进行管理和监控，以确保财务目标的实现和预算任务的完成。制度控制是财务控制的一种重要方式，建立在公司章程和财务制度的基础上。以明确的规章制度和流程，制度控制确保企业财务行为的合法性、合规性和合理性，包括确保财务记录的准确性和真实性，财务报告的及时性和完整性，以及对财务活动的审计和内部控制的有效性进行监督和检查。制度控制不仅有助于防止财务失误和舞弊行为，还为企业提供了明确的规范和指导，以确保财务管理的透明度和可靠性。预算控制是另一种重要的财务控制方式，以财务预算为依据对企业的财务指标和措施进行监控。预算控制的核心是根据制定的财务预算，对实际的财务执行情况进行比较和分析，以确保预算任务的完成和财务目标的实现。企业可以通过定期的预算执行情况评估和分析，及时发现偏差和问题，并采取相应的纠正措施。预算控制的有效实施需要建立清晰的责任分工和绩效评估体系，激励和监督员工对预算目标的达成做出积极贡献。财务控制的目的是确保企业财务目标的实现和预算任务的完成，通过有效的财务控制，企业可以提高财务管理的效率和精确度，减少风险和损失，并优化资源的配置和利用。财务控制还为企业决策提供可靠的依据，帮助管理层做出明智的财务决策，并及时调整和优化企业的财务策略。财务控制的一般步骤如下：

1. 确定控制目标

财务控制目标可以按照财务预算指标来确定，对于一些综合性的财务控制目标，应按照责任单位或者个人进行分解，使之成为具体掌握的可控指标。

2. 建立控制系统

根据责任制度的要求，落实财务控制目标的责任单位与个人，进而形成从上到下、从左到右的纵横交错的控制组织体系。

3. 信息传递及反馈

信息传递及反馈是一个双向流动的信息系统，不仅能自下而上反馈财务预算执行情况，还能自上而下传递调整财务预算执行偏差的信息。

4. 纠正实际偏差

根据信息反馈，及时发现实际执行情况以及预算目标之间的差异，并且深入分析其中原因，适当采取措施纠正，进而确保财务预算目标的实现。

（五）财务分析

财务分析主要是对企业财务状况和经营成果进行解释和评价，运用专门的分析方法，并以企业财务报表为主要依据，财务分析帮助投资者、债权人、管理者以及其他信息使用者做出正确的决策。

第二章　企业财务管理的分类

第一节　企业资本成本及资本结构决策管理

一、资本成本的概念及意义

资本成本是企业为使用长期资金支付的报酬，涵盖股东的股利和债权人的利息，在财务管理中扮演着重要角色，对企业的筹资和投资决策至关重要。在筹资方面，企业需要选择资本成本最低的方式。不同的筹资方式，如发行股票或债券，会对企业的资本成本产生影响。股东要求的股利和债权人要求的利息决定了资本的成本，企业应该寻找最经济高效的资本结构，以最小化资本成本的负担。选择适当的资本结构，促使企业实现筹资成本的最优化，并降低财务风险。在投资方面，资本成本也发挥着关键作用。企业只有当投资项目的预期回报率高于资本成本时，才会被视为可接受的投资机会。投资项目的回报率应该超过企业支付的资本成本，确保投资能够创造价值。通过评估投资项目的风险和回报，企业可以选择那些能够提供高于资本成本的回报的项目，从而最大化股东权益。资本成本也可作为衡量企业经营成果的指标，企业的经营利润率应高于资本成本，以保证企业的盈利能力和竞争力。如果经营利润率低于资本成本，企业的经营活动可能无法覆盖资本成本，导致投资者和股东的收益受到损害。因此，企业应该通过提高效率、降低成本和增加收入，确保经营利润能够超过资本成本，实现可持续发展。在财务管理中，资本成本通常以相对数形式表示，即报酬与提供的资金之间的比率，有助于企业比较不同投资项目或筹资方式的相对优劣。企业对资本成本率进行计算和比较，可以确定最佳的投资和筹资决策，并优化资源配置。

二、资本成本的经济内容及分类

（一）资本成本的经济内容

结合资本成本的定义，资本成本包括以下经济内容。

1.筹资费用

筹资费用是企业在筹措资金过程中为获取资本而支付的费用，包括各种手续费和费用，如借款手续费、发行费用、承销费用等。这些费用是为了获得所需资金而必须支付的成本，是资金筹措过程中的一部分。筹资费用通常在筹集资金时一次性支付，而在资金使用过程中不再发生，企业在开始进行资金筹措时就需要考虑这些费用，并将其纳入筹资成本的考量范围。筹资费用的支付对企业的财务状况有一定的影响，因为它们增加了企业的财务负担。在西方财务理论中，一般将筹资费用视为一次性支出，并将其计入损益，筹资费用在财务报表中会被直接反映在损益表中，作为一项支出项目。

2.资本使用成本

资本使用成本是企业在生产经营和投资过程中因占用资金而发生的费用，包括向债权人支付的利息、向股东支付的股利以及向投资人分配的利润等，这些费用反映了企业为使用资本而支付的报酬。资本使用成本是财务管理中的一个重要概念，对于企业的筹资和投资决策具有重要意义。在计算资本使用成本时，除了考虑到债务和股权成本，还应纳入其他因素。通货膨胀因素是需要考虑的重要因素之一，由于通货膨胀导致货币贬值，企业需要支付的利息和股利也会相应增加。因此，在计算资本使用成本时，应考虑到通货膨胀对资金价值的影响，并将其纳入成本的计算中。企业经营风险和财务风险也是资本使用成本的重要组成部分，经营风险是指企业在生产经营过程中面临的不确定性和风险，而财务风险则涉及企业的债务偿还能力和偿债风险。由于承担经营风险和财务风险需要一定的报酬，因此资本使用成本应包含与风险相关的风险溢价。资本使用成本还随着占用资本的时间和数额的增加而递增，占用资本的时间越长，企业需要支付的利息和股利也会增加。[①] 同样，占用资本的数额越大，资本使用成本也会相应增加。这反映了资本的稀缺性和机会成本，即企业将资本用于某项投资或经营活动，就失去了将资本用于其他投资或经营活动的机会。

（二）资本成本的分类

1. 从资本成本的构成内容分类

（1）显现性资本成本

显现性资本成本是企业为筹措和使用资本而实际发生的费用，可以通过会计核算来汇集和计算，包括各项与资本相关的费用，如资本筹集费用、资本使用成本和已发生的资本损失成本。这些费用是企业在筹集资本和使用资本的过程中直接发生的，可以通过财务报表和会计记录明确体现。

（2）隐含性资本成本

隐含性资本成本是与企业的投资和筹资行为相关的费用，但无法直接通过会计核算来衡量和记录。相比于显现性资本成本，隐含性资本成

① 张蕾，马鑫，陈慧．财务管理[M]．成都：电子科技大学出版社，2019：35.

本更为间接、滞后和随机，以间接的方式对企业造成损失，而且与引发这些成本的经济行为之间存在时间上的滞后。一个典型的隐含性资本成本是资本机会成本，资本机会成本指的是当企业选择一项投资时，所放弃的其他投资机会所造成的成本。例如，当企业选择投资于某个项目时，它就放弃其他可能获得更高回报的投资机会。这个放弃的机会成本就是隐含性的，因为它无法直接通过会计核算来计量，但它对企业的财务决策和业绩评估具有重要影响。另一个隐含性资本成本是可能发生的资本损失成本，包括由于投资项目风险、市场波动或不可预见的因素而导致的资本损失。这种成本也是隐含的，因为它无法直接在财务报表中明确反映出来，但它对企业的财务稳定性和风险承受能力产生影响。负债的隐含成本也是一种重要的隐含性资本成本，其中，信誉成本指的是过度负债导致企业信誉下降，进而带来费用增加或收益减少；财务风险成本指的是过度负债导致企业经营和财务风险增加，进而带来费用增加或收益减少。这些成本也无法直接通过会计核算来衡量，但它们对企业的信誉和财务健康产生重要影响。隐含性成本的发生取决于具体的条件和经济行为的发展情况，因此具有一定的不确定性，企业在进行财务决策时，需要充分考虑这些隐含性成本，并在风险管理和决策评估中进行综合分析。

2.从资本成本的经济性质分类

（1）财务性资本成本

财务性资本成本是指从会计核算的角度来看，与企业筹集和使用资金相关的费用，包括筹资费用、利息支出以及其他与资金筹集和使用相关的费用。

（2）决策性资本成本

决策性资本成本是从筹资与投资决策的角度上应予考察的实际支出与潜在损失，除了上述财务性资本成本之外，还包括在利润分配中应支付的股利、分出的投资利润以及资本风险损失成本、机会成本。

财务性资本成本的范围比较狭窄，其内容主要是由会计核算制度规定，通常而言，可以用绝对额表示。决策性资本成本设计的范围广泛，其内容由决策性质而定，只能用相对比率进行表示。

3. 从资本成本与时间的关系分类

（1）一次性资本成本

一次性资本成本，又被称为“固定性资本成本”，是指在筹资过程中一次性支付的与资本筹集相关的费用。与其他类型的资本成本相比，一次性资本成本的特点是其发生的金额仅取决于筹集资本的数额，与资金占用时间无关。

（2）周期性资本成本

周期性资本成本，又被称为“变动性资本成本”，是指资本成本的发生数额不仅受筹资数额的影响，还与资金占用时间有关，并按约定的周期支付，这种成本通常涉及负债利息和股利等。

4. 从资本成本与经营活动的关系分类

（1）无关性资本成本

无关性资本成本是只受筹资数额与资金占用时间影响，而与企业经营状况以及使用资本的效益无关的各项支出，如筹资费用、负债利息、优先股股息等。

（2）有关性资本成本

有关性资本成本是不仅受筹资数额与资金占用时间影响，并且与企业经营状况以及使用资本效益有关的各项支出，如普通股股利、分出投资利润、资本机会成本、资本风险损失成本等。

5. 从资本成本与筹资方式的关系分类

（1）个别资本成本

个别资本成本是指企业采用某一种单个的筹资方式所产生的资本成本，在资金筹措的过程中，企业可以选择不同的方式来获取资金，如发行普通股、长期借款或发行债券等。每种筹资方式都会涉及相应的成本，这些成本就是个别资本成本。

（2）综合资本成本

综合资本成本，又称为“平均资本成本”“加权平均资本”或“综合资本成本”，是企业所有筹资方式的平均成本。在计算综合资本成本时，常使用加权平均的方法，根据每种筹资方式的筹资额度与总筹资额的比重作为权重。

第二节　企业筹资行为及项目投资决策管理

一、企业筹资行为的管理

（一）筹资及其动机与原则

筹资是企业为满足不同的资金需求而进行的资金筹集活动，这一过程涉及企业对资本的合理配置和管理，以支持其生产经营、扩张和调整资本结构等需求。筹资管理则是对筹资过程的管理和控制，确保筹集到的资金能够有效地满足企业的资金需求，并在合规的前提下获得最大的经济效益。企业进行筹资的动机可以归纳为新建性、扩张性、偿债性和混合型筹资动机，新建性筹资主要是为了启动新项目或开展新业务，满足企业的扩张和发展需求。扩张性筹资旨在支持企业的规模扩大和市场份额增长，以提高企业的竞争力和盈利能力。偿债性筹资是为了偿还已有的债务或支付到期债务的利息，以确保企业的信用和债务偿还能力。混合型筹资则是综合运用多种筹资方式，根据企业的具体情况和需求来灵活配置资金来源。在筹资过程中，企业需要遵循一些原则以确保筹资的效益性、合理性、及时性和合法性。效益性原则要求企业在筹集资金时，确保资金的使用能够产生超过筹资成本的经济收益，以保证资本的回报率。合理性原则强调筹集的资金量应与企业的实际需求相匹配，既不能过度筹资导致资源浪费，也不能资金不足影响企业的正常运营。及时性原则强调筹资行为应适时进行，以满足企业在不同阶段和发展需求的资金需求。合法性原则要求企业在筹资过程中遵守相关的法律法规，确保筹资行为合法合规。筹资管理是企业财务管理的重要组成部分，涉及资金的获取、利用和回报。有效的筹资管理可以帮助企业优化资金结构，提高财务稳定性和竞争力。[①] 企业应结合自身的经营状况、市场环境和战略目标，合理选择筹资方式和时机，并建立有效的资金监控和管理机制，以确保资金的充分利用和最大化回报。

（二）筹资渠道与筹资方式

筹资渠道指的是所筹集资金的来源方向与通道，筹资方式指的是企业筹集资金所采用的实际操作形式与具体工具，两者之间只是对筹资类别的分类详细程度有所不同，在财务管理实务方面并未特意区分筹资渠道及方式的不同。随着金融市场的发展，企业筹资渠道与方式逐渐多元化，以下将分类进行介绍。

1. 按照资金是否来自企业内部分为内部筹资与外部筹资

（1）内部筹资

内部筹资是指企业通过自身内部的资金来源来满足资金需求的筹资方式，其中，留存利润是企业的主要内部资金来源之一。留存利润是指企业在经营活动中所产生的盈余，未以股利形式分配给股东，而是保留在企业内部作为再投资的资金。在我国法律规定的留存利润中，包括法定盈余公积金、任意盈余公积金、公益金和未分配利润等。留存利润的重要性在于它能够为企业提供自主筹资的机会，减少对外部资金的依赖，将利润重新投入企业，留存利润可以用于扩大生产规模、改善设施设备、

① 张蕾，马鑫，陈慧．财务管理[M]．成都：电子科技大学出版社，2019：30.

研发创新等方面，从而增强企业的竞争力和发展潜力。对股东而言，留存利润的再投资可以提高企业的价值和股票的市价，为股东带来长期回报。除了留存利润，企业职工持股也是一种内部筹资的方式。职工持股是指企业将一部分股权分配给企业内部的职工，让他们成为企业的股东。职工持股计划的实施可以激励员工的积极性和参与感，增强员工对企业发展的认同感和责任感。职工持股也为企业提供了一种内部筹资的渠道，通过职工持股计划所筹集的资金可以用于企业的投资和运营。

（2）外部筹资

外部筹资是指企业通过向社会各方筹集资金来满足资金需求的一种筹资方式，与内部筹资相对应，外部筹资利用了企业与外部金融机构和投资者之间的关系和资源，扩大了企业的融资渠道和资金来源。在外部筹资中，商业信用是一种常见的方式，企业可以通过与供应商建立稳定的商业合作关系，并以延期付款或分期付款的方式来获得临时的短期资金支持，商业信用可以帮助企业解决短期资金周转问题，减轻对外部借款的需求。银行借款是外部筹资的主要形式之一，企业可以向银行申请贷款，以满足资金需求。银行借款通常需要提供抵押品或担保，具有一定的利率和还款期限。通过银行借款，企业可以获得长期或短期的资金支持，用于扩大生产、投资项目或运营资金等方面。租赁是一种特殊的外部筹资方式，企业可以通过租赁方式获取设备、机器或房地产等资产的使用权，而无须进行直接的购买，有助于企业减少固定资产的投资，节约资金，并灵活应对市场需求的变化。

2.按照资金是否助于金融机构分为直接筹资与间接筹资

（1）直接筹资

直接筹资是企业与资金拥有者直接进行协商和交流，以获得资金使用权的一种筹资方式。相较于通过金融机构作为中介的间接筹资方式，直接筹资更加直接和灵活。企业可以通过直接筹资与投资者、债权人等直接沟通，达成资金募集、投资或融资的协议。一种常见的直接筹资方式是企业发行股票，通过发行股票，企业向社会公众募集资金，投资者以购买股票的形式获得对企业的所有权。发行股票可以是定向的，即面向特定的投资者进行，也可以是非定向的，向公众广泛募集。这种方式使企业能够直接与投资者沟通，与其建立长期的股东关系，并为企业提供资金支持。另一种直接筹资方式是企业发行债券，企业可以通过发行债券向投资者借款，承诺在特定期限内支付利息，并在到期时偿还本金。企业债券的发行可以在公开市场进行，也可以面向特定的投资者进行私募。企业可以通过发行债券，直接与债权人协商并达成借款协议，获取所需的资金。企业还可以通过接受投资人的直接投资来筹集资金，投资人直接向企业投资资金，成为企业的合作伙伴或股东，这种形式的直接筹资为企业提供了资本和资源支持，并为投资人提供投资回报和参与企业经营决策的机会。赊购是另一种直接筹资方式，企业可以与供应商达成赊购协议，即延期支付货款或分期付款，通过赊购获得在一定期限内的资金延缓支付，增加了流动资金的灵活性，但也需要承担相应的财务风险和信用风险。

（2）间接筹资

间接筹资是企业通过借助金融机构来获取资金的一种筹资方式，这种方式使企业能够利用金融机构作为中介，以满足企业的资金需求，如银行借款、杠杆租赁、应收账款质押等。企业可以向银行申请贷款，以获得所需的资金，银行会根据企业的信用状况、还款能力和贷款用途等因素来评估贷款申请，并提供相应的贷款额度和利率，借款通常需要提供抵押品或担保物，并按约定的还款期限和条件进行还款。银行借款为企业提供了快速获取资金的途径，并且还可以根据实际需求灵活地调整贷款额度。杠杆租赁是企业与租赁公司之间签订租赁协议，以获取所需的资产或设备，企业通过租赁方式获得资产的使用权，并根据租赁合同支付租金。租赁公司在合同期限结束后，通常会提供购买资产的选项。杠杆租赁允许企业在不占用大量现金的情况下获取所需的资产，同时也减轻了企业的财务风险。应收账款质押是另一种常见的间接筹资方式，企业可以将应收账款转让给金融机构，作为抵押物获得短期融资。金融机构根据应收账款的价值提供资金，并在约定的期限内追索应收账款。这种方式帮助企业快速获取资金，提高了流动资金的周转效率。

3. 按照所筹集资金的属性分为负债筹资与权益筹资

（1）负债筹资

负债筹资指的是企业与资金拥有者之间协商、沟通，从而依法取得、依约运用资金并按期偿还本金以及利息的一种筹资方式，体现的是一种企业与资金出让方的债务债权关系。比如，企业短期借款、长期借款就是企业与银行之间的债务债权关系，赊购则是企业与供应商之间的债务债权关系，这些均属于负债筹资的范畴。

（2）权益筹资

权益筹资主要是指企业对资金依法取得、长期拥有，并且享有自主调配使用权的一种筹资方式，比如，股份制公司通过公募方式筹集的资金以及非股份制公司接受的投资人投资等。

4. 按照所筹集资金使用时间的长短分成长期筹资与短期筹资

（1）长期筹资

长期筹资是指企业为满足超过一年或一个正常生产经营周期的资金需求而采取的筹资方式，如接受投资、发行股票、长期借款、融资租赁等，这种筹资方式常见于企业需要进行重大投资、扩大规模、实施长期发展计划等情况下。

（2）短期筹资

短期筹资是指企业为满足较短时间内的资金需求而采取的筹资方式，如短期借款、应付账款等，这种筹资方式通常适用于满足企业日常经营活动、支付应付账款或短期投资等短期资金需求的情况。

（三）筹资应考虑的因素

在企业筹集资本的过程中，选择最有利的筹资渠道是至关重要的决策，涉及多个因素的综合考虑，以确保企业能够获得足够的资金，并以最经济和可持续的方式进行运营和发展。资本成本是一个重要的考虑因素，企业应评估不同筹资渠道的成本，并选择具有较低资本成本的方式。例如，通过比较借款利率、股息支付和发行费用等，企业可以确定最经济的资金来源。筹资期限也需要谨慎权衡，企业应考虑筹集资本的时间需求，并评估短期和长期筹资的可用性和成本。短期筹资通常适用于满足暂时性资金需求，而长期筹资适用于支持企业的持续发展和投资计划，企业需要根据特定经济环境和资本需求来确定最合适的筹资期限。税务和控制权问题也需要考虑，某些筹资方式可能带来税务上的优势，如利息税收抵免或资本利得税减免。然而，这些筹资方式可能伴随着财务风险和控制权的转移。企业应评估税务影响并权衡与筹资方式相关的风险和收益，以做出明智的决策。

二、企业项目投资决策的管理

（一）企业投资的意义

企业投资指的是公司对现有资金的一种应用，比如投入经营资产或者购买金融资产，或者是取得这些资产的权利，主要目的是在未来一定时期之内获得与风险成正比例的收益。基于市场经济条件下，公司是否能够将筹集的资金投放至收益高、回收快、风险小的项目中，对于企业的生存与发展起到了关键作用。

1.企业投资是有效实现财务管理目标的基本前提

企业财务管理的目标是不断提高企业价值，这需要采取一系列措施来增加利润并降低风险。为实现这一目标，企业需要进行有效的投资，以获得可观的经济效益。

2. 企业投资是公司发展生产的必要手段

在当今科学技术和社会经济迅速发展的环境下，企业面临着维持简单再生产和实现扩大再生产的挑战，无论是保持生产的顺利进行还是追求增长和竞争力，投资都是企业不可或缺的重要活动。维持简单再生产的顺利进行，企业需要关注现有资产的更新和改造。随着科技进步和市场竞争的不断推动，机器设备的更新变得至关重要。通过采用新的机器设备和先进的生产工艺，企业可以提高生产效率、产品质量和市场竞争力。[①]提升员工的科学技术水平也是关键，通过培训和技能提升计划，企业可以确保员工掌握最新的科学技术知识和操作技能，从而提高生产效率和创新能力。而实现扩大再生产则需要更大规模的投资，企业需要考虑新建或扩建厂房，增加机器设备的数量和种类，以满足市场需求的增长。随着企业规模的扩大，招聘和培养高素质的员工也至关重要，他们将成为企业发展的关键驱动力，为企业提供创新能力和竞争优势。[②]通过一系列的投资活动，企业能够增强其实力并开拓新的财务来源，投资不仅是为了满足当前的生产需求，更是为了应对未来的变化和挑战。企业可以通过适时进行投资提高生产力、优化资源配置，并开辟新的市场机会，投资也为企业带来了可持续的发展基础，使企业能够在竞争激烈的市场环境中保持竞争优势。

3. 企业投资是公司降低经营风险的重要方式

在当今科学技术和社会经济迅速发展的环境下，企业面临着维持简单再生产和实现扩大再生产的挑战。无论是保持生产的顺利进行还是追求增长和竞争力，投资是企业不可或缺的重要活动。投资为企业带来了可持续的发展基础，使企业能够在竞争激烈的市场环境中保持竞争优势。

① 刘静，徐莉，欧阳春 . 财务管理 [M]. 南昌：江西高校出版社，2018：51.
② 张蕾，马鑫，陈慧 . 财务管理 [M]. 成都：电子科技大学出版社，2019：46.

（二）企业投资的分类

结合不同的划分标准，企业投资可以做出如下分类：

1.直接投资与间接投资

按照与企业生产经营的关系，企业的投资可以分为直接投资和间接投资两类。在非金融性企业中，直接投资占据了重要的地位。直接投资是指企业将资金直接投入实体经济领域，包括新建厂房、购买设备、开发新产品等。通过直接投资，企业可以掌握生产要素、增强核心竞争力，并直接参与生产经营过程，从而实现效益的最大化。而间接投资，又被称为“证券投资”，指的是企业将资金投入证券市场等金融资产，通过购买股票、债券、基金等金融产品来获取利息、股利或资本利得收入。随着我国金融市场的不断完善和多样化的筹资渠道的形成，企业对于间接投资的需求也逐渐增加。通过间接投资，企业可以实现资金的流动性、分散风险、获取投资回报等目标。随着金融市场的发展，企业间接投资的机会日益增多。例如，企业可以通过购买股票来参与其他企业的成长和发展，获取股利收入并分享企业的价值增长。债券投资可以提供相对稳定的利息收入，同时降低投资风险，基金投资则可以通过分散投资组合来实现风险管理和长期收益。

2.短期投资与长期投资

根据投资回收时间的长短，企业的投资可以分为短期投资和长期投资两类。短期投资，又被称为“流动资产投资”，是指企业在一年以内能够并且准备收回的投资，这类投资主要包括对现金、应收账款、存货、短期有价证券等流动资产的投资。短期投资的目的是满足企业日常运营的资金需求，确保流动性和业务的正常进行。对于一些能够随时变现的长期证券，也可以被视为短期投资的一部分。相对于短期投资，长期投资则是指投资回收时间在一年以上的投资，主要包括对厂房、机器设备等固定资产的投资，以及对无形资产和长期有价证券的投资。长期投资往往需要较大的资本投入，并且回收期较长，这类投资通常涉及企业的扩大再生产、新项目的开发以及长期战略规划。企业可以通过长期投资增强自身的生产能力、提高产品质量和技术水平，以适应市场需求的变化并实现长期的增长和发展。

3. 对内投资与对外投资

根据投资的方向，企业的投资可以分为对内投资和对外投资两类。对内投资是指企业将资金投入公司内部，用于购置各种生产经营所需的资产，这类投资涉及对内的营运资金和非流动资产的投资。营运资金投资主要指企业在日常运营中需要的流动资产，如现金、应收账款、存货等，以确保正常的生产经营活动。而非流动资产投资主要指企业对固定资产和无形资产的投资，如厂房、机器设备、专利权等，以增强企业的生产能力和技术实力。对外投资则是指企业以现金、实物、资产等方式向其他单位进行投资，或者通过购买股票、债券等有价证券的方式进行投资，这种投资方式被称为“间接投资”，因为企业将资金投入其他企业或金融市场，以获取利息、股利或资本利得收入。对外投资可以扩大企业的市场份额、增加投资收益，同时也可以实现资源整合、风险分散和战略布局等目标。随着全球化的发展和经济市场的开放，对外投资在企业发展中的重要性越来越凸显。

4. 初创投资与后续投资

根据投资在生产过程中的作用，企业的投资可以分为初创投资和后续投资两类。初创投资是指在建立新企业时进行的各种投资活动，这类投资的特点是将资金投入建设和设立企业所需的原始资产上，为企业的生产和经营提供必要的条件和基础。初创投资的目的是确保企业能够启动并顺利开展业务，建立起稳固的基础和发展平台。后续投资则是在企业运营过程中为巩固和发展企业再生产所进行的各种投资活动，包括更新性投资、追加性投资和转移性投资等。更新性投资主要是指对现有设施和资产的更新和升级，以保持企业的竞争力和生产效率，其中涉及设备的更新、工艺的改进、技术的升级等方面。追加性投资则是为实现企业的扩大再生产而进行的投资，包括增加生产能力、开拓新市场、扩大生产规模等。而转移性投资则是为适应市场环境变化、调整生产经营方向而进行的投资，可以是对新产品线、新技术或新市场的投资。

5. 其他分类方式

根据不同的相互关系和现金流时间，投资可以进一步分类。一种分类方式是根据相互关系，包括独立项目投资、互斥项目投资和相关项目投资。独立项目投资是指投资项目之间不存在相互制约关系，每个项目的决策独立进行。这种投资方式允许企业根据每个项目的特点和回报潜力进行独立决策，最大化利益。互斥项目投资是指在一组项目中只能选择一个进行投资，选择一个项目将排除其他项目，要求企业在多个互斥项目中进行决策，选择最具有潜力和回报的项目。相关项目投资是指投资项目之间存在相互依赖关系，一个项目的实施和成功需要其他相关项目的支持，这种方式要求企业综合考虑各个相关项目的影响和协同效应，以实现整体利益最大化。另一种分类方式是根据现金流时间，包括常规项目投资和非常规项目投资。常规项目投资具有一期初始现金流出，随后有一期或多期现金流入。常见于企业的日常经营活动，如购买设备、进行营销推广等，其现金流时间模式较为规律和可预测。非常规项目投资的现金流时间形式与常规项目不同，可能存在现金流出不在期初或有多次现金流出的情况。这种投资方式更加复杂，可能涉及风险较高的项目，如新产品研发、市场开拓等。非常规项目的现金流时间模式可能受到更多不确定性的影响，需要企业进行更加细致的风险评估和资金管理。

（三）企业投资管理的原则

企业投资的根本目的是谋取利润，提升企业的价值。企业是否能够实现这一目标，关键在于能否在风云变幻的市场环境之中，紧紧抓住有利的时机，从而做出合理的投资决策。对此，企业在投资的时候必须坚持以下几点原则。

1.认真进行市场调查，捕捉投资机会

企业投资活动的成功与否往往取决于其能否准确捕捉和把握投资机会，投资机会是指那些有潜在利润和回报的经济活动，可以为企业创造附加值和增加竞争力。然而，投资机会并非一成不变，而是受到市场需求和环境变化的影响。在商品经济条件下，市场需求是主导投资机会的关键因素。企业在进行投资之前，需要进行市场调查和分析，以了解市场需求的动态变化，包括消费者的偏好、需求趋势、竞争格局、技术创新等方面的研究。只有通过深入了解市场，企业才能准确判断潜在的投资机会。市场是一个动态变化的环境，投资机会也随之不断演变。随着经济的发展和人们收入水平的提高，消费需求和市场结构也在不断变化，为企业带来了新的投资机会。例如，新兴科技领域、绿色产业、数字化转型等都成为各行各业探索的新方向，企业积极关注市场趋势和技术创新，可以及时捕捉到这些新兴领域的投资机会，为企业的发展注入新的动力。在捕捉投资机会的过程中，企业需要具备敏锐的市场洞察力和灵活的决策能力，需要进行全面的市场调研，评估潜在机会的可行性和回报潜力，并制订相应的投资计划和战略。企业还应该关注市场竞争状况，了解竞争对手的动态，以制定差异化的竞争策略。

2.建立科学的投资决策程序，认真分析投资项目的可行性

在市场经济条件下，企业的投资决策必然伴随着一定的风险。为了确保投资决策的正确性和有效性，企业需要按照科学的投资决策程序进行投资项目的可行性分析。这一分析过程的核心任务是对投资项目的技术可行性和经济有效性进行论证，并运用各种方法计算相关指标，以便合理评估不同项目的优劣。在技术可行性方面，企业需要评估投资项目所需的技术条件和资源是否具备，包括技术先进性、技术可行性、生产

能力等因素，有助于确保项目在技术层面的可行性，提高项目实施成功的概率。而在经济可行性方面，企业需要对投资项目的预期经济效益进行评估，包括对项目的投资成本、运营成本、预期收入和盈利能力等方面进行综合分析。通过运用财务指标和方法，如净现值、内部收益率、投资回收期等，可以对项目的经济效益进行量化评估，并进行风险分析和敏感性分析，以识别潜在风险和确定项目的可行性。

3. 及时足额地筹集资金，确保投资项目资金供应充足

企业在进行投资项目时，尤其是大型项目时，需要充分考虑资金供应的问题。由于建设工期长、所需资金多，如果在项目开工后资金供应出现问题，可能导致工程中途停滞，出现“半截子工程”的局面，造成巨大的经济损失。为了确保投资项目的顺利进行和及时产生投资效益，企业在启动投资项目之前，必须进行科学的资金需求预测，并采用适当的筹资方法来满足资金需求。首先，科学的资金需求预测是对项目各阶段的资金需求进行合理的估计和预测，包括项目启动阶段、建设阶段以及运营阶段所需的资金。这需要对工程规模、建设周期、材料和劳动力成本等因素进行综合考虑，以确保预测的准确性和充分性。筹措资金的方法也是关键，企业可以采用多种途径筹措资金，包括内部筹资和外部筹资。内部筹资主要指通过留存利润、资产处置和股东再投资等方式获取资金，而外部筹资则包括银行贷款、发行债券、股票融资等方式。在选择筹资方式时，企业需要考虑成本、风险、可行性等因素，以确保资金的可靠性和合理性。

4. 认真分析风险与收益的关系，适当控制企业投资风险

在企业投资决策中，收益与风险是紧密相关且共存的因素。一般而言，高收益往往伴随着高风险，而低风险往往意味着较低的收益，这是由投资市场的不确定性、经济波动性和竞争环境等因素决定的。企业在进行投资时，不能只考虑追求最大的收益，而需认真评估投资所带来的

风险。风险可以分为市场风险、经营风险、财务风险等多个方面，包括市场变化、技术变革、竞争加剧、政策变化等。不同类型的投资项目可能存在不同的风险特征，因此企业需要在投资决策中进行综合分析和权衡，以确定适当的风险承受能力。

（四）企业投资过程的分析

投资能够为企业带来一定的收益，但是投资是一项较为具体、复杂的系统工程。根据序时的方式可以将投资的过程分成事前、事中与事后三个阶段。事前阶段也被称为“投资决策阶段”，主要包括投资方案的提出、评价与决策；事中阶段指的是实施投资方案，并且实施监督与控制工作；事后阶段指的是投资项目结束之后，对投资效果进行事后审计与评价。

1.投资项目的决策

投资项目决策是企业中至关重要的过程，涉及多个关键步骤，包括项目提出、评价和最终决策。这些步骤共同构成了一个系统性的决策过程，旨在确保企业选择最佳的投资方向。在项目提出阶段，各级部门提出新的创意和项目构想，包括战略性项目和战术性项目，战略性项目通常与企业的长期发展和核心竞争力相关，而战术性项目则更侧重于满足当前业务需求。在这一阶段，项目的可行性初步评估，并选择潜在的候选项目。项目评价阶段是决策过程中的核心环节，包括对项目进行分类、现金流估计、风险分析和约束因素的考虑。项目分类有助于理解项目的性质和目标，以便对不同类型的项目采用适当的评价方法。现金流估计是通过对项目未来现金流量的预测和分析，评估项目的经济效益和回报情况。风险分析需要对项目可能面临的不确定性进行评估，以量化和控制潜在风险。约束因素的考虑包括对资源、时间和技术等限制条件的分析，以确定项目可行性和可实施性。在评价阶段，还会编写评价报告和制定投资预算，以提供决策参考和资源分配依据。最终决策阶段由决策层进行，根据项目评价结果和公司战略目标做出接受、拒绝或重新调查和修改的决策。决策者在这一阶段需要综合考虑项目的潜在收益、风险和与公司整体战略的契合度。决策层的决策将决定项目是否获得批准并进入下一阶段，或者是否需要进行进一步的研究和调整。整个决策过程的目标是确保最佳的投资选择，通过系统的评价和综合分析，企业能够更准确地识别和选择有利可图的项目，并使投资与公司战略目标相一致。决策过程中的评价报告、投资预算和决策结果将为企业提供指导和依据，以确保投资决策的准确性和有效性。

2.投资项目的实施与监控

投资项目的实施和监控阶段是将投资决策转化为实际行动的关键阶段，涉及资金筹集、项目计划的有序实施、实施过程的控制和监督，以及后续分析和调整。筹集资金是支持项目实施的基础，企业在实施阶段需要根据项目需求和预算计划，采取适当的筹资方式，如内部资金调配、银行贷款或发行债券等，以确保项目有足够的资金支持。有计划地实施项目是确保项目按预定计划有序推进的关键，企业需要制订详细的项目实施计划，明确任务分工、时间节点和资源需求等，以保证项目进展顺利。并且适时调整和协调各项工作，解决可能出现的问题和障碍，确保项目按计划推进。控制和监督实施过程是确保项目质量、进度和成本的有效管理，企业需要建立监控机制，对项目的进展、资源利用情况、质量控制等进行定期评估和监测。通过有效的控制和监督，及时发现和解决问题，确保项目按时、按质、按量完成。后续分析是对项目实际表现与预期进行评估和对比，指的是企业定期对项目的现金流量、收益和成本进行分析，与初期的投资决策进行对比。比较实际结果和预期目标的差异，企业可以识别出问题所在，并采取相应的措施进行调整，涉及延迟投资、放弃投资或调整投资规模等，以确保项目的持续盈利能力和最优化的投资回报。

3. 投资项目的事后审计与评价

投资项目的事后审计与评价是对已完成的投资项目进行全面评估和总结，将实际表现与最初的预期进行对比，揭示项目执行中的差异和问题，并提供有价值的经验教训和改进建议。比如，发现预测技术方面所存在的偏差，分析原有资本预算的执行情况以及预算精确度，查找项目执行过程中存在的漏洞，并且找出影响投资效果的敏感因素，总结成功的经验，等等。

第三节　企业营运资本与利润分配管理

一、企业营运资本管理

（一）企业营运资本的含义

营运资本又称“营运资金”，是企业在流动资产上的总投资。营运资本在概念上有广义和狭义之分。广义的营运资本也称“毛营运资本”，是指企业流动资产总额。狭义的营运资本也称“净营运资本”，是指企业的流动资产减去流动负债后的余额。通常净营运资本与流动比率的概念相近，可用于衡量企业在短期资金周转方面的能力。一般而言，企业在流动资产上的投资越多，周转能力就越强，风险越高，但收益率越低；相反，企业在流动资产上的投资越少，周转能力就越差，风险越低，但收益率越高。因此，企业在营运资本管理中，应在风险与收益之间进行权衡。

（二）营运资本的特点

为了有效地管理企业的营运资本，必须研究营运资本的特点，以便有针对性地加以管理。

1. 营运资本的周转具备短期性

企业投资于流动资产的特点决定了它们的短期性质和较短的资金回收周期。流动资产包括现金、应收账款、存货和短期有价证券等，它们在企业日常经营活动中发挥着重要的作用。流动资产的投资通常是为了支持企业的日常运营，如采购原材料、支付员工工资和满足客户的需求等。根据这一特点，营运资本可通过商业信用、银行短期借款等短期的筹资方式获得。

2. 营运资本的实物形态具备变现性

短期投资、应收账款、存货等流动资产一般具有较强的变现能力，这对财务上满足临时性资金需求具有重要意义。

3. 营运资本的数量具备波动性

流动资产在企业运营中具有较高的变动性，其资金占用量会随着内外环境的变化而发生较大的波动，变动性与企业经营活动的季节性、市场需求的波动以及经济周期等因素密切相关。

4. 营运资本的实物形态具备变动性

现金、材料，在产品、产成品和应收账款等流动资产在企业的循环周转中相互关联、相互作用，共同构成了企业运营过程中的资金流动链。不同行业和企业的资金周转特点各异，需要根据自身情况制定适合的资产配置策略。适度增加现金储备，优化材料和在产品的库存控制，加强应收账款的管理，可以提高资金周转效率，减少资金占用成本，确保企业的运营活动顺利进行。

5. 营运资本的来源具备多样性

企业在筹集债权资金时可以选择非流动负债筹资和流动负债筹资两种方式，非流动负债筹资主要指企业通过发行长期债券或者长期贷款来获取资金，而流动负债筹资是指企业通过申请短期借款或者经营性负债来满足短期资金需求。相比而言，申请短期借款通常比申请长期借款更容易、更便捷，主要是因为短期借款通常具有较短的还款期限，风险相对较低，贷款审批程序较为简单，能够更快速地满足企业的短期资金需求。短期借款给债务人更大的灵活性，债务人可以根据自身的资金状况和经营需求来灵活安排还款计划，更好地应对市场波动和经营变化。

（三）营运资本管理模式

营运资本管理模式主要包括流动资产投资政策与流动资产筹资政策。

1.流动资产投资政策

企业的流动资产投资政策是为了平衡正常经营需要和应对意外情况而制定的策略，以保持适当的流动资产水平并提高资金运用的效率。流动资产投资政策的核心目标是确保企业在经营过程中具备足够的流动性，既能满足日常的经营需求，又能应对突发事件和变动的市场环境。

正常经营需要量是指为满足企业日常生产经营所需而占用的流动资产，这部分资产包括现金、有价证券、应收账款、存货等。企业应根据市场需求、生产周期、供应链管理等因素来合理评估和确定正常经营需要量，过高的流动资产水平会增加企业的资金占用成本，而过低的流动资产水平则可能导致生产经营活动受限和供应链风险。保险储备量是为应对意外情况而额外储备的流动资产，为了应对市场变动、自然灾害、经济衰退等风险因素而设立的一种资金储备。保险储备量的大小取决于企业对风险的评估和风险承受能力，适当的保险储备，企业能更好地应对突发事件，减少对经营活动的干扰，确保企业的稳定运营。

流动资产投资政策分为三种，即保守的、适中的与激进的流动资产投资政策。

（1）保守的流动资产投资政策

保守的流动资产投资政策是一种企业在安排流动资产数量时采取的

谨慎策略，旨在降低企业的风险并确保经营的稳定性。在这种政策下，企业在正常生产经营需要量和正常保险储备量的基础上，额外储备一部分流动资产。目的是提供额外的安全保障，以应对突发情况或不可预见的风险因素。采用保守的流动资产投资政策，企业在风险管理方面更加谨慎，确保企业有足够的流动资金来应对紧急情况，如市场波动、供应链中断或经济衰退等。企业在正常经营需要量和保险储备量的基础上，增加额外储备量，使得企业能够更好地应对意外事件，减少对经营活动的干扰。这种政策的优势在于降低了企业面临的潜在风险，提供了更大的安全边际。

（2）适中的流动资产投资政策

适中的流动资产投资政策是一种平衡考虑正常经营需要和风险防范的策略，在这种政策下，企业确保满足正常经营所需的流动资产，并适当留出一定的保险储备以应对潜在的不测情况。适中的投资政策可以被视为一种中庸的选择，通常适用于大多数企业在正常经营情况下的流动资产管理。

（3）激进的流动资产投资政策

激进的流动资产投资政策是一种相对冒险的策略，企业在这种政策下只安排正常生产经营所需的流动资产，而不考虑或只安排少量的保险储备。该政策的目标是追求更高的投资回报率，将资金更多地用于营利性活动，以提高企业的投资效率和利润水平，但是风险较大。

2. 流动资产筹资政策

流动资产筹资政策目的是确保临时性和永久性流动资产的充分资金支持，临时性流动资产是企业在经营中受季节性或周期性影响而需求波动的资产，如季节性存货、销售旺季的应收账款等。这些资产的资金需求往往是临时性的，因此，企业需要通过合适的筹资方式来满足这些需求。常见的筹资方式包括商业信用、短期借款等，具有快速灵活的特点，能够满足临时性流动资产的资金需求。与临时性流动资产相对应的是永久性流动资产，为了满足企业长期稳定的资金需要而保留，即使在经营低谷时也需要保持一定的流动资产。

与流动资产的投资政策相对应，流动资产的筹资政策也包括保守的、适中的与激进的流动资产筹资政策。

（1）保守的流动资产筹资政策

保守的流动资产筹资政策是企业在安排流动资产数量时采取的一种保守态度，主要通过使用长期资金来满足永久性资产和部分或全部临时性资金需求。相较于适中的策略，保守的流动资产筹资政策对临时性负债的依赖较小，更多地依赖长期资金，以降低企业无法偿还到期债务的风险。采用保守的策略，企业在资金结构中保留较多的营运资金，从而增加了流动性和偿付能力，使得企业能够更好地应对突发的资金需求或经营困难，降低了企业无法及时偿还债务的风险，较少的临时性负债也减少了企业在短期利率变动时所承受的损失风险。然而，保守的流动资产筹资政策也存在一定的弊端，由于长期资金的成本较高，企业可能面临较高的资金成本负担，从而降低了企业的收益水平。即使在经营淡季，企业仍需承担非流动负债的利息支付，这进一步影响了企业的收益。因此，相对于适中的策略而言，保守的流动资产筹资政策在风险和收益之间做出了权衡，降低了风险，但也牺牲了一定的收益。在实施保守的流动资产筹资政策时，企业应充分考虑自身的资金状况、经营风险和收益预期。对于财务稳定性较为重视的企业或行业，采用保守的策略可以有效地减少风险，提高偿付能力。企业也应注意权衡风险与收益，确保筹资政策与企业长期发展战略相一致，并及时进行风险评估和调整，以实现可持续的经营和增长。

（2）适中的流动资产筹资政策

适中的流动资产筹资政策是企业在安排资金来源和使用期限时的一种平衡态度，要求企业将临时性流动资产的资金需求通过短期资金（临时性负债）解决，而将永久性资产（包括永久性流动资产和固定资产）

的资金需求通过长期资金（包括流动负债、自发性负债和权益资本）解决，以实现资金的使用期限和资金来源的协调。适中的策略要求企业精确制订临时负债筹资计划，确保资金的占用时间与负债的偿还时间相匹配。在季节性低谷时，企业除了可能有一些自发性的临时负债外，没有其他流动负债。只有在临时性流动资产需求高峰期，企业才会举借各种临时性债务。适中的流动资产筹资政策的核心思想是将资产与负债的期限相匹配，以降低企业无法按时偿还到期债务的风险，并尽可能降低债务的资本成本。但是，由于资产的存续期限不确定性，实际上很难做到资产和负债的完全匹配。因此，适中的流动资产筹资政策可以被视为一种理想的资金使用要求较高的策略。

（3）激进的流动资产筹资政策

激进的流动资产筹资政策是指使用长期资金来满足部分永久性资产的需要，而将剩余的永久性资产和临时性资产的资金需求通过短期资金来解决。在激进的策略下，临时性负债在企业的资金来源中所占比重较大，超过了适中的策略下的比重。由于临时性负债的资本成本一般较低于非流动负债和权益资本，企业的资本成本也相对较低。企业在这种策略下，倾向于更频繁地使用短期债务来满足资金需求，从而降低了债务的资本成本。激进的流动资产筹资政策也带来了一些风险和挑战，由于需要满足永久性资产的长期资金需求，企业常常需要在临时性负债到期后重新举债或申请债务展期，这增加了筹资的困难和风险。企业在不断举债和还债的过程中需要处理较大的债务负担，这可能对企业的偿债能力和财务稳定性产生不利影响。激进的流动资产筹资政策具有较高的收益性，能有效降低企业的资本成本，提高投资回报率。然而，与高收益相伴随的是相对较高的风险，企业需要认识到在不断举债和还债的过程中可能面临的流动性风险和利率风险，并制定相应的风险管理措施。

二、企业利润分配管理

（一）企业利润分配的基本原则

利润分配是企业的一项重要工作内容，影响了企业、投资者等各方的利益，涉及了企业的生存与发展。所以在企业利润分配的过程中，应遵循以下原则。

1. 依法分配原则

企业利润分配是指企业根据国家法律、法规和企业章程的规定，对企业经营所得的净利润进行分配的过程。利润分配是企业内部的重大事项，涉及企业所有者、债权人以及职工等利益相关方的合法权益。国家的法律、法规对企业利润分配进行了明确的规定，旨在保障分配过程的有序进行，促进企业的发展和增强风险防范能力。其中，《中华人民共和国公司法》《中华人民共和国外商投资企业法》等法律法规对利润分配的基本原则、次序和比例等方面进行了规范。企业在利润分配中必须遵守国家有关法律和法规的规定，确保分配过程的合法性和合规性，按照法律规定的基本原则和次序进行利润分配，如首先支付应缴纳的所得税后，再进行其他利益相关方的分配。企业的章程也必须在法律法规的范围内，对利润分配的原则、方法和决策程序等进行明确规定。利润分配的目的是维护企业所有者、债权人以及职工等利益相关方的权益，促使企业增加积累并增强风险防范能力。合理的利润分配，可以使企业回报股东、分红员工，满足债务偿还和再投资的需求，推动企业的可持续发展。在实际操作中，企业应遵守法律法规，制定具体而明确的利润分配方案，确保分配决策的公正性和透明度。还应考虑企业自身的财务状况、经营需求和未来发展计划等因素，以制定适合的利润分配策略。

2. 资本保全原则

资本保全是现代企业制度的基础性原则之一，强调企业在利润分配中不能侵蚀企业的资本。利润分配是对企业经营中产生的资本增值额进行分配，而不是对资本金本身的返还。根据这一原则，企业在进行利润分配时应考虑是否存在尚未弥补的亏损，优先弥补亏损后再进行其他形式的分配。

3. 充分保护债权人利益原则

为了保护债权人的利益，企业在利润分配中需要遵守风险承担的顺序以及合同契约的规定。企业必须按照约定的时间偿还到期的债务，确保债权人的权益得到优先保障，在进行利润分配之前，企业需要履行对债权人的还款义务，以确保债务的及时偿付。如果企业未能按时偿还债务，通常不能进行利润分配。企业在进行利润分配后也需要保持一定的偿债能力，以应对可能发生的财务风险。保持偿债能力是企业维持正常运营、保障债权人权益的重要措施。通过保留一定的利润或采取其他资金安排，企业可以确保在面临意外情况或经济困难时有足够的资金储备来偿还债务。在某些情况下，企业与债权人签订了长期债务契约，利润分配政策的执行应征得债权人的同意或经过债权人的审核，目的是确保债权人对企业的财务状况有充分了解，并能够对企业的利润分配决策进行监督和控制。从而维护债权人的权益，促进与债权人之间的信任关系，并减少潜在的纠纷和风险。

4. 多方及长短期利益兼顾原则

利润分配是企业利益机制中至关重要的环节，涉及多方利益相关者的权益，包括投资者、经营者和职工等，一个合理的利润分配机制对于维护企业的稳定和可持续发展至关重要。在利润分配中，企业应该兼顾各方利益，并力求保持稳定。投资者期望获得回报，经营者需要有适当的激励，而职工也应该分享企业发展的成果。因此，企业需要制定一套公正合理的利润分配政策，确保各方利益得到平衡和满足。当企业实现稳定的利润增长时，应增加利润分配的数额或比例，企业应当适时提高对投资者的分红，以回报他们对企业的投资，同时也应该考虑长期发展的需求，合理留存一部分利润用于投资和资本结构的优化。为企业的未来发展提供稳定的资金支持，确保企业的可持续竞争力。在积累与消费的处理上，企业应坚持积累优先的原则。首先提取一定比例的利润作为公积金，用于补充资本和储备，以应对潜在的风险和挑战。再根据企业的经营状况和发展需求，合理确定分配给投资者的利润比例。确保企业在发展过程中保持一定的稳定性和弹性，为企业的可持续发展提供支撑。

（二）利润分配的顺序

1. 依法缴纳所得税

《企业财务通则》规定了企业利润分配的一项重要原则，即按照国家规定进行相应的所得税调整，并依法缴纳所得税。在计算企业利润时，需要根据国家税法的规定对利润进行扣除和调整，并按照规定的税率及时、足额地缴纳所得税。所得税的缴纳是企业履行社会责任的重要环节，也是企业作为法律主体的义务。依法缴纳所得税也体现了企业的合规性和诚信经营的原则，为企业树立良好的形象和信誉。

2. 税后利润分配顺序

企业向股东分派股利，应按照一定的顺序进行，根据《中华人民共和国公司法》的有关规定，税后利润分配应按照以下顺序进行。

（1）计算可供分配的利润

将本年度净利润或亏损与年初未分配利润或亏损合并，从而计算出可供分配的利润。如果可供分配的利润是负数，那么不能进行后续分配；如果可供分配利润是正数，则进行后续分配。

（2）计提法定公积金

提取法定公积金的基数是按抵减年初累计亏损后的本年净利润计算

的，企业在计提法定公积金时，需要先考虑年初累计亏损的抵减。只有在年初没有累计亏损的情况下，才可以按本年税后利润计算应提取的法定公积金数额。这种提取法定公积金的方式实质上是一种“补亏”操作，旨在弥补之前累计亏损对利润分配的影响，按照账面数字进行，与所得税法中的亏损结转并无直接关联。关键在于，企业在没有累计盈余的情况下，不能将资本用于发放股利，同时也不能提取法定公积金。

（3）向股东支付股利

在利润分配的顺序中，抵补亏损和提取法定公积金都是位于股东分配利润之前的重要步骤，目的是保护企业的财务健康和稳定发展，确保利润的合理分配，并保留足够的资金用于抵补亏损和积累法定公积金。如果企业的股东会或董事会违反了这一利润分配顺序，在未完成抵补亏损和提取法定公积金的情况下，向股东分配了利润，必须采取措施来纠正违规行为，这意味着违规发放的利润必须退还给企业。

第四节　企业的重组与清算

企业重组主要是重新配置企业的资金、资产以及技术等要素，构建新的生产经营模式，使企业在不断变化中保持竞争优势的过程，企业重组贯穿于企业发展的全过程中。企业重组指的是企业为了有效实现战略目标对企业的资源进行重新组合与优化配置的活动，企业重组有着广义与狭义之分，广义的企业重组包括扩张重组、收缩重组以及破产重组三种类型，狭义的企业重组只包括收缩重组。

一、企业重组的分类

（一）扩张重组

扩张重组表现为合并、接管或接收以及标购等。

1. 合并

合并是指将两个或更多的企业组合在一起，形成一个新的实体。在合并过程中，原有的企业不再作为独立的法律实体存在，而是建立一个全新的企业实体，合并的目的通常是实现经济效益、资源整合、市场扩张或提高竞争力。根据《中华人民共和国公司法》的规定，合并可分为吸收合并和新设合并两种形式。吸收合并是指一个公司吸收其他公司，被吸收的公司在合并完成后解散，类似于国际上常说的“merger”。另一种形式是新设合并，即两个或更多的公司合并成立一个全新的公司，合并各方解散，类似于国际上的“consolidation”。从广义上来说，合并的概念包括兼并，兼并是指一个企业通过收购或控制其他企业的股权来实现合并。兼并可以是友好的，即合并各方达成一致并愿意进行合并；也可以是非友好的，即一方强行收购另一方。兼并旨在整合资源、扩大市场份额或实现战略目标。

2. 接管或接收

接管或接收是指某个公司原本具有控股地位的股东，由于出售或转让股权，或者其他股东持有的股权超过其所持股权的比例，导致其控股地位被削弱或丧失的情况，此种现象通常发生在股权转让、收购或重组等情况下。

3. 标购

标购是指一个企业直接向另一个企业的股东提出购买他们所持有的该企业股份的要约，以达到控制该企业的目的，此种现象通常发生在目标企业是上市公司的情况下。

（二）收缩重组

收缩重组包括资产剥离、公司分立以及股权出售三种方式。

1. 资产剥离

资产剥离是指在企业股份制改造过程中，将原企业中不属于拟建股份制企业的资产和负债从原有的企业账目中分离出来的行为，分离并非企业经营失败的标志，而是企业发展战略的合理选择。企业可以通过资产剥离将不适合长期战略、没有成长潜力或对整体业务发展产生负面影响的部门、产品生产线或单项资产剥离出去，从而使企业资源更加集中于经营的重点领域，进一步提升竞争力。资产剥离具有多重优势，促使企业能够更好地配置资源，集中精力和资金投入核心业务领域，从而提高效率和生产力。剥离掉不符合企业战略目标的资产，有助于企业专注于自身优势领域的发展，提高整体业务的竞争力和盈利能力。资产剥离能够改善企业资产质量和市场价值，可以优化资产结构，提升整体资产质量，改善企业的财务状况，增强企业吸引投资和融资的能力，提高股东价值。

2. 公司分立

公司分立是指一个公司根据《中华人民共和国公司法》的规定，将自身分成两个或两个以上的经济实体的行为，可以包括新设分立和派生分立两种形式。新设分立是指原有的公司取消法律主体资格，同时新设立两个或更多具有独立法人资格的公司。在新设分立中，原公司将自身的财产、权益和业务划分给新成立的各个独立公司，每个独立公司都有自己的法人地位和经营范围。常见于原公司业务范围较广，或者为了更好地适应市场需求和管理需要，将不同业务领域分开运营，实现更高效的管理和发展。派生分立是指原有的公司仍然保留法律主体资格，但将自身的部分业务划出，并新设一个独立的公司来承担这部分业务。

3.股权出售

股权出售是指公司将其所持有的子公司的股份出售给其他投资者，与资产剥离相比，股权出售关注的是公司在其他企业中所持有的股权。这种出售可能是全部或部分股权的转让，从而使得原公司不再拥有被出售股权的子公司的控制权。

（三）破产企业的重组内容

破产企业的重组涉及多个方面，包括业务重组、资产重组、债务重组、股权重组、人员重组和管理体制重组等模式。业务重组是重组的基础，通过对企业业务的划分和整合来确定进入上市公司业务范围的部分。重组过程中，经营性业务和非经营性业务、营利性业务和非营利性业务、主营业务和非主营业务会被重点考虑，以实现经营业务的优化和非经营业务的剥离。资产重组是重组的核心，涉及对企业内部资产的拆分、整合和优化。合理的资产调整和组合可以提高资产的效率和价值，为重组后的企业提供更强有力的资产支持。债务重组涉及对企业债务的调整，能通过债务转移或债务转换为股权等方式实现，债务重组的目的是减轻企业的负债负担，为企业创造更稳健的财务状况。股权重组是指对企业持有的子公司股权进行调整的行为，通常与其他重组内容相互关联。[①]例如，在债务重组过程中，可以进行债转股操作，将债务转化为股权。人员重组旨在通过减员增效和优化劳动组合提高劳动生产效率，以合理的人力资源配置和组织结构优化，提高员工的工作效率和企业整体绩效。管理体制重组旨在修订企业的管理制度，完善管理体制，以适应现代企业制度的要求。改善决策机制、优化管理流程和强化内部控制，有助于企业提高运营效率和管理效能。

① 贺志东.企业重组清算的财会操作实务[M].武汉：华中科技大学出版社，2009：238.

二、企业重组的价值来源

企业重组有两个直接动因：一是将现有股东持有权的市场价值最大化，二是将现有管理者的财富最大化。两者可能是一致的，也可能发生冲突，无论如何，增加企业价值是有效实现这两个目标的基础。企业重组的价值来源主要体现在以下几方面。

（一）获取战略机会

兼并作为一种战略手段，通常是为了获取未来的发展机会而进行的。当企业决定扩大在某个特定行业的经营时，兼并现有企业成为一个重要的策略选择，而不是依靠自身内部发展。因为通过兼并，企业可以直接获得正在经营的发展研究部门，从而快速获取相关的技术和知识优势。兼并还可以带来时间优势，避免了自主建设工厂所需的时间，从而更快地进入市场，同时可以减少一个竞争对手，直接获得其在行业中的地位和市场份额，从而在市场上占据更有利的位置。另一个企业重组的战略机会是利用市场力，当两个企业采用相同的价格政策时，可以获得比竞争时更高的收益。兼并可以提供大量的信息资源，这些资源可以用于揭示战略机会。财务和会计信息在此过程中发挥着关键作用。例如，会计收益数据可用于评估行业内各个企业的盈利能力，并评估行业盈利能力的变化趋势，这对企业重组具有重要意义。

（二）发挥协同效应

企业重组的协同效应指的是重组后所产生的效果超过各个独立企业之和，即 1+1>2 的效果，产生这种效果主要源于几个领域。在生产领域，重组可以带来规模经济效应，企业可以实现资源的集中配置和规模扩大，从而降低单位生产成本，提高生产效率。重组还可以吸收新的技术和知识，充分利用未使用的生产能力，减少供应短缺的可能性。在市场和分配领域，重组可以实现规模经济效应和市场扩展。重组后的企业可以通过规模扩大，提高市场竞争力，进入新的市场并扩展现有的分销网络，从而增加产品市场的控制力，提高市场份额和利润。在财务领域，重组可以充分利用未使用的税收优势和债务能力。重组后的企业可以利用税收优惠措施，降低税负，提高财务收益。重组还可以利用未使用的债务能力，获取更多的融资支持，支持企业扩张和发展。在人事领域，重组可以吸收关键的管理技能和整合多个研发部门，企业能吸收优秀的管理人才，提高管理效能。重组还可以促进不同研发部门的合作与融合，实现技术和知识的共享，从而提高创新能力和产品研发效率。要实现重组效应，在各个领域中需要进行全面的财务分析。例如，在评估更好地利用生产能力的收益时，分析师需要检验行业中其他企业的盈利能力和生产能力利用率之间的关系。而在估计整合研发部门的收益时，需要进行成本分析，包括对复制这些部门所需成本的评估。

（三）提高管理效率

企业重组在提高管理效率方面具有重要价值。其中一种情况是，通过收购和兼并，更有效率的企业可以取代现有的管理者，从而提高管理效率。财务分析可以观察兼并对象的预期会计收益率在行业分布中的位置以及分布的发散程度，如果兼并对象的预期会计收益率较高且分布较发散，说明新的管理者有更大的收益潜力。在这种情况下，更有效率的企业可以通过替换现有管理者来提高管理效率。财务分析的结果对于决策者来说是非常有价值的，可以帮助他们评估兼并交易的潜在效益和风险。另一种情况是，在重组过程中，管理者的自身利益与现有股东的利益更好地协调，从而提高管理效率。例如，当管理者通过杠杆收购后，他们的财富构成将取决于企业的财务表现，这时管理者可能更加关注使公司市场价值最大化。管理者的利益与股东的利益相一致，可以促使管理者采取更有效的经营策略和决策，提高企业的管理效率。对兼并对象的财务数据进行分析和评估，可以确定其潜在的盈利能力和增长潜力，帮助决策者判断兼并对管理效率的影响。财务分析还可以评估现有管理者与股东利益的一致性，为决策者提供重要参考，确保管理者在重组后能够更好地提高管理效率。

（四）发现资本市场错误定价

发现资本市场中证券的错误定价，个体可以从中获益。财务出版物经常刊登关于某单位兼并公司并以零成本取得剩余资产的报道，这种情况在投资银行家的活动中尤为常见。然而，投资银行家在咨询管理和依据管理者的重组决策收取费用之间存在冲突，这可能引起人们对其咨询的怀疑。企业重组对各方面产生影响，包括所有者、债权人、工人和消费者。重要的问题是，谁在重组中能够占据更有利的谈判地位，这将决定公司价值增加的分配。即使企业重组本身并未增加价值，也会引发价值分配的问题，重新分配财富往往是企业重组的一个明显动机。在这样的背景下，确保重组过程的公正性和透明度至关重要。投资银行家在重组过程中至关重要，因此需要建立有效的监管和制度来规范其行为，以保护各方利益。加强投资者教育和信息披露也是必要的，以使投资者能够更好地理解重组交易的风险和潜在回报。企业重组所涉及的利益冲突和价值分配问题需要通过透明、公正的决策和协商来解决，各方应积极参与谈判，并通过明确的规则和合同确保他们的权益得到保护，从而建立一个公平、可持续发展的企业重组环境，使所有相关方能够分享重组所带来的增值。

三、重组发展趋势

WTO 的加入和外资并购对经济和企业产生了广泛的影响，其中，政府的干预减少，中介组织的作用增强，上市公司面临着机遇和挑战。WTO 的加入和外资并购的增加使政府在经济活动中的干预程度减少，市场经济的原则更加得到尊重，企业能够更自由地进行经营和决策，政府不再过多干预企业的经营活动，为企业的发展提供了更大的空间。外资并购的增加加强了中介组织的作用，中介机构在跨国并购交易中有着举足轻重的地位，提供专业的咨询和服务，协助企业进行并购谈判和实施，增强了企业进行跨国并购的能力，并提高了并购交易的效率和成功率。对于上市公司来说，WTO 的加入和外资并购带来了机遇和挑战。一方面，外资并购为上市公司提供了扩大规模、进入新市场和获取先进技术的机会。与外资合作，促使上市公司提升自身竞争力并实现快速发展。另一方面，外资并购也增加了竞争压力，上市公司需要提高自身管理水平、技术创新能力和市场适应性，以应对来自国内外竞争对手的挑战。WTO 的加入和外资并购推动了国民经济的结构调整，企业进行资产重组以提升产业竞争力，使国内企业能够更好地融入国际重组框架。资产重组帮助企业优化资源配置、整合优势资源，从而提高企业的核心竞争力，结构调整有助于提升整个经济体系的效率和竞争力。WTO 的加入和外资并购促使资本市场规范的完善，资产重组解决了上市公司面临的问题，如低效率、资源浪费和产权不清等。上市公司能够通过资产重组优化业务结构、提升盈利能力，并为投资者提供更具吸引力的投资机会，从而有利于资本市场的发展和完善，提高市场的透明度和公正性。国有股停止减持政策为股权转让和资产重组提供了良好的政策环境，国有股的停止减持有助于稳定市场预期，提高企业的投资价值，吸引更多的投资者参与并购活动，为企业的资产重组提供了更广阔的发展空间。

四、重组创新模式

（一）股权托管

股权托管作为一种资产重组模式，在企业重组中发挥着无可替代的作用，委托托管公司代表股权所有者行使管理监督权力，实现股权的高效运营，既保护了股权所有者的权益，又实现了资产的保值和增值。股权托管为股权所有者提供了一种有效的方式来维护权益，与托管公司签订契约合同，股东委托托管公司代表其行使管理权力，确保了对企业决策和资本运营的有效监督和参与。托管公司作为专业机构，具备丰富的经验和专业知识，能够更好地保护股权所有者的利益，确保其投资获得更大的回报。股权托管与其他托管方式相结合，发挥了托管经营的综合优势，与其他托管方式的结合，如资产托管或风险托管，可以进一步提升资产管理效能和风险控制能力。在实现资产保值的同时，还能够通过专业的管理和运营手段，实现资产增值，为股权拥有人创造更大的价值。股权托管能为重组兼并提供一种灵活的策略，在股权托管期间，委托方和受托方都能够实际体验到重组兼并后的效果。受托方通过行使管理权力，了解受托资产的情况，并在托管期间评估重组兼并的风险和可行性，从而在最终决定是否实施重组兼并时能够降低风险。委托方则可以通过观察受托方的经营管理能力和真实意图，及时终止合同以避免违规问题。另外，股权托管还能够暂时回避重组兼并中的敏感性问题和操作难点。由于托管期内受托方行使管理权力，重组兼并过程不会受到委托方的直接干预，可以避免敏感性问题的暴露，从而使重组兼并过程顺利进行，降低了整个过程的成本和风险。

（二）管理层收购

管理层收购（MBO）作为一种企业重组形式，在西方国家已经有数十年的发展历史。MBO 最早在 20 世纪六七十年代出现，并在 80 年代开始成为英国公营部门私有化的主要方式。随着实践的推进，MBO 的形式也在不断演变，出现了新的变体形式。一种 MBO 形式是由目标公司的管理者与外部投资者或并购专家组成投资集团来实施收购，从而增加了成功的机会，因为管理者与外部投资者的专业知识和资源相互补充，更容易实现收购目标。另一种 MBO 形式是将管理者收购与员工持股计划

（ESOP）或员工控股收购（EBO）相结合，向目标公司员工发售股权并进行股权融资，可以避免一部分税收，降低收购成本。

然而，市场对管理层收购仍存在一些争议，尤其是在合理定价问题上。一些公司的定价甚至低于每股净资产，引发了对公正性的质疑。管理层收购在我国的成功案例仍然很少，受制于法律、国有资产定价难题、管理层支付能力和融资能力不足以及专业人才匮乏等因素。随着整个经济环境的变化，企业对于建立股权激励机制和完善治理结构的需求日益迫切，MBO 有望成为中国企业资产重组的新模式。通过 MBO，管理层可以更好地参与企业决策和运营，提高其与公司的利益一致性，同时也为解决长期困扰上市公司的管理层权益问题和优化股权结构提供了一种途径。

（三）杠杆收购

杠杆收购（LBO）作为一种经典的并购重组形式，在 20 世纪 80 年代的美国崭露头角。杠杆收购的引入不仅带来了新的思维和理念，还创造了一系列金融工具，如垃圾债券、私募股权、桥式融资、风险资本和商业银行等，为企业重组提供了更多选择。然而，随着时间的推移，美国的杠杆收购步伐放缓，主要原因是垃圾债券市场的衰退和一些大型交易的失败。不过，在 90 年代末期，杠杆收购重新焕发生机，在美国迎来新一轮的发展。这表明杠杆收购作为一种重要的并购重组方式，具有适应市场变化和挑战的能力。

在中国的资产重组领域，融资方式受到一定的限制，传统融资方式难以满足资金需求。杠杆收购作为一种新的融资模式，在中国具备广阔的发展空间。运用杠杆资金，借助外部资本的助力，为企业提供了更大的资金支持，从而推动并购重组的顺利进行。尤其是对于外资并购来说，杠杆收购将成为主要的并购方式，因其能够满足外资对资本运作和融资方面的需求。外资并购在中国市场具有巨大的发展潜力和吸引力，随着中国经济的不断发展和对外开放的加快，外资企业加大对中国市场的投资力度。杠杆收购将成为外资并购的主要方式，为外资企业提供了更多的灵活性和机会。中国市场也将从外资并购中获益，引入外部资本和先进管理经验，促进中国企业的提升和转型升级。

五、企业重组可选方案的具体实施

（一）经营性重组

经营性重组是一种企业在经营层面进行的重组行为，旨在改善企业的经营状况、提高盈利能力和市场竞争力。在经营性重组中，采取一系列措施和策略来改变管理层、强化财务控制、进行组织变革、加强市场营销和降低成本，从而实现企业的持续发展。改变管理层是经营性重组的重要步骤，不断更新管理层或补充新的管理人员，企业能够引入具有行业经验、修整经验、领导才能的人才，以推动企业的战略调整和业务发展。新的管理层应具备全面的业务知识和管理技能，能够制定新的重建策略，并带领团队实施变革。强化财务控制是经营性重组的关键环节，企业应建立有效的预算和申报系统，将其作为日常工具监控公司业务和做出关键决策。企业建立规范、早期警告系统和进行外部审计，能够提升财务管理和控制水平，确保企业财务的健康状况。组织变革也是经营性重组的重要方面，企业在修整过程中，应加强管理层与各部门之间的沟通，实施公开交流手段和以沟通为导向的步骤。调动员工积极性，让他们参与组织变革，根据员工反馈进行调整，以增强员工的归属感和团队合作精神。加强市场营销是经营性重组中不可忽视的部分，企业应制定明确可执行的市场营销策略，建立销售目标和边际收益目标，并明确定义和执行销售区域。通过以上有关措施，企业能够提高销售团队的能动性和努力方向，提升市场占有率和客户满意度。

（二）资本重组

经营性重组是一项综合性的战略举措，旨在通过多种方式优化企业的资产配置、资金结构和市场地位，以提升企业的竞争力和盈利能力。在进行经营性重组时，有几个重要的方面需要考虑。企业可以考虑降低固定资产投资或撤出非核心资产，以释放现金和集中精力于核心业务。在此过程中进行细致的分析和规划，以最大化出售资产的价值，确保获得良好的回报。企业应积极寻求新的资金来源，可通过股权融资或借款形式。在吸引新资金时，企业需要制订明确的资金使用计划和修整方案，以向潜在投资者或借款机构展示企业的发展潜力和回报能力。在引入新资金或没有新资金注入的情况下，企业可以考虑进行债务重组，涉及确定企业可承受的债务水平，并基于财务规划和关键经营变量进行分析，以确保债务负担得到合理管理。根据所在行业的优势和劣势，考虑兼并或收购其他企业，实现优势互补，创造更平衡和高效的整合效果。企业可以通过兼并扩大市场份额、增强资源优势，并实现规模经济效益。一旦企业经过稳定或修整，可进一步考虑进入公共债券或股权市场，以调整资本结构和增强盈利能力。①通常来说，需要企业具备强大的基础和明确的业务前景，以获得公众的认可和投资。

（三）债务和解

经营性重组是企业在面临财务困境时寻求摆脱困境的手段，当企业无法偿还债务时，债权人和企业股东或投资者通常会进行债务和解协商，以寻求一种共同的解决方案，避免企业破产并恢复其可持续经营能力。债务和解的主要方法之一是债务展期，在债务展期中，债权人同意延长企业偿还债务的期限，给予企业更多的时间来恢复经营和偿还债务。债务展期为企业提供了喘息的空间，使其有机会通过调整经营策略、削减

① 贺志东．企业重组清算的财会操作实务[M]．武汉：华中科技大学出版社，2009：114.

成本或寻求新的资金来源来改善财务状况。另一种常见的债务和解方法是债务减免，债权人同意减少企业应偿还的债务金额，通常是通过一定比例的现金收回债权。[①]债务减免可以帮助企业减轻负担，降低偿债压力，并提供更灵活的资金运作空间。通常而言，债务减免的方式通常需要债权人与企业进行充分的协商和达成一致，以确保双方的利益得到平衡和保护。在某些情况下，债权人可能认为企业无法继续存在或未来的财务危机不可避免。债权人和企业通过协商解决双方的债务关系，并进行自愿清算。自愿清算涉及指定清算委员会来处理企业的资产，并按照规定的程序清偿债务，旨在通过有序的资产处理和债务清偿来实现企业的退出和解决。

六、企业清算

企业清算指的是企业宣告终止时为了结束债权、债务以及其他各种法律关系，对企业的财产、债权、债务进行全面清查，并且进行收取债权、清偿债务以及分配剩余财产的行为。

（一）企业清算的分类

企业清算是在特定情况下对企业进行解散和资产处理的过程，从清算的原因和性质出发，可以将企业清算进行分类，以便管理机构能够更好地管理和监督清算过程。根据清算的原因，可以将企业清算分为解散清算和破产清算。解散清算是指企业按照法定期限或既定条件自动解散，并进行资产清算和分配。解散清算又可以进一步细分为期满自动解散和提前被迫解散，期满自动解散是根据法律规定或合同约定，在特定期限届满后进行的清算。而提前被迫解散则是由于某些特殊原因，如违反法律规定、经营困难等导致企业提前解散。根据清算的性质，可以将企业

① 宋献中．企业重组财务［M］．北京：高等教育出版社；上海：上海社会科学院出版社，2000：67．

清算分为自愿清算、行政清算和司法清算。自愿清算是在企业正常经营情况下自愿进行的清算，不涉及停止支付行为，自愿清算通常通过协商解决债权人和企业之间的债务关系，并进行有序的资产处理和清偿债务。行政清算是由相关行政机构根据法律规定对企业进行的清算，一般是在违法违规、丧失经营资格或严重财务困境等情况下进行。而司法清算是在企业资不抵债的情况下，由法院根据债权人的申请进行的清算，需要停止支付行为并进行资产变现。

（二）清算机构的法律地位

在自愿清算中，清算机构的成立通常是由企业股东或管理层决定，并按照相关法律程序进行注册和备案。在行政清算中，清算机构的成立通常是由相关行政机构根据法律规定进行任命或指派。在破产清算中，清算机构的成立通常是由法院根据债权人的申请或法律程序进行委任。无论清算的性质如何，清算机构都具有一定的职权。清算机构负责处理和管理企业的资产，有权收集、保管和变现企业的资产，确保清算过程的合法性和透明度。清算机构负责处理企业的债权债务关系，与债权人进行沟通和协商，制定债务清偿方案，并确保债权人的合法权益得到保护。并且还负责向有关部门和利害关系方提交清算报告，履行其他与清算相关的法律义务和程序。就法律地位而言，清算机构在自愿清算和行政清算中通常是一种代理机构，代表企业股东或行政机构执行清算工作，并在法律框架下行使职权。在破产清算的情况下，清算机构取得了民事主体的地位，他们在法律上具有权利和义务，可以代表破产企业进行诉讼和其他法律行为。

（三）清算财产的估价与变现

在企业清算过程中，清算财产的估价和变现的重要性不言而喻。估价的方法可以采用多种方式，每种方法都有其适用的情况和特点。常见的估价方法包括账面净值法、现行市价法、招标作价法、收益现值法、清算价格法和变现收入法，根据不同的情况和需求，可以综合运用此类方法，以得出相对准确的估价结果。在选择清算财产的变现方式时，可以考虑整体变现或单项变现的方式。整体变现是将所有清算财产作为一个整体出售，以获得最大限度的价值。而单项变现则是逐个出售清算财产的方式，需要谨慎选择，尽量避免因单项变现导致价值流失或遭遇法律限制。在变现方式的选择上，高价出售是一个重要原则，以确保清算财产能够以较高的价格变现。

需要注意的是，清算财产的估价和变现与盘存财产是有所不同的。估价一般等于财产的账面价值，而变现方式则以实际收到的结算财产为变现值。因此，在变现过程中，可能会出现与估价不完全一致的情况，因为变现实际取决于市场的需求和交易条件。对于担保财产的估价和变现方式，取决于清算的具体情况。有时可以将担保财产与无担保财产一起估价和变现，以最大化财产价值。或可与担保债权人协商，根据债权人的利益和权益确定相应的处理方式。在整个清算过程中，确保清偿债务和合理变现财产是关键目标。清算机构需要遵守相关法律法规，进行严谨的估价和变现程序，以确保债务得到妥善处理，同时最大化财产价值，这离不开专业的知识和经验，并可能需要与债权人、利害关系方进行有效的沟通和协商。

（四）债务清偿与剩余财产分配

在企业清算过程中，清算费用和清算损益是两个重要的概念。清算费用是企业在进行清算工作时所支付的费用，包括清算机构的服务费用、法律顾问费用、审计费用、公告费用等与清算相关的支出。清算费用应当由清算财产优先支付，以确保清算过程的顺利进行。根据具体情况，清算费用可以由企业提前支付，也可以由清算机构垫付并在清算财产中优先偿还。清算损益是企业在清算过程中产生的净损失和净收益的统称，清算过程中，可能会存在一些清算费用和其他相关支出，同时也可能会有一些清算收益。如果清算收益大于清算损失和清算费用的总和，那么就会产生清算净收益；反之，则会产生清算净损失。清算净收益会在缴纳所得税后并入清算财产中。

第三章　企业财务管理初始数字化分析

系统的初始化工作对于管理信息系统的正常稳定运行与功能的正常发挥着至关重要的作用，因此，对于初始化设计者的素质有着较高的要求，如信息系统软件中的各种功能、实施单位的基本情况等，均需要形成全面了解。

第一节　财务管理中的基础档案数字化

一、客户端操作环境配置

（一）熟悉客户端流程

掌握用友 U8 客户端的登录、操作员更换，并且熟悉客户端界面（见表 3-1）。

表 3-1　熟悉客户端流程

<table>
<tr><th rowspan="5">熟悉客户端流程</th><th>登录客户端</th><th>熟悉客户端</th><th>获得帮助</th><th>更换操作员</th></tr>
<tr><td>双击桌面“企业应用平台”的图标，进入登录页面</td><td>客户端上部为菜单栏与工具栏</td><td>展开客户端“系统服务/权限”后，双击“数据权限控制设置”</td><td>单击客户端左上角的“重注册”按钮</td></tr>
<tr><td>在“登录到”中录入安装用友 U8 客户端计算机名称</td><td>左部为导航区</td><td rowspan="3">在弹出的界面中按“F1”键，查看何种情况下需进行此项设置</td><td rowspan="3">根据状态栏中显示该操作员的姓名、登录的账套与时间等进行更换</td></tr>
<tr><td>输入密码之后可进行修改</td><td>右部为简易桌面</td></tr>
<tr><td>账套应在下拉框中选择</td><td>下部为状态栏</td></tr>
</table>

（二）配置个性客户端

个性客户端的配置如表 3-2 所示。

表 3-2　配置个性客户端

<table>
<tr><th rowspan="6">配置个性客户端流程</th><th>修改系统日期与格式</th><th>配置消息中心</th><th>设置我的工作</th></tr>
<tr><td>展开导航区“业务工作/财务会计，总账”菜单树</td><td>单击导航区下部的“消息中心”按钮，在右部消息中心界面中，单击“选项”按钮</td><td>选择消息中心右部“我的工作”卡片之后,单击上部“锁定”按钮，选择该界面“编辑”中“增加组”命令</td></tr>
<tr><td>当提示日期分隔符号是“—”时，可以选择“开始/程序/控制面板/日期与时间/设置时间与日期”命令</td><td>设置显示十天以内的消息，自动清除五天前已看的消息</td><td>右击下部增加的“新增组”选“属性”命令，将名称改成“外部联系”</td></tr>
<tr><td rowspan="3">修改日历设置中的短日期为相应格式</td><td rowspan="3"></td><td>弹出界面名称中键入“上网”，单击“浏览”，从而将桌面 IE 快捷图标加入该组</td></tr>
<tr><td>展开导航区“业务工作、财务会计”</td></tr>
<tr><td>在“UF”报表中选“发送到我的工作命令”</td></tr>
</table>

二、档案编码数字化

（一）修改账套信息

系统管理员新建账套或许不符合企业实情，或者设置不当，部分信息资料可以由账套主管在系统管理界面进行修改（见图 3–1）。

（二）基础档案编码规范化

为了有效促进工作效率的提升，由系统自动编号处理用友 U8 的客户、供应商、职工与存货（见图 3–2）。

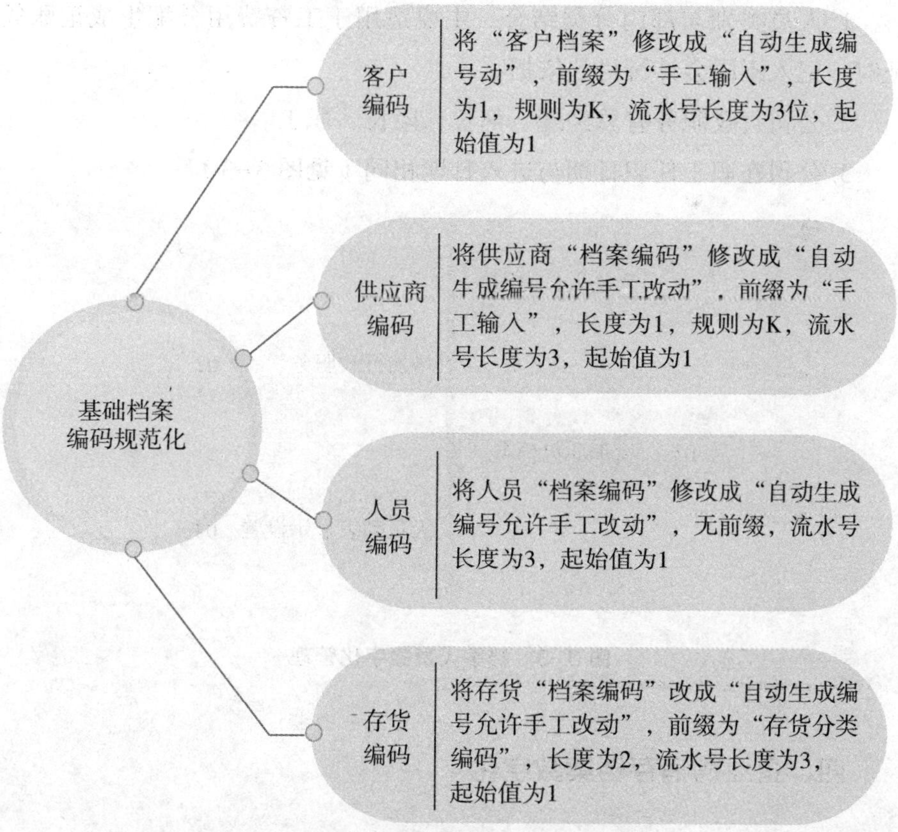

图 3–2　基础档案编码规范化规则

三、机构人员数字化

（一）部门档案数字化

在“部门档案”界面中，编辑部门信息。其中，负责人选项应在增加了人员档案之后，再次进入该界面中，通过“修改”按钮，进入已设置的“人员档案”参照界面，选定某职员，并且单击该界面“确定”按钮参照选择。

（二）人员档案数字化

1. 人员类别与部门分类结合，主要适用于工资费用分配生成记账凭证时，记入不同会计科目的依据。

2. 公司行政职务有总经理、部长、段长、职工。

3. 公司在职工任职日期与进入日期相同（见图 3-3）。

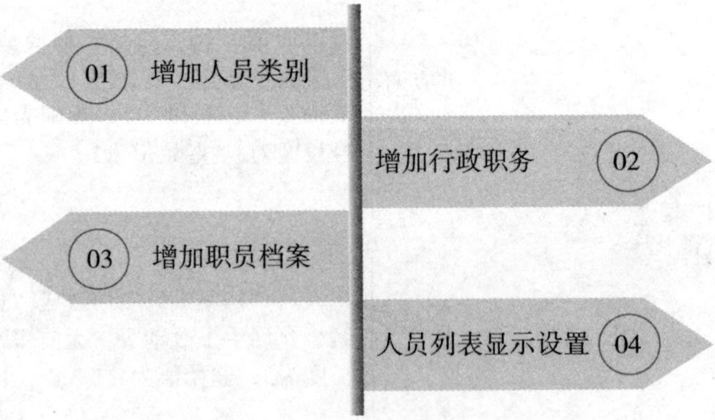

图 3-3 档案人员数字化管理

四、企业购销存档案数字化

企业的购销存档案可以通过下图所示方式实现数字化转型（见图 3-4）。

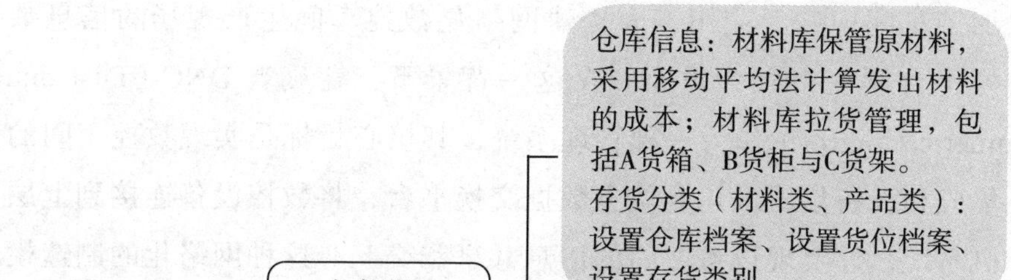

图 3-4　企业购销存档案数字化管理

第二节　企业财务管理中初期数据信息化

一、打造企业数字化车间

（一）借助 DNC 技术提高车间网络化水平

在信息化时代，制造环境发生了巨大的变化，企业需要适应市场需求并建立具有快速响应机制的网络化制造模式。其中，数控机床在现代加工车间中广泛应用，而构建网络化数控车间生产现场的信息数据交换平台则变得尤为重要。在这一背景下，盖勒普 DNC（Distributed Numeric Control）作为一种管理系统，其核心目标是实现数控车间的信息集成和设备集成，建立信息数据交换平台，将数控设备连接到上层计算机系统，并实现设备之间的信息共享和交互。这种网络化的制造模式为企业提供了许多优势，实现了数控设备的集中控制管理，通过上层计算机对设备进行统一管理和监控，从而提高生产效率和产品质量。盖勒普 DNC 实现了制造设备之间的信息交换，使得不同设备之间可以协同工作、共享资源，提高了生产线的灵活性和适应性。此外，该系统还支持企业进行设备资源的优化配置和重组，帮助企业提高设备的利用率，降低生产成本。盖勒普 DNC 系统的实施需要充分考虑企业的实际情况和需求，企业需要建立完善的网络基础设施，包括网络连接、通信协议等。并且对数控设备进行必要的改造和升级，以确保其能够与盖勒普 DNC 系统进行有效的通信和数据交换。

随着信息技术的不断发展和应用，盖勒普 DNC 系统在制造业中的应用前景广阔。不仅可以提高生产效率和产品质量，还可以促进制造过程的数字化和智能化。企业通过建立面向市场需求的网络化制造模式能够更好地适应市场变化，提供快速响应的生产服务，并实现生产资源的优化配置和重组。因此，盖勒普 DNC 系统作为现代制造业的关键工具之一，将在信息化时代持续发挥着重要的作用，为企业的发展带来更大的机遇和挑战。

（二）应用MDC技术提升车间透明化能力

在数字化车间的方案设计中，SFC（Shop Floor Control）底层数据管理对于企业车间信息化平台的支撑是至关重要的。尤其对于那些已经具备 ERP/MRP II/MES/PDM 等上层管理系统的企业来说，实时了解车间底层设备状态信息的需求变得迫切，而制造数据采集（MDC）系统则成为一个理想的选择。MDC 系统具备实时监控车间设备和生产状况的能力，并能提供超过 25000 种标准 ISO 报告，直观地反映当前或过去某段时间的加工状态，便于管理人员查看整个部门或指定设备的状态，从而能够做出及时、可靠、准确的决策。

MDC 系统的作用是提供实时的设备状态信息，并且能帮助企业实现更高效的生产管理和资源调配。通过 MDC 系统，企业能够追踪和分析生产数据，包括设备的稼动率、运行时间、故障时间等，以便及时发现生产瓶颈和问题，并采取相应的措施进行调整和优化。MDC 系统还能够提供关键的生产指标和分析报告，帮助企业进行生产计划和生产效率的优化。通过与上层管理系统的集成，MDC 系统能够提供全面的车间数据，帮助企业实现数字化车间的管理和运营，与 ERP 系统实现数据的双向交换，从而实现订单和计划的实时更新和反馈，提高生产计划的准确性和及时性。不仅如此，与 MES 系统的集成可以实现工艺路线的控制和管理，确保生产过程的规范化和标准化。MDC 系统还可以与 PDM 系统结合，实现产品数据的共享和管理，提升产品设计和开发的效率。

（三）利用 PDM 技术增强车间无纸化水平

当制造业与 PDM（制造过程数据文档管理系统）有机结合在一起，可以实现生产过程的全面集成和统一管理，从而为工程技术人员提供一个协同工作的环境，并将生产数据文档电子化管理，以实现标准化作业和提高生产效率。制造业可以通过计算机网络和数据库技术，将车间生产过程中所有与生产相关的信息和过程集成起来统一管理。PDM 系统的主要功能是管理工艺文档和相关的生产数据，包括产品设计图纸、工艺路线、工艺规程、工装夹具等。通过 PDM 系统，此类文档和数据可以被电子化地存储、传输、检索和共享，使得工程技术人员可以方便地获取所需的信息，协同工作，并保证工艺文档的准确性和安全性。

与传统的基于纸质文档的管理方式相比，PDM 系统能够避免或减少人工传递和流转文档的烦琐过程，大大提高了工作效率。工程技术人员可以通过PDM系统进行实时的文档协同编辑和版本管理，避免了因为传递和修改文档而导致的错误和混乱。PDM系统还能够提供审批流程和权限控制，确保只有经过授权的人员可以对工艺文档进行修改和访问，保护了知识产权和商业机密的安全。盖勒普PDM作为一种成熟的PDM系统，已经成为数字化车间中不可或缺的重要工具，为企业提供了一个集成的平台，使得工程技术人员可以更加高效地协同工作，管理和共享生产过程中的文档和数据。企业能够借助PDM系统快速响应市场需求，准确制定工艺方案，并及时将变更和改进反馈到生产实践中，进而提升企业的竞争力，降低产品开发和生产的成本，提高产品质量和交付效率。

（四）利用MES技术，提高车间精细化水平

在精细化管理时代，细节的把控对于企业的成功与否产生着直接影响。随着企业越来越注重细节、科学量化和精细化管理，MES系统（制造执行系统）正受到越来越多企业的重视和应用。MES系统通过应用条码技术，实现对车间生产流程的全程跟踪和监控，从物料投产到成品入库，记录和监控每个生产工序和加工任务的完成情况，以及人员工作效率、劳动生产率、设备利用率、产品合格率、废品率等关键指标的情况。MES系统通过对生产数据的集成与分析，可及时发现执行过程中的问题，并进行生产改善。盖勒普MES系统作为一种成熟的MES解决方案，帮助企业实现了信息化制造的统一管理和统一运维。企业应用盖勒普MES系统能有效实现对车间生产过程的全面监控和管理，这种信息化的制造模式提供了实时、准确的数据和指标，使企业能够快速了解车间的运行情况，并及时做出决策和调整。MES系统的应用使得企业能够更加精细地管理生产过程，减少生产中的浪费和损失，提高资源利用率，从而降低成本，提高生产效率和质量。

二、价值优势

企业财务管理中初期数据信息化的价值优势如图 3-5 所示。

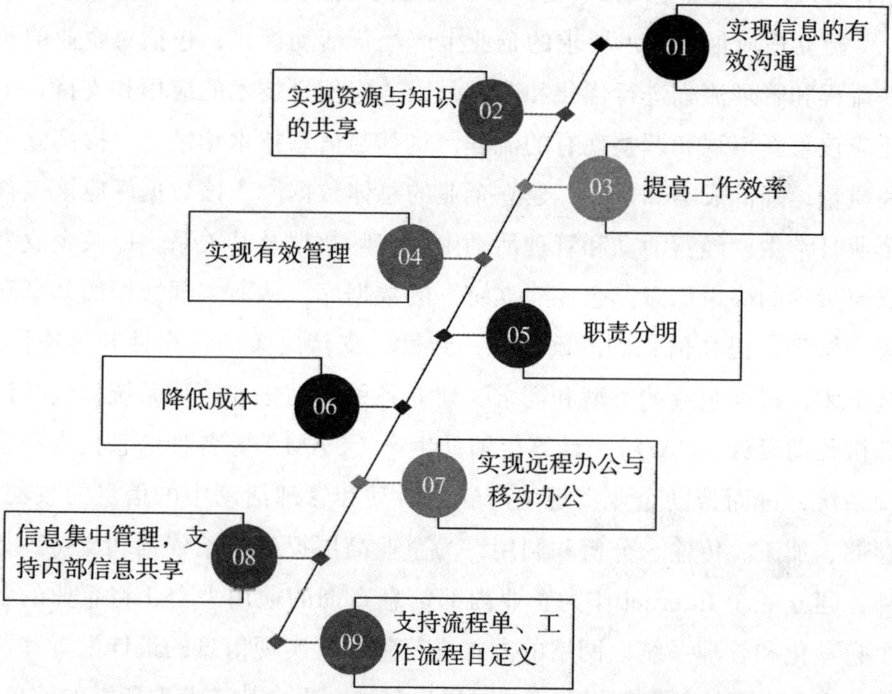

图 3-5 企业财务管理中初期数据信息化的价值优势

三、实施条件

（一）期初数据信息化的内容

企业信息化远远超出了简单购买硬件设备、联网和开发应用系统的范畴，而是一项涉及整个企业运营和管理的战略性举措，旨在充分开发和有效利用信息资源，以提高企业的竞争力和适应市场变化。企业信息化的目的在于为管理服务，不仅仅是技术问题，而且与企业的发展规划、业务流程、组织结构、管理制度等密不可分。在实施信息化的过程中，企业需要深入分析自身的业务需求和管理模式，将信息技术与企业战略和目标紧密结合起来，以实现更高效、更灵活、更智能的运营和管理。

建立适应信息技术要求的企业生产经营活动模式，包括对企业的业务流程和管理流程进行优化和改进，以适应信息技术的应用和支持。企业应该重新审视和调整现有的流程，将其与信息技术相结合，提高效率和质量，降低成本和风险。建立企业的总体数据库，该数据库应该包含企业日常生产经营活动和管理活动中的实际数据及其关系，以及企业高层决策者的决策信息。企业建立统一的数据库，从而实现数据的共享和集中管理，提高信息的准确性和一致性，支持决策的科学性和迅速性。接下来，根据企业的类型和需求，建立各种自动化和管理系统，包括计算机辅助设计（CAD）、计算机辅助生产（CAM）等各种信息技术和管理系统，进而帮助企业实现生产经营活动和管理活动中的信息的收集、存储、加工、传输、分析和利用，为企业高层提供决策依据和支持。另外，建立一个 Internet 作为企业内部信息查询的通用平台，将企业的各个自动化和管理系统以网络的方式进行整合，实现信息的最佳配置和共享。企业内部的各个部门和岗位可以通过这个平台快速获取所需的信息，促进跨部门和跨岗位的协作和沟通。联通 Internet 让企业可以获取外部的信息资源，外部的合作伙伴、供应商和客户的信息交流，从而促使企业充实自身的信息资源，及时了解市场变化和竞争动态，做出更加明智的决策和战略规划。

（二）期初数据信息化应注意的问题

1. 提高认识，强化紧迫感

随着科技的飞速发展和信息化的不断深入，企业在新的形势下必须开展信息化，否则将面临严峻的竞争压力和发展困境。提高认识，增强紧迫感，成为企业在信息化道路上迈出关键一步的重要因素。

2. 统筹规划，分步实施

企业信息化工作是一项复杂而长期的系统工程，需要统筹规划和分步实施，以确保顺利推进和有效实现目标。企业在进行信息化工作时需要进行统筹规划，包括明确信息化的目标和战略，制定长远的发展规划，确定信息化的优先领域和重点任务。统筹规划能够帮助企业明确发展方向和目标，避免盲目行动和资源浪费，确保信息化工作与企业整体发展相协调。企业应采取分步实施的策略，由于企业信息化工作的复杂性和投入的巨大性，一次性实施所有计划可能导致风险和问题的积累，企业可按照优先级和可行性，将信息化工作划分为不同的阶段和项目，逐步推进。分步实施能够降低风险，减少工作负担，提高成功率，并能够在实践中逐步积累经验和教训。

3. 处理好引进、消化、吸收、创新的关系

在企业信息化建设中，引进先进技术产品只是实现信息化的手段之一，而真正关键的是如何消化、吸收这些技术，并在此基础上进行自主创新。处理好引进、消化、吸收、创新的关系是实现信息化目标的基础，在此过程中，企业需注重实效，避免为了信息化而信息化。信息化建设的目标是提高企业的竞争力和效益，而不是单纯追求技术的先进性或者规模的扩大。因此，企业在引进、消化、吸收、创新的过程中，应注重对技术的实际效果和价值进行评估，确保每步都能够为企业带来实质性的改进和提升。

4. 制订企业信息化方案应考虑的几个原则

制订企业信息化方案时，需要考虑多个原则，以确保方案的可行性、实用性和持续发展性。效益原则是一个关键原则，企业信息化方案应该追求多方面的效益，包括社会效益、管理效益和经济效益。社会效益指的是方案的影响和贡献对社会的整体效益；管理效益涉及提升企业内部

管理效率和决策能力；经济效益则体现在降低成本、提高生产效率和增加利润等方面。方案制订过程中，需要综合考虑这些效益，并确保方案在不同层面上能够创造最大的价值。方案应具备实用性和先进性，实用性意味着方案必须能够解决实际问题和满足企业的实际需求，应与企业的业务流程和管理体系相契合，使企业能够更高效地开展工作。同时也应具备先进性，能够应用最新的技术和方法，以保持企业在竞争中的优势，并适应行业发展的趋势。循序渐进持续发展的原则也是关键，信息化建设是一个渐进的过程，企业需根据自身实际情况和能力逐步推进，从小范围试点到全面推广。持续发展意味着方案应具备可持续性，能够适应未来的发展需求，并能够不断进行优化和升级。开放性原则强调方案的开放性和互操作性，企业信息化方案应能够与其他系统和平台进行无缝集成，实现数据的共享和流通，方案也应具备可扩展性，以适应企业规模的变化和业务的扩展。弹性适应原则是指方案应具备灵活性和适应性，企业信息化环境不断变化，方案需要能够适应不同的需求和变化的环境，应具备模块化设计和可定制性，以满足企业个性化的要求。安全可靠性原则是保障信息化方案的重要原则，方案应确保数据的安全性和系统的稳定性，采取适当的安全措施和备份策略，以防止数据泄露和系统故障。

四、建设步骤

（一）环境分析

环境分析在企业信息化规划中占据着重要地位，帮助企业全面了解所处的外部环境和内部条件，为制定有效的信息化战略提供依据。国内外宏观环境的分析对企业信息化决策起着重要作用，例如，国家政策的变化、经济形势的波动以及技术创新的进展都会对企业的信息化战略和规划产生造成影响。深入分析国内外宏观环境，企业可了解市场趋势、行业竞争格局、技术发展趋势等因素，从而为信息化决策提供参考依据。行业环境的分析能够揭示企业在行业中的竞争地位和潜在机会与威胁，了解行业内其他企业的信息化水平、信息化应用情况以及行业的发展趋势，帮助企业评估自身在行业中的优势和劣势。

（二）企业战略分析

企业战略分析能帮助企业明确发展目标、战略方向和需求，并将信息化与企业战略融合在一起，实现协同发展。明确企业的发展目标和战略是企业战略分析的核心，企业需要明确长期和短期的发展目标，并制定相应的战略来实现这些目标，发展目标可以包括市场份额的增长、产品创新、成本控制等方面的要求，战略可以涉及产品定位、市场扩张、技术创新、组织优化等方面。明确企业的发展目标和战略，可为信息化规划提供明确的方向和依据。理解企业战略在各个要素中的定位是关键，企业战略会影响到产业结构、核心竞争力、产品结构、组织结构、市场定位、企业文化等方面。对于每个要素，企业需要深入理解其与信息技术特点之间的关系。例如，如果企业的战略是技术领先，那么信息技术的应用可能更侧重于研发创新、生产技术优化等方面。企业对各个要素的定位和信息技术的驱动因素的理解，可确定信息化规划的重点和优先级。信息化规划需要与企业战略实现融合，信息化不是孤立的技术工作，而是为实现企业的战略目标提供支持和保障。因此，企业在制定信息化规划时应考虑与战略的一致性和协同性。信息化规划应与企业战略相互配合，确保信息化投资和实施与企业发展方向一致，并能够为战略的实现提供支持和增值。

（三）分析与评估企业现状

分析与评估企业现状是企业信息化规划的一部分，能够有效帮助企业全面了解自身的业务能力和 IT 能力，为信息化规划提供准确的基础和参考。企业需要对自身的业务流程、产品和服务质量、市场竞争力等方面进行全面的评估，包括对市场需求的了解、竞争对手分析、客户反馈、运营效率等方面的考察，分析企业的业务能力现状，从而确定信息化规划的目标和重点，找出业务中存在的痛点和改进的空间。企业需评估自身的 IT 基础设施、系统应用、数据管理等方面的情况，包括硬件设备、软件系统、数据安全与备份、网络连接等方面的评估，同时还需考察企业的 IT 管理能力、技术人员水平、IT 运维和支持等方面，继而确定企业信息化规划中的技术需求和改进方向。在进行分析与评估企业现状时，企业可以自主进行，也可以借助管理咨询公司的辅助。管理咨询公司具有丰富的经验和专业知识，能够为企业提供独立客观的评估和分析，可以通过与企业的深入合作和调研，帮助企业全面了解自身的现状，并提供有效的建议和解决方案。企业则能依托管理咨询公司的专业能力，提高分析与评估的准确性和全面性。

（四）企业关键业务流程分析及优化

在企业信息化规划中，对关键业务流程进行分析与优化是必不可少的。关键业务流程是指对企业核心竞争力和价值创造具有重要影响的核心业务活动，通过对其进行分析和优化，可以提升企业的运作效率、质量和客户满意度。

（五）信息化需求分析

信息化需求分析旨在明确企业未来发展所需的信息化支持和解决方案，在对企业战略分析和现状评估的基础上，对系统基础网络平台、应用系统、信息安全和数据库等方面的需求进行分析，以确保信息化规划与企业发展目标相一致。在信息化需求分析过程中，企业还需要考虑可行性分析、成本效益评估和风险评估等方面的因素，以确定最适合企业的信息化解决方案。需求分析应紧密结合企业的战略目标和业务需求，与关键业务流程相一致，以确保信息化规划的有效性和可持续性。

（六）制定信息化战略

信息化战略的制定是企业信息化规划的关键阶段，为企业的信息化发展提供了明确的指导方向和目标。在制定信息化战略时，需要从企业的战略需求出发，明确企业信息化的远景和使命。企业信息化的远景是指企业在信息化发展中希望达到的目标状态，即企业信息化所能带来的长远影响和价值。使命是指企业信息化在实现企业战略中的责任。明确远景和使命，能使企业为信息化规划设定明确的目标和方向。制定企业信息化基本原则，是指为加强信息化能力而提出的基本准则和指导性方针，以确保信息化发展符合企业的特定需求和价值观，包括提升信息化水平与业务发展相协调、推动创新与持续改进、确保信息安全与风险控制等方面。基本原则为信息化规划提供了规范和约束，使信息化发展能够与企业整体战略保持一致。制定信息化目标，是指企业在信息化发展过程中希望达到的具体成果和绩效指标，所制定的目标应与企业的战略目标相一致，并可细分为不同层面和领域的目标，如技术目标、业务目标、管理目标等。明确信息化目标，企业能进一步指导信息化项目的实施和评估，确保信息化工作朝着预期的方向发展。

（七）明确信息化总体构架与标准

明确信息化总体架构与标准涉及系统功能、信息架构和系统体系三个方面的规划，企业通过确定总体架构和标准，可以确保信息化系统具备良好的可靠性、兼容性、扩展性、灵活性、协调性和一致性，以支持企业的信息化发展。从系统功能的角度，企业需要明确信息化系统所需具备的功能和能力，包括对各个业务领域的功能需求进行分析和整理，确保信息化系统能够满足企业的业务需求，并支持业务流程的高效执行。在确定系统功能时，需要充分考虑企业的业务特点、行业标准和最佳实践，以及未来的发展方向，以确保系统具备适应性和可扩展性。从信息架构的角度，企业需要设计和规划信息的组织和结构，以确保信息的高效获取、存储、传递和利用，涉及信息的分类、编码、命名规范等方面的制定，以及信息的集成和共享机制的建立。企业可以通过合理的信息架构，实现信息的一体化管理，避免信息孤岛和冗余，提高信息的质量和准确性。从系统体系的角度，企业需要制定信息技术标准和规范，以确保信息化系统的技术基础具备一定的统一性和一致性，包括硬件设备、软件平台、网络架构、数据安全等方面的标准制定。企业可以通过统一的信息技术标准实现信息系统的互操作性和协同工作，提高系统的稳定性和可靠性。在确定总体构架和标准时，企业应综合考虑自身的业务需求、组织结构、技术能力和资源情况，同时还要考虑行业标准和最佳实践。合理的总体架构和标准能够为企业的信息化发展提供指导，确保各个信息系统能够有效地配合和协同工作，实现业务流程的优化和提升。

（八）信息化项目分解

信息化项目分解是将整个信息化计划拆分成具体的项目，以便更好地管理和实施。在进行项目分解时，需要明确定义每个项目的范围、业务前提、收益、优先次序以及预计的时间、成本和资源，并且需要确定项目的实施部门或小组，并制定监控与管理的原则、过程和手段。

（九）信息化保障分析

信息化保障分析是根据项目的重要性对保障措施进行评估和排序，重要性可以从多个角度进行评估，如项目对业务的关键程度、对企业发展的战略性作用以及项目的风险程度等。可以通过对项目进行评估而确定项目的保障需求和优先级，有助于合理分配资源和制定保障策略。在进行保障性分析时，可以对项目进行准备度评分，目的是评估企业在目前阶段对项目的准备程度，包括技术准备、人力资源准备、组织结构调整等方面。以评分的方式能了解项目实施前的准备情况，为后续的决策提供依据。基于保障性分析的结果，可以做出初步的取舍，并形成路标规划。根据项目的重要性和准备度评分，可以对项目进行排序，确定先后顺序和实施时间，有助于合理规划资源和工作安排，确保重要项目得到优先推进。

五、发展对策

（一）总体规划企业信息化

企业信息化作为城市信息化的重要组成部分，发挥着连接电子政务和社会信息化的纽带作用，因此，进行企业信息化总体规划是至关重要的。该规划需要明确部门负责，并通过集思广益，制定出符合当地实际情况的具有战略眼光和可操作性的总体规划。在制定企业信息化总体规划时，需要在战略层面上与城市发展战略相吻合，企业信息化战略应与城市的产业结构相适应，进而推动和支持城市经济的发展。企业信息化战略的制定需要考虑城市的产业特点和发展趋势，确保企业信息化与城市发展密切衔接，为城市经济注入新的活力。在战术层面上，企业信息化总体规划应考虑整个城市企业运作的结构特点，包括了解不同行业的企业运营模式、业务流程和管理需求。基于这些了解，可以探索如何建立高效、低耗的企业信息交换平台，以提升企业间信息共享和协同工作的效率。企业信息化在城市信息化中的纽带作用也需要被充分考虑，以促进城市各领域的协同发展。在实施层面上，企业信息化总体规划需要考虑科学合理地构建为企业服务的公用基础信息资源库，要建立一个综合的、可靠的信息资源库，为企业提供必要的信息支持和共享平台。此类资源库可以涵盖各类信息，如市场数据、行业统计、政策法规等，帮助企业在决策过程中更加科学和准确。

（二）分类分级，以典型带动企业信息化建设的发展

调研表明，不同行业和规模的企业在信息化方面呈现出各自独特的特点和发展水平的不平衡现象，这种多样性给企业信息化的推进带来了

一定的挑战。然而，管理者可以借鉴和学习那些在信息化方面取得成功的企业，将其作为榜样，带动整个行业和地区的信息化发展。在推进企业信息化过程中，分类树立企业信息化示范企业是非常必要的。示范企业是一些在信息化方面具有先进经验和成功实践的企业，其信息化水平和效果在行业内具有示范和引领作用。其他企业可以从示范企业身上学习最佳实践和成功经验，加快信息化进程，提升整体水平。

（三）建立企业信息化建设培训体系

企业信息化的成功实施依赖于企业内部员工的积极参与和信息技术的应用能力，作为企业的核心资源，员工的素养和技能对于信息化建设产生了直接影响。由此可见，建立企业信息化建设培训体系是必不可少的。企业信息化建设培训体系旨在提升员工的信息技术水平和应用能力，使其能够充分适应和应用新的信息技术工具和系统。员工可以通过培训学习和掌握信息化技术的基础知识和操作技能，理解信息化对企业的意义和作用，并在实际工作中灵活运用信息化工具和系统，提高工作效率和质量。建立企业信息化培训体系需要借助社会力量和政府的支持与鼓励，政府可制定相关政策和法规，为企业信息化培训提供政策支持和财务资助，并与相关培训机构和高校合作，共同开展信息化培训项目，为企业提供专业的培训资源和师资力量。企业也应积极主动地与培训机构、专业咨询公司等合作，共同构建企业信息化培训体系。企业可以与专业培训机构建立合作，而获得专业的培训方案和课程设计，确保培训内容与企业实际需求相匹配。企业还可以与高校合作，开展定制化的信息化培训项目，将学术研究成果与实际应用相结合，提供全面而深入的培训内容。

（四）建立良好的法制、政策环境，有效促进企业信息化的发展

企业信息化的实施是一项涉及全方位的转型和变革过程，需要有相关的法制和政策作为保障和指导，目的是确保信息资源的共享、开发和利用的顺利进行，促进企业信息化建设的健康发展。研究制定《资源共

享、开发和利用信息资源管理办法》能确保企业信息资源的合理共享和高效利用，可以明确信息资源的分类和管理原则，规范信息资源的开发和利用程序，提供信息共享的技术和机制，促进不同部门和企业间的信息交流与协作，为企业信息化建设提供明确的指导和规范。建立《企业信息化咨询与监理管理条例》可以规范企业信息化咨询和监理行为，明确相关机构和人员的职责和义务，该条例能提供监督和评估机制，确保企业信息化项目的顺利进行和有效实施，还可以促进咨询与监理服务市场的规范发展，提高服务质量和水平。制定《企业信息化建设指导、管理、优惠办法》可以为企业提供更加具体的指导和激励措施，包括指导企业信息化建设的技术标准和实施方法，提供资金支持和奖励措施，鼓励企业采用先进的信息技术和管理方法，推动企业信息化建设的加速发展。该办法也可以推动相关产业和企业间的合作与协同，促进信息化技术的创新和应用。制定《企业征信管理办法》可以确立企业信息征信的管理规范，保护企业的商业机密和隐私信息，预防信息泄露和不当使用。通过建立健全的征信体系，可以提高企业间的互信程度，促进交易的安全和顺利进行，增强企业的市场竞争力。

（五）以资源库建设推动企业信息化建设的发展

企业信息化建设的成功与否和可持续发展的保证在很大程度上取决于信息资源的建设和管理，信息资源是企业信息化的核心要素，对于企业的决策、运营和创新具有重要的支撑作用。因此，在企业信息化建设中，充分重视信息资源建设是至关重要的。企业应足够重视信息资源建设，信息资源包括企业内部的数据、文档、知识和经验，以及外部的市场情报、行业动态等。企业应明确信息资源的重要性，并将其纳入企业信息化战略规划。信息资源建设需要投入适当的人力、物力和财力，并与企业的业务发展和信息化目标相匹配。同时，企业应注重信息资源的收集、整理、存储和利用，确保信息的准确性、可靠性和及时性。政府可以通过制定政策和法规，鼓励企业加强信息资源的建设和管理。政府可以支持企业研究和应用企业资源规划方法，以帮助企业科学规划和管理信息资源，引导企业进行信息资源标准化建设，促进信息共享和交流，提高资源的利用效率和价值，组织行业交流和合作，推动企业间的资源整合和共享，促进信息资源的互补和协同发展。企业和政府应加强对信息资源建设中的标准化问题的研究，信息资源的标准化有助于提高信息的互操作性和共享性，消除信息孤岛和信息壁垒。企业可以参与相关标准的制定和实施，积极推动行业内的信息资源标准化工作。政府可以组织专家和学者进行研究，制定相关的指南和规范，促进信息资源标准化的推广和应用。企业在进行信息资源建设时，应将其与企业的战略目标相结合，确保信息资源的建设能够为企业的发展和竞争提供有效支持，明确信息资源的管理责任和流程，建立信息资源管理体系，推动信息资源的协同共享和价值创造。

（六）以企业信息化建设推动软件业的发展

企业信息化与信息产业的发展密切相关，二者相互促进、相互依存。在信息社会的背景下，企业信息化建设不仅推动了工业化进程，对信息产业的发展起到了重要推动作用的同时，信息产业的发展也为企业信息化提供了可靠的技术支持和解决方案。企业信息化建设通过引入先进的信息技术和应用系统，可以促进工业化进程的提升和转型。企业通过信息化手段，优化生产流程、提高生产效率，降低成本，增强竞争力。信息化技术的应用使企业能够更好地整合资源，提高生产力水平，加快产品研发和创新，满足市场需求。企业信息化建设与工业化的相互关系是相辅相成的，二者共同推动了现代社会的发展。随着企业对信息化建设的需求不断增长，信息产业迎来了广阔的市场机遇。企业对于信息化硬件设备、软件应用、数据管理和网络服务等方面的需求推动了信息产业的发展和创新。信息产业不仅提供了丰富多样的产品和服务，还推动了技术的进步和应用的创新，为企业信息化建设提供了丰富的选择和支持。软件作为企业信息化的核心，为企业提供了各类应用系统和解决方案。随着软件技术的不断创新和发展，企业能够选择更适合自身需求的软件产品，提高工作效率、优化管理流程、实现信息的集成和共享。软件业的发展为企业信息化建设提供了可靠的技术支持，使企业能够更好地应对市场变化和竞争挑战。

（七）开展企业信息化咨询与监理服务

企业期望通过信息化建设提升管理效率、提高竞争力，而软件业则寄望于为企业提供优质的软件产品和服务。为了促进企业信息化建设的健康有序发展，建立和规范企业与软件供应商之间的合作关系非常重要，这需要一个有效的桥梁来促进双方的良好合作。政府在信息化建设初期可以扮演重要角色，组织人力向企业提供免费的信息化咨询服务。政府可以设立专门的机构或项目，会集信息化领域的专业人员，为企业提供指导、规划和建议，帮助企业明确信息化需求、制定合理的信息化战略，并协助企业与软件供应商进行合作。政府的介入可以为企业提供初步的支持和引导，确保信息化建设的方向和步骤合理，为企业开展信息化奠定良好的基础。随着信息化建设的推进，信息化咨询服务可以逐渐交由市场机制进行运作。专业的信息化咨询机构和顾问团队可以提供有偿的咨询服务，为企业提供更深入、全面的信息化建设咨询。咨询服务可以涵盖信息化战略规划、系统架构设计、技术选型、项目管理等方面，帮助企业制定具体的信息化实施方案，并提供专业的技术指导和项目管理支持。在信息化建设过程中，监理服务的引入也是必要的，监理服务可以确保企业与软件开发企业之间的合作顺利进行，监督项目的实施过程，确保项目按照计划进行，达到预期的目标。监理服务可以评估软件开发企业的能力和资质，确保其具备开发高质量软件的能力和经验，还可以解决项目中的问题和风险，协调各方利益关系，确保企业信息化建设的顺利推进。

第三节　企业财务管理中系统数据的初始化实证研究

一、账套设置

（一）账套的概念

账套是会计软件系统中的一个重要概念，代表了一个独立核算单位的完整账务体系。在传统的手工会计操作中，会计核算的主体往往以纸质账簿形式存在，每个单位都有自己独立的账簿。而在现代企业中，随着信息化技术的发展和会计软件的广泛应用，账套的概念得到了进一步的发展和应用。账套是区分不同独立核算单位的重要标识，每个独立核算单位都有自己独立的账套，它们之间相互独立，互不干扰。通过账套的设立，可以实现不同单位的账务数据的隔离和管理，确保各个单位之间的账务独立性。账套提供了一个完整的会计核算体系，在一个账套中，包含了一系列的会计科目和账簿，用于记录和反映企业的经济交易和财务状况。会计科目根据企业的经济业务进行分类，并在账套中设置相应的账簿，用于记录不同类别的经济交易，建立账套可以实现对企业财务信息的有效管理和分析。

账套具备灵活性和可扩展性，在会计软件系统中，账套可以根据企业的需求进行设立和调整，不同行业、不同规模的企业可以根据自身的特点和需求定制适合自己的账套。账套可以根据企业的业务模式和会计准则进行设置，并随着企业的发展和变化进行调整和扩展。如此一来，企业可以根据自身的情况灵活地使用账套，满足不同阶段的会计核算需求。另外，账套也是信息化会计管理的基础。随着企业信息化的推进，会计软件系统承担着更多的功能和责任。账套作为会计软件系统的核心组成部分，为企业提供了集中管理、统一处理和准确反映企业财务信息的平台。企业可以通过账套实现财务信息的集中录入、自动处理和快速查询，提高会计工作效率和准确性。

（二）账套的建立

建立账套的实质主要是在会计软件环境之中创建一系列的数据库，用于存放各种凭证、账簿、资料。

1. 系统操作员的设置

（1）系统管理员注册

系统管理员也被称为“账套主管”或“超级用户”，不同的会计软件对于系统管理员的定位以及所授予的权限有一定区别。一般而言，通用的会计软件中都预设了默认的系统管理员，并且为其设置了密码。

（2）设置操作员

一般的通用软件中，操作员的增删与权限设置权利往往由系统管理员控制。新增加的操作员须是被授权过后，才能拥有对系统的操作权利，设置操作员需录入的内容如图 3-6 所示。

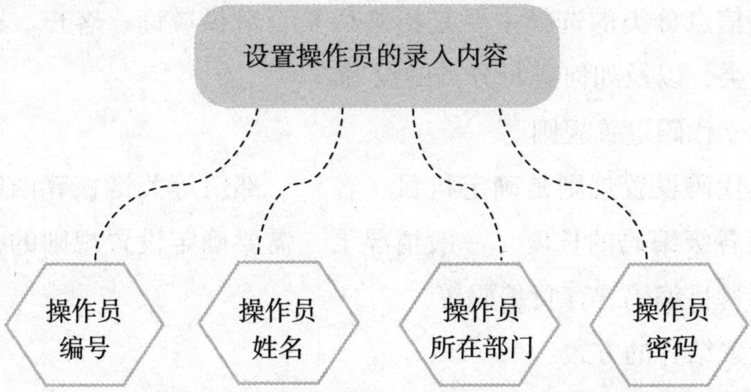

图 3-6 设置操作员的录入内容

2.账套管理

（1）建立账套

建立账套是所有会计处理的基本前提条件，通常而言，账套的建立、备份以及恢复等工作是由系统管理员来完成。建立账套需输入或者设置的项目如下。

①账套基础信息设置

账套的基础信息设置包括账套编号、账套数据存储路径、账套启用会计期间等。账套编号为一个账套在软件系统内部的识别代码；账套名称主要指的是用户识别的账套名；账套数据存储路径指的是账套数据所存放的位置；账套启用会计期间指的是新建账套开始使用的会计核算日期，当正式启用账套之后，账套启用期间则不能再被修改。

②单位基本数据的录入

包括单位的全称或者简称、办公地址、邮政编码、银行账号等。

③会计核算类型的选择

核算类型主要指的是用户单位所属的行业性质，从而便于系统按照所指定行业的特点为该账套合理预置一套较为标准的会计科目。

④基础信息分类的选择

基础信息分类的选择主要是指确认是否对供应商、客户、存活等有关要素分类，以及如何进行分类的设置。

⑤确立代码设置规则

确立代码设置规则是确定科目、客户、部门等关键核算内容的分类层次以及各级编码的长度，一般情况下，需要确定设置规则的代码项目包括会计科目编码、存货编码等。

⑥设置结算的方式

设置结算方式主要包括结算方式编码、结算方式名称等有关的项目。

⑦确定数据核算的精度

数据核算精度的确定主要是对金额、存货数量等保留小数位数的定义。

（2）修改账套参数

往往只有设置账套的操作员本人有权利对账套数据进行修改，且系统已经确认或者已经处理的某些关键的信息是无法进行修改的。

（3）引出、引入账套的数据

引入和引出账套是会计软件系统中的重要功能，用于在不同计算机之间进行账套数据的复制和转移，这两个功能通常由系统管理员或账套主管来操作。引入账套是指将当前系统环境之外的某一账套数据复制到当前系统中，这种操作通常用于实现不同计算机之间账套数据的同步和共享。

3. 分配操作权限

根据会计内部控制制度的要求，操作员的权限应按照不相容职务分工牵制的原则进行分配，以确保内部控制的有效性和数据的安全性。在进行权限分配时，需要特别注意不同性质工作的分工要求，将授权、执行、审核和记录等不同类型的操作权限分配给不同的操作员。遵循相互牵制的原则，即将具有相互监督和制约作用的权限分配给不同的操作员，减少内部欺诈和错误的风险，提高会计核算的可靠性和准确性。还应定期审查权限的分配情况，及时进行权限调整和更新，以适应企业内部的变化和发展。

4. 确认基础信息

当得到用户的确认之后，在企业的会计软件系统中，根据内部规则和要求，软件系统将建立一系列数据库，用于存储和管理账套系列数据。这些数据库是支撑企业会计核算和财务管理的重要组成部分，通过数据的输入、处理和输出，实现对企业财务状况和业务活动的全面记录和分析。

（三）设置系统环境参数

初始化的设置往往包括系统环境参数设置、系统运行要素设置、财务系统初始数据录入三方面的工作。而初始化设置可以分成两个部分：一是针对整个会计软件系统进行设置，可将其称为“基础信息设置”；二是针对某一应用功能模块的设置，如财务参数设置、机构设置等，通常可将其称为“系统环境参数”或者“系统运行要素”，如图 3-7。

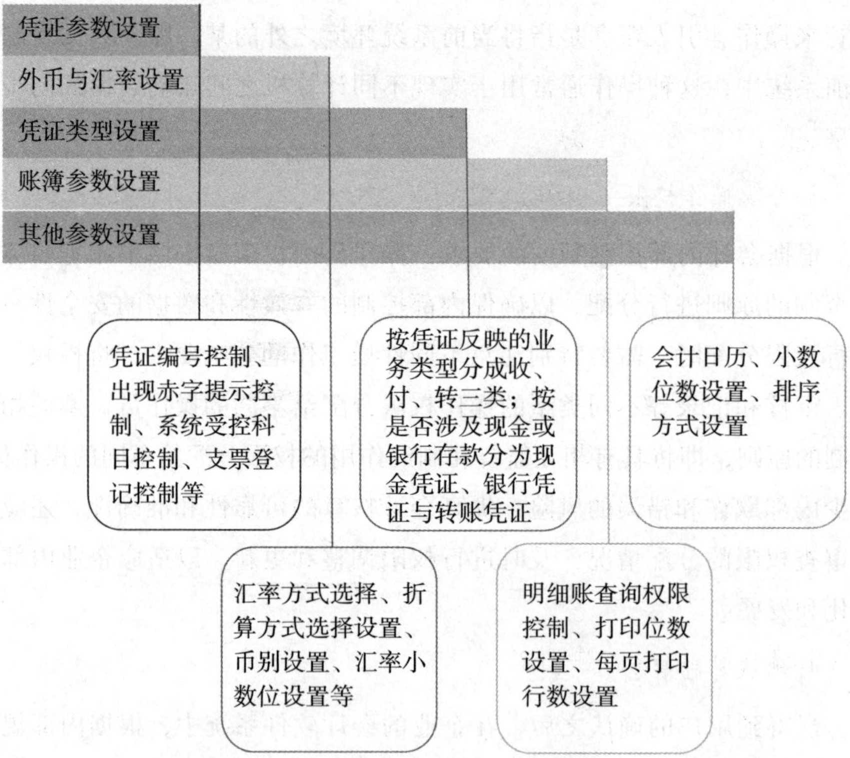

图 3-7　系统环境参数设置

（四）财务系统初始数据录入

1. 会计科目编码的原则

在设置科目编码时，需要遵循几项原则，以确保科目编码的系统性、单一性、简洁性和可扩展性。系统性原则是指科目编码的设置必须符合会计制度的规定，并形成一个完整的系列。会计制度规定了会计科目的分类、命名和编码规则，科目编码的设置应遵循这些规定，确保科目的归类清晰、层次分明，便于进行会计核算和财务管理。单一性原则要求每个编码对应唯一的一个会计科目，科目编码的设置应具有唯一性，每个编码只能对应一个具体的会计科目，避免重复和混淆，从而确保会计数据的准确性和可靠性，防止出现因编码混淆而导致的错误和误解。简洁性原则在满足管理要求和适合计算机处理的前提下，力求使编码简单明了。科目编码应尽量简洁易懂，避免过于复杂的编码结构和烦琐的编码命名，以提高操作效率和减少出错的可能性。简洁的编码还有利于记忆和理解，方便会计人员进行科目的选择和录入。可扩展性原则要求在设计编码时要考虑到未来的发展需求和变化，明细科目的代码长度通常是以这一级次科目最大可能达到的个数来确定。① 随着企业规模的扩大、业务范围的增加或会计制度的调整，可能需要新增科目或调整科目的层级结构，因此，科目编码的设计应具有足够的灵活性和可扩展性，便于后续的调整和扩展。

2. 建立会计科目表

在建立会计科目表时，需要考虑增加、删除、修改、查找和指定会计科目等操作。增加会计科目是指向系统中添加新的会计科目，在进行科目录入时，需要按照一定的顺序输入科目的代码、名称、类型、性质、助记码、账户格式以及特定核算要求等信息。删除会计科目需要满足一定条件，被删除的科目不能被其他设置项使用，没有任何一张记账凭证使用该科目，且该科目没有建立明细科目。修改会计科目时需注意一些限制，科目编码是不能被修改的，而且已被其他设置项使用的科目和已建有下级科目的科目不能直接修改。查找会计科目有两个含义；一是在

① 周晓梅，郑伟发．企业管理信息化[M]．武汉：华中科技大学出版社，2012：34.

科目表中查找具有特定特征的会计科目，可以根据条件查询科目信息；二是查询某个特定科目的各项设置参数，了解该科目的详细配置信息。指定会计科目是指用户根据需要指定某个会计科目适用于特定功能或操作，如将“现金”科目指定为现金日记账科目或将“银行存款”科目指定为银行存款日记账科目等。

3. 初期余额录入

在会计核算中，期初余额是指某个会计期间开始时各账户的余额情况。根据企业的会计制度和实际情况，期初余额可以根据不同情况进行录入或整理。如果是在年初建账，那么期初余额就是年初的余额，可以直接录入各账户的年初余额。即在新的会计年度开始时，将各账户的余额作为期初余额进行录入。此种情况下，每个账户的发生额和余额都是从年初开始计算。如果是在年中启用账务处理系统，就需要将各账户的年初余额和年初到启用期前的借贷方累计发生额一并整理出来。在此种情况下，需要将年初余额和累计发生额整理到启用期的期初余额中。通常来说，通用的软件系统会根据年初余额和累计发生额自动计算出启用期的期初余额。在录入期初余额时，一般只需要输入各最末级科目的发生额和余额即可，对于非最末级科目，可以通过计算机自动进行计算生成其发生额和余额，进而有效提高录入的效率，并减少出错的可能性。

二、财务处理系统

（一）账务处理系统的概述

财务处理系统是电算化会计系统中的一个核心子系统，在个别的会计软件中，也被称作“总账系统”，账务处理主要是完成初始数据录入、凭证处理等任务。

1. 账务处理系统的工作特点

账务处理系统是企业中重要的财务管理工具，具有一些显著的工作特点。对企业的会计数据处理和报表编制产生了影响，还直接关系到企业财务管理的准确性和规范性。账务处理系统具有很强的综合性，是整个电算化会计系统中的桥梁和纽带，负责各个环节之间的数据交换和信息传递。通过账务处理系统，不同部门和业务之间的会计数据得以集中管理和处理，形成全面、准确的财务信息，使得企业能够全面了解其财务状况和经营情况，并进行综合分析和决策。账务处理系统必须符合公认的会计准则，会计准则是财务会计工作的基础，是确保企业财务报告准确性和可比性的重要依据。因此，账务处理系统在组织和管理会计信息处理时，必须遵循财政部规定的会计准则、会计科目和会计报表编制要求。所以，系统的设计和操作必须与法规和规范保持一致，确保会计数据的合规性和准确性。

2. 账务处理程序

电算化账务处理程序是利用计算机技术对会计数据进行处理和管理的过程，以输入会计凭证为起点，经过一系列的计算和处理，最终生成各类凭证、账簿文件和科目余额文件，完成整个账务处理过程。会计凭证的输入是账务处理程序的开始，以手工录入、电子传输或其他方式输入账务处理系统，这些凭证包括各种会计业务的记录，如收入、支出、资产变动等。一旦凭证被输入或转入系统，它们将被存储在临时凭证数据库中，待后续处理。对记账凭证进行审核和自动记账是账务处理程序的核心步骤，系统会根据预先设定的会计规则和准则，对凭证进行审核，确保凭证的合法性和准确性。审核通过的凭证将被自动记账，即根据凭证上的借贷方金额，系统能自动更新各个会计科目的余额和汇总信息，还会生成记账凭证文件和账簿文件，用于后续的查询和报告生成。根据设置的输出条件，系统会生成各种正式的账簿和报表，包括总分类账、日记账、明细分类账等，它们按照会计科目的分类和时间顺序，展示了不同层级的会计数据和交易明细。系统还可以根据需要生成科目汇总表，以提供更高层次的汇总信息和财务分析报告。

（二）记账凭证处理

记账凭证处理是日常会计工作中最为频繁的环节，对于保证账务处理的准确性和可靠性至关重要。在通用电算化会计系统中，记账凭证被视为各项数据进入系统的唯一入口，其正确性控制直接影响着系统输出的账簿和报表的准确性。记账凭证处理涵盖了凭证的录入、修改、查询、审核和过账等主要功能，凭证录入是将凭证数据输入计算机系统中的过程，通常用两种方式进行操作。一是种方式手工方式填制记账凭证，经过审核后再将其录入系统，这种方式称为“后台处理方式”。在后台处理方式下，会计人员根据实际的业务情况手工填写凭证，包括填写凭证号码、日期、摘要、会计科目和借贷金额等信息。另一种方式是前台处理方式，即直接在计算机系统上根据经过审核无误的原始凭证编制并录入记账凭证。在前台处理方式下，会计人员通过计算机界面进行凭证录入操作，根据审核通过的原始凭证填写相应的凭证号码、日期、摘要、会计科目和借贷金额等信息。系统会根据预设的会计规则和准则进行自动校验和处理，确保录入的凭证数据符合规定，并进行相应科目的余额和汇总信息的更新。

1. 凭证录入的基本内容

凭证录入的基本内容如图 3-8 所示。

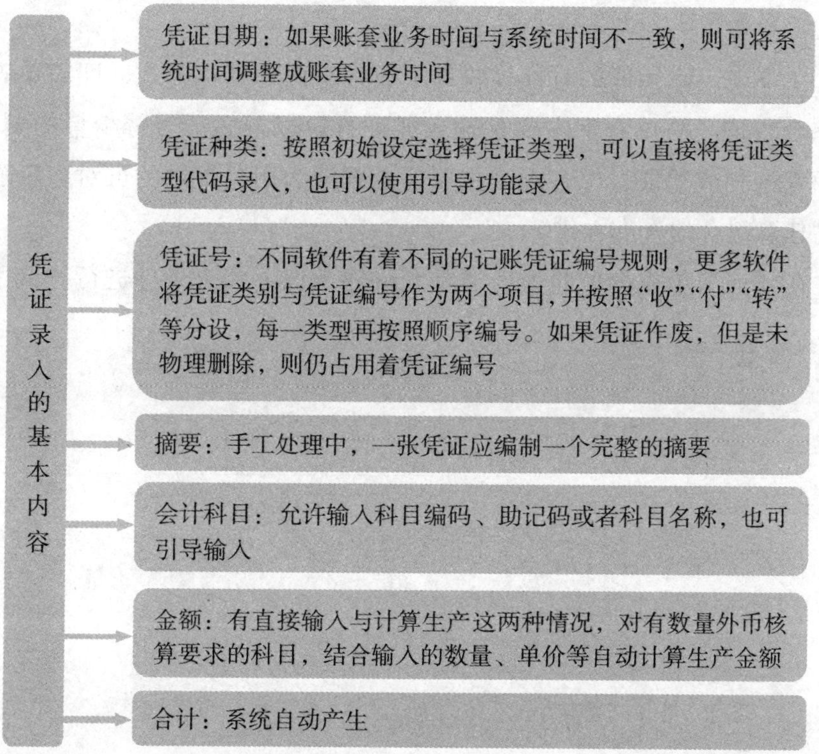

3-8 凭证录入的基本内容

2. 辅助核算数据的输入

辅助核算数据的输入包括以下几点：往来核算，输入往来单位、经手人、票号等信息；部门核算，输入部门代码或者部门名称；职员核算，输入职员代码或者姓名；通用项目核算，输入项目代码或者项目名称；数量核算，需要通过输入数量与单价，由系统自动计算出金额；外币核算，需要输入外币原币金额与折算汇率，软件将外币折算成本位币；“银行科目”或者“银行类”属性，输入结算方式与结算票据号，有的甚至要求输入业务发生日期。

3. 记账凭证的查询与修改

在查询记账凭证的时候，软件中通常有两种基本形式，即简单查询与综合查询。简单查询主要是输入凭证月份以及凭证号等少量的要素，从而查询相应凭证；综合查询主要是由系统为用户提供的可对多个输入条件任意组合的查询方式。

在凭证简单查询的时候，通常允许输入以下几个条件进行查询（见图 3-9）。

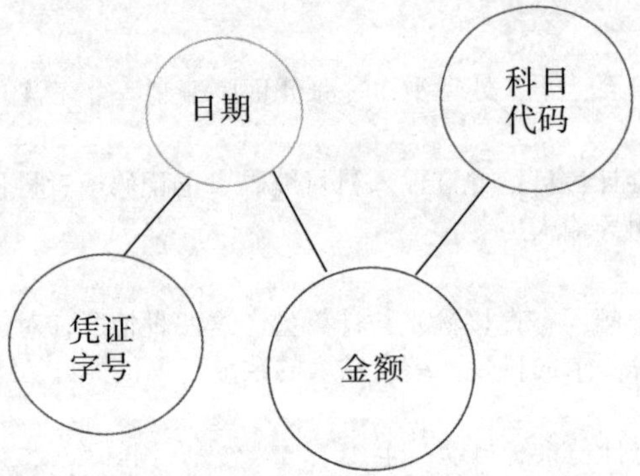

图 3-9　简单查询输入的条件

4. 记账凭证审核与过账

（1）凭证审核

凭证审核的目的是确保记账凭证的准确性和合规性，审核人员根据会计制度和会计软件的要求，对记账凭证进行检查和核对，以确保凭证的正确性和完整性。在凭证审核过程中，主要内容包括以下几个方面：凭证与原始凭证的一致性，审核人员需要核对凭证上的信息是否与原始凭证相符，包括凭证号码、日期、金额、摘要等是否与原始凭证一致，从而确保凭证的真实性和准确性；经济业务的正确性，审核人员需要确认凭证所反映的经济业务是否符合实际情况和会计准则的要求，他们会仔细检查凭证中的借贷方科目，确保金额的正确分配和科目的适当选择；

凭证填写的完整性，审核人员会检查凭证上的相关项目是否填写齐全，包括单位名称、凭证附单、业务凭证号等信息，确保凭证的完整性可以提供更全面和准确的财务信息；会计分录的正确性，审核人员会对凭证中的会计分录进行仔细审查，确保借贷方金额的准确性和会计科目的正确选择，他们会核对凭证中的会计科目编码和科目名称，以确保凭证记录的会计处理是正确的。

在凭证审核过程中，若发现错误或有异议，审核人员应及时与凭证填制人员进行沟通，让其进行修改或采取其他必要的处理措施，借助分工与合作的机制减少错误和失误的发生。根据会计内部控制的要求，凭证制单员和审核员应分开操作，即不能由同一人员同时进行凭证的编制和审核，从而增加独立性和互相监督的机制，减少潜在的错误和舞弊的风险。对于涉及现金、银行存款等收支方面的凭证，可以通过系统参数设置，强制要求出纳签字。此种做法可以进一步增强对现金和银行业务的控制，确保凭证的真实性和安全性。

（2）凭证过账

凭证过账将经过审核确认的会计凭证中的经济业务记录到具有账户基本结构的账簿中，这个过程实质上是会计数据在不同数据库文件之间的传递和汇总，同时伴随着对数据的各种运算和计算。记账工作通过系统自动完成，系统根据用户录入并经过审核确认的记账凭证，将其中的会计分录按照规定的账户结构进行分类和归类，并更新相应的账簿文件。如此，经过记账处理后的凭证才被认为是真正合法有效的凭证，其中记录的数据成为系统中的正式有效数据。凭证过账的作用和意义在于提供了全面、系统、连续的会计核算方法，企业能够准确记录和追踪各项经济业务，形成详细的会计信息和财务报表，为企业的财务管理、决策和报告提供了重要的依据和支持。凭证过账的过程中，会计数据的传递和汇总是按照事先设定的账户结构和科目编码进行的。凭证中的借贷方科目会被自动归类到相应的账户中，根据不同账户的性质和规则进行计算和汇总，企业则能获得按照会计准则和会计政策要求编制的各类账簿和财务报表。凭证过账的自动化处理大大提高了会计工作的效率和准确性，相比手工记账，电算化系统可以自动完成数据的录入、分类、计算和汇总，减少了人为因素的干扰和错误，系统还提供了对数据的验证和审查机制，确保了数据的准确性和合规性。

5. 账务输出

日常的账务输出包括屏幕显示输出、打印输出、磁盘复制输出等几种形式，磁盘复制输出大多用于数据备份或者数据上报，屏幕显示与打印则是会计输出中较为常见的输出形式，显示或者打印的内容通常来说分成两种类型：一类是基本会计核算数据，包括各类的账簿与凭证；另一类是各种辅助核算数据。

（1）记账凭证输出

记账凭证输出可以采用查询和打印两种方式进行，具体采用哪种方式，取决于用户的凭证录入方式和需求。如果用户是先手工编制记账凭证，再通过输入计算机的方式进行凭证处理，那么在这种情况下，通常不需要再打印凭证。因为手工编制的凭证已经在系统中录入，并经过处理生成相应的账簿和报表，用户可以通过查询功能随时查看凭证的内容和状态。而如果用户是根据原始凭证直接在计算机上输入记账凭证，那么为了备查和核对的目的，应将全部凭证打印出来。打印凭证可以选择只打印一张凭证，也可以通过输入凭证号区间的方式连续打印一组凭证。在凭证打印操作中，用户通常可以根据需求进行多项选择，以满足具体的打印要求，常见的凭证打印选择项目有凭证类别。根据会计制度和公司内部的分类要求，选择特定的凭证类别进行打印，不同的凭证类别可能具有不同的格式和内容。凭证范围。根据需求设定打印的凭证范围，可以选择打印全部凭证，或者指定一段凭证号区间进行打印。时间范围。设定打印的凭证时间范围，可以按照特定的时间段进行打印，以满足特定期间的需求。凭证格式。根据企业的需求和规定，选择合适的凭证格式进行打印，不同的凭证格式可能包含不同的信息和排版方式。凭证状态。根据需要选择打印已记账的凭证、未记账的凭证，或者打印所有凭证，根据不同的处理阶段和需求选择打印的凭证。

（2）总账输出

总账是会计工作中重要的账簿之一，用于记录和总结各个会计科目的发生额和余额信息。在总账的账簿格式中，通常有两种常见的形式，分别是传统的三栏式总账和科目发生额及余额对照表。传统的三栏式总账是较为常见的一种格式，其将每个会计科目的发生额和余额分别以借方、贷方和余额三个栏位进行记录。此种形式的总账不仅可以查询各个会计科目的年初余额、各月发生额的合计数和月末余额，还可以查询各级明细科目的年初余额、各月发生额的合计数和月末余额。通过三栏式总账，会计人员可以清晰地了解各个科目的账务变动情况，进行科目余额的计算和核对。另一种常见的总账账簿格式是科目发生额及余额对照表，表格能将会计科目的发生额和余额数据进行对照，并展示出本期发生额、累计发生额以及期初和期末的余额信息。科目发生额及余额对照表的形式更加简洁明了，适用于查询统计各级会计科目的发生额和余额情况。会计人员可以通过这种表格迅速了解到各个科目的发生情况和账户余额的变动情况，为进一步的分析和决策提供基础数据。

（3）明细账与日记账输出

在账务系统中，输出明细账是一项重要的功能，可以根据用户的需求和对科目属性的定义，生成多种格式的明细账。通常情况下，系统可以提供三栏式、数量金额式、复币式、数量复币式等不同种类的明细账格式。明细账是对某一特定科目的详细账务记录，能展示该科目在一定时间范围内的借方、贷方和余额信息，用于详细了解该科目的账务变动情况。输出明细账能使会计人员深入了解每个科目的具体交易和发生额，以便进行更精确的分析和核对。在电算化处理方式下，账务系统可以为用户提供每个科目的日记账。日记账是明细账的一种形式，记录了特定科目的每笔交易细节，包括交易日期、摘要、借贷方金额等信息。为了使用日记账功能，用户需要在系统初始化时在会计科目设置模块中定义科目的日记账属性，以确保系统能够正确地生成和输出相应的日记账。

（4）多栏账输出

多栏账是一种在账簿中根据需要对借方或贷方进行详细分类核算的账簿格式，在软件系统中，多栏账的设置和定义是由用户根据自身需求进行操作的。通常情况下，非最末级科目（具有下级明细科目的科目）可以被设置为多栏账的栏目，从而实现多栏式账簿的输出。在软件系统中，一般提供了便捷的多栏账设置功能，用户可以在初始设置窗口中将某一科目的所有下级科目确定为多栏账的栏目，并根据多栏账科目的性质，定义这些栏目所在的方向。多栏账的设置为企业提供了更为细致和详尽的账务核算能力，将下级明细科目作为栏目，在账簿输出时可以根据不同的核算要素进行分类和统计。例如，在财务报表中，可以根据不同的成本项目、部门、产品或项目进行多栏分类，实现对企业各项业务活动的精确跟踪和分析。多栏账的使用能帮助企业更加清晰地了解各个科目下不同分类的具体交易和发生额，进一步提高财务数据的可读性和可理解性。此外，多栏账的设置还可以满足不同财务报告要求的个性化需求，根据企业特定的核算要素和管理需要进行账务记录和分析。

（5）账证联查

账证联查是一种在查询账簿时通过联动操作直接查询与当前显示内容相关的记账凭证或其他账簿的便捷操作形式。在电算化系统中，账证联查功能为用户提供了方便快捷的关联查询功能，极大地提高了账簿凭证查询的效率和准确性。用户可以借助账证联查功能，在查看账簿内容时直接进行联动操作，以便快速地获取与当前显示内容相关联的记账凭证或其他账簿的信息。这种联动操作可以是直接跳转至相应的凭证页面或账簿页面，通过弹出窗口或嵌入式查询功能展示相关信息。账证联查功能的实现依赖于系统的设计和开发，通常在账簿页面或凭证页面上会提供相应的关联查询按钮或链接，用户可以点击或选择相应的关联项进行查询操作。系统会根据用户选择的关联项，自动搜索并展示与当前内容相关的记账凭证或其他账簿的信息。

6. 期末对账与期末结账

（1）期末对账

在会计期末，进行对账工作是确保账簿数据准确性和完整性的重要环节。对账是一种核对账簿数据的方法，旨在验证记账的准确性以及确认账目的平衡状态。在实际应用中，对账工作主要涉及总账与明细账、总账与辅助账之间的核对。总账与明细账之间的对账是核对总账科目余额与对应明细账户余额之间的一致性，总账记录了各个会计科目的期末余额，而明细账则记录了每个科目的详细交易明细。对比总账与明细账的数据，可确认总账余额是否准确反映了各明细账户的余额变动情况，进而验证记账的准确性。总账与辅助账之间的对账是核对总账科目余额与相关辅助账簿之间的一致性，辅助账簿是对某一类特定业务或资产负债项目进行详细记录的账簿，如应收账款明细账、存货明细账等。通过将总账科目与对应的辅助账簿进行对账，可验证总账科目余额与辅助账簿明细的一致性，确保账簿数据的准确性。

（2）期末结账

在账务处理系统中，结账功能是一项规范而重要的操作，用于完成会计期末的结账工作。执行结账功能可使系统自动进行一系列的处理，以确保准确、完整地结转会计数据并为下一个期间做好准备。在运行结账功能时，系统会执行主要工作有检查并停止本期数据处理工作。系统会检查各科目的数据处理情况，确保本期的数据处理工作已全部完成，如果存在未登记的记账凭证或其他数据，系统将拒绝执行结账操作，以确保数据的完整性；计算本期发生额和累计发生额，系统会根据本期的记账凭证和其他相关数据，计算各科目的本期发生额和累计发生额，这些数据是会计分析和决策的重要依据；计算期末余额并结转至下期期初，系统会根据本期的数据，计算各科目的期末余额，并将这些余额自动结转至下一个期间的期初余额，进而确保下一个期间从正确的起点开始进行数据处理。

7. 数据维护

（1）备份数据

数据备份是账务处理系统中的一项重要功能，通过将计算机硬盘上的数据复制到其他存储介质上，可以在需要时恢复系统的原始工作状态。在电算化会计系统中，每个子系统都设有备份功能，以确保重要数据的安全性和可恢复性。通过数据备份，可以保留会计档案的副本。会计档案是企业重要的财务信息记录，包括初始设置数据、日常业务处理数据和自动上机登记记录等，备份可以确保这些档案的完整性和安全性，防止意外数据丢失或损坏。数据备份是保护系统数据安全的重要手段，定期备份数据，即使发生硬件故障、数据丢失或病毒攻击等情况，也可以从备份中恢复数据，避免重要信息的丢失和系统的瘫痪。备份不仅可以保存数据，还可以保留重要操作内容。例如，备份可以记录系统设置的更改、用户权限的调整和其他重要操作的记录，为系统管理和审计提供依据，确保操作的合规性和可追溯性。

（2）恢复数据

对于会计软件来说，数据备份和数据恢复功能是必不可少的。数据备份是保障数据安全和可恢复性的重要手段，而数据恢复则是在数据丢失或损坏时的最后一道保险。定期进行数据备份，并妥善保存备份介质，可以降低数据丢失的风险，并在需要时进行数据恢复以恢复系统的完整性。在使用数据恢复功能前，需要注意确认备份的时点，以选择合适的备份数据进行恢复。通常情况下，选择最近的备份可以保证恢复的数据最为准确和完整。在进行数据恢复时，需要仔细选择恢复的范围，避免覆盖了需要保留的最新数据。可以根据需要恢复的数据类型或特定时间段来确定恢复范围，以保证恢复操作的准确性。在实际进行数据恢复之前，建议先进行测试恢复，以验证恢复的数据是否完整且能正常运行。这可通过在测试环境中进行恢复操作，并进行必要的数据验证和功能测试来实现。

三、辅助核算与管理

（一）辅助核算与其特点

1. 辅助核算的概念及类型

辅助核算在账务处理中能够提供比一般账务资料更为详尽的核算信息，并提高会计信息的质量，辅助核算主要应用于往来账目管理、银行对账管理和辅助项目管理等方面。往来账目管理是辅助核算的应用领域之一，在企业的经营活动中，常常与供应商、客户、合作伙伴等进行往来交易，涉及应收款项和应付款项的管理。辅助核算可以建立往来账户，记录与各方的交易明细，包括应收应付款项的发生、结算情况等。企业可以实时了解与往来单位的资金状况，掌握应收应付款的情况，提高资金管理的效率和准确性。银行对账管理也是辅助核算的重要应用领域，随着企业与银行之间的资金往来日益频繁，对账的准确性和及时性变得至关重要。辅助核算可以建立银行账户，并记录企业与银行之间的资金流动情况。通过与银行账户的对账，能及时发现并解决资金差错或异常情况，确保企业资金的安全和准确性。辅助核算还广泛应用于辅助项目管理，辅助项目可以是企业内部的特定项目、部门或成本中心，也可以是外部的特定活动或合同项目。辅助核算为这些项目建立了独立的核算科目，记录与其相关的收入、费用、成本等数据，并进行详细的分析和报告，从而使企业可以更好地了解和控制各个项目的经济效益，优化资源配置，提高项目管理的精细化水平。

2.辅助核算的特点

辅助核算方式相对于传统的手工操作方式具有许多优势，这些优势使得辅助核算成为现代会计系统中不可或缺的一部分。与传统的会计科目相比，辅助项目的设置和运用可以更加灵活，不受会计核算规范的严格限制。辅助项目相对独立于标准的会计账簿体系，可以根据实际需求和业务特点自由定义项目的操作规程。企业则可以根据自身的需求和管理要求，设定适合自己业务特点的辅助核算项目，从而更好地满足业务需求。辅助核算具有项目共享特性，打破了传统会计科目的树形结构体系。辅助核算构筑起了账户间交叉引用的网状数据结构形式，实现了不同账户之间的数据共享和关联。如此，辅助核算可以更好地满足企业内部各个部门、项目或成本中心之间的信息交流和数据共享的需求，促使企业更全面地了解不同部门或项目的经济状况，实现更精细化的管理和决策。辅助核算较好地解决了传统手工操作方式下需要大量手工参与的核算内容的问题，传统的手工操作方式在处理大量数据时容易出现错误，且耗时耗力。而辅助核算借助计算机系统的自动化处理能力，能够更高效地完成复杂的核算任务。企业可以通过辅助核算减少手工操作的数量和工作量，提高核算的准确性和效率。

（二）自动转账

1.自动转账原理

自动转账凭证的定义和自动转账是会计系统中的主要功能，能够帮助企业在适当的时刻生成记账凭证，简化转账业务的处理过程，并保证凭证的正确性和业务的完整性。自动转账凭证的定义是将转账业务所涉及的摘要、借贷方科目和金额计算方法等信息预先存储在软件环境中的过程，定义转账模型，系统能够根据预设的规则和条件自动生成记账凭证，从而实现转账业务的自动化处理。这样的定义过程使得生成复杂的记账凭证变得快速和简便，只需简单的操作指令即可完成期末转账凭证的生成。自动转账凭证的生成可以保证所生成凭证的正确性，由于凭证金额来自系统中存储的数据，自动转账凭证能够准确地计算和提取需要的金额信息，避免了手工输入数据可能引起的错误。系统根据事先定义的转账模型，自动抓取相应的数据并生成凭证，从而确保了凭证的准确性和一致性。自动转账还能保障业务的完整性，通过内部程序的控制，自动转账处理能够确保用户不会遗漏必要的业务项目，从而提高了业务处理的完整性和准确性。系统会根据事先定义的规则和条件自动触发转账操作，确保相关的业务项目得到处理，避免了遗漏或错误的情况发生。

2.自动转账凭证设置

自动转账凭证具有多种形式的运用，其中包括销售成本结转设置、汇兑损益结转设置、对应结转设置和期间损益结转设置，帮助企业实现自动化的会计处理和凭证生成。销售成本结转设置是指根据事先定义的规则和计算方法，在月末自动计算出各类商品的销售成本，并对成本结转业务进行账务处理。通过设置自动转账凭证，系统可以自动根据销售数据和库存成本计算出销售成本，并生成相应的凭证，实现销售成本的结转和核算。汇兑损益结转设置用于定义自动计算外币账户的汇兑损益，并在期末自动生成相应的转账凭证。在跨国经营或与外币有关的业务中，汇兑损益是一项重要的核算内容。自动转账凭证的设置，能使系统根据外币账户的汇率变动情况计算汇兑损益，并自动生成相应的凭证进行结转，简化了汇兑损益的核算和处理过程。另外，对应结转设置也是自动转账凭证的一种应用形式，用于定义两个科目之间的下级科目之间的结转关系。系统能结合设置对应关系，自动将下级科目的余额结转到上级科目，实现账务的归集和汇总。期间损益结转设置是指在一个会计期间终了时对损益类科目余额进行结转的设置，根据预先定义的规则，系统可以自动将所有损益类科目的余额转入“本年利润”科目，实现会计期间的损益结转和核算。

3. 自动转账凭证的生成

转账凭证的定义和生成功能为企业的会计处理带来了高效性和便利性，一旦转账凭证被定义后，每个月月末，只需要运行凭证生成功能，系统便能快速地完成凭证的编制。生成的转账凭证会自动添加到未记账凭证库中，等待进一步的处理。这种自动化的凭证生成过程大大简化了会计人员的工作流程，相比于传统的手工编制凭证，自动转账凭证的生成速度更快、准确度更高。会计人员只需在月末运行凭证生成功能，系统会根据预先定义的转账模型和规则，自动生成符合要求的转账凭证。如此一来，大量的重复性工作和手工操作被减少，节省了时间和精力。生成转账凭证后，系统会提供报告和提示供用户确认和保存。用户可以查看凭证的类别、数量等信息，并核对凭证的正确性。[①] 这样的报告和提示功能提供了一种审核机制，确保凭证的准确性和合规性。用户可以在未记账凭证库中进行查询，方便检索和查看所生成的凭证。

（三）银行对账

1. 银行对账的原理

银行对账是企业在日常财务管理中的重要工作环节，通过将银行存款日记账的记录与银行提供的银行存款对账单进行逐笔核对，可以确保企业的银行账户和银行的记录一致，及时发现和纠正账目上的差错，维护财务数据的准确性和可靠性。在电算化的会计系统中，银行对账功能提供了一系列的操作和工具，使对账过程更加便捷和高效。在对账过程中，系统提供了自动核对和手工核对两种方式。自动核对是指系统根据录入的对账单和银行存款日记账的记录进行自动匹配和核对，以快速识别和标记匹配成功的项或不成功的项。手工核对则需要用户逐条查对银行对账单和银行存款日记账的记录，确认是否一致。将计算机自动对账和人工核对结合的方法可以提高准确性和效率，同时也能保留人工核对

① 周晓梅，郑伟发．企业管理信息化[M].武汉：华中科技大学出版社，2012：119.

的审查环节。在进行对账时，常常使用票据号（如支票号）和金额等作为核对标志，逐条进行查对。逐笔核对能确保每笔交易都得到准确的记录和对应，避免遗漏或错误。对于出现差异的项，需要进一步调查和核实，找出原因并及时进行调整。

2. 银行对账数据录入

银行对账数据录入涉及银行对账期初数据录入和银行对账单录入两个主要方面，通过准确录入数据，可建立准确的银行对账记录，确保银行账户和银行的记录能够一致。银行对账期初数据录入是在启用银行对账功能之前，用户需要录入最近一次对账时单位一方和银行一方的银行存款调节前余额。这个余额是对账时期初的基础，必须准确地反映出两方之间的存款差额。还需要逐笔录入启用日期之前的单位日记账和银行对账单的未达账项，未达账项指的是在上一期对账时未能达成一致的交易或差异，需要在新一期的对账中继续核对。银行对账单录入是银行定期向单位提供对账单，单位的出纳人员需要按期进行录入，录入的银行对账单包括业务日期、结算凭证类型、凭证号、业务金额等内容。其中，结算凭证号和业务金额是系统进行自动对账所必需的信息。在录入时，必须仔细操作，防止因录入错误而导致系统出现对账异常的情况。

3. 对账与对账报告对账的方式

（1）自动对账

自动对账是一种便捷高效的对账方式，计算机系统根据对账依据自动核对银行存款日记账和银行对账单，以确定交易是否一致。自动对账的对账依据通常有两种形式：一种是“票据号 + 方向 + 金额”的组合，另一种是“方向 + 金额”的组合。相较于人工对账而言，自动对账的优势在于其高速性和准确性，自动对账能够快速地处理大量的交易记录，并能准确地判断是否达成一致。系统根据预先设定的对账规则和条件，自动匹配交易信息，将匹配的记录自动标记为已达账项，无须人工逐笔核对，极大地提高了对账的效率和准确性。采用自动对账的方式，可以快速识别出存在差异或错误的交易记录。对于标记为未达账项的记录，操作人员可以进一步核对其详细信息，找出差异的原因并及时进行调整，帮助单位及时发现异常情况，避免因错误记录或遗漏导致的财务偏差。

（2）手工对账

手工对账是一种传统的对账方法，要求用户手动比对单位的银行存款日记账与银行提供的对账单，以核实两者之间的交易是否一致。在手工对账过程中，用户需要逐一对照每笔交易记录，将已经在对账单中出现的记录标记为已达账项，以确保两边的账目能够匹配。手工对账的过程相对较为烦琐，需要仔细核对大量的交易记录，逐笔比对日期、金额、票据号等关键信息，确保两个账户之间的交易信息一致。对于交易记录的匹配错误或差异，需进一步核对和调整，以解决账目不平衡的情况。手工对账依赖人工的操作和判断，可以更加灵活地处理异常情况，根据自身经验和专业知识，判断一些特殊情况下的交易差异或错误，并及时进行调整。手工对账能够帮助用户更好地了解和掌握单位与银行之间的交易情况，提高对财务流动性的监控和管理能力。然而，手工对账也存在一些潜在的问题和挑战，手工对账过程中容易出现人为的疏忽和错误，可能导致账目不准确或遗漏。手工对账速度相对较慢，特别是对于大规模的交易记录，需要耗费较多的时间和人力资源。并且手工对账对操作人员的经验和专业知识要求较高，需要具备良好的财务知识和对账技巧。

（3）余额调节表输出

一旦账项的勾画工作完成，为了确保账簿记录的准确性，通用软件一般都提供了自动编制余额调节表的功能。余额调节表是一种汇总了银行存款账户的期初余额、借方和贷方发生额、未达账项以及期末余额的表格，生成余额调节表能使人清晰地了解银行存款账户的变动情况，核对账簿记录是否与银行提供的对账单一致。在通用软件中，生成银行存款余额调节表非常简单。用户只需点击相应的输出命令或选择相应的菜单选项，系统会根据自动对账和手工对账的结果自动编制规范的余额调节数据。通常情况下，软件提供的余额调节表的格式与传统的手工编制方式完全一致，以便用户能够轻松地进行比对和验证。

（四）往来核算与管理

1. 往来核算科目设置

财务处理系统提供了以下两种往来业务核算与管理的方式。

（1）视同明细核算方式

当企业的往来单位较少且相对稳定，并且应收账款或应付账款的发生频率较低时，可以采用与手工记账方式相类似的处理方法。视同明细核算方式的核心思想是为每个往来单位建立相应的明细账，将往来单位作为明细科目来管理。对于与往来单位之间发生的业务往来，可以按照传统的记账方式进行记录，将借方和贷方分别对应于应收账款和应付账款科目，进而将往来单位的核算与其他业务科目的核算相结合，实现统一的账务管理。

（2）往来辅助核算方式

单位往来辅助核算功能的使用可以带来多个优势，通过建立往来单位目录，可以将单位的往来业务集中管理，便于快速查询和跟踪。每个往来单位在目录中都有相应的记录，包括基本信息、联系方式以及往来业务的明细。如此，便于查找特定往来单位的信息，包括与其相关的应收款项、应付款项以及历史交易记录等。单位往来辅助核算功能能够提高清理欠款的效率，当需要清理欠款时，可直接从往来单位目录中选择相应的单位，系统会自动列出该单位的所有未结清款项，按照需要进行核对、勾销或调整，以完成清理欠款的工作。通过此种方式大大减少了手工处理的烦琐性，提高了清理欠款的速度和准确性。

2. 往来业务数据录入

往来数据在账务系统中的录入包括往来期初数据和日常往来业务数

据。在录入账务系统的期初数据时，需要同时录入往来业务的期初数，并按照系统规定的格式将其录入初始化往来数据库。如果某个科目被指定了客户（或供应商）往来核算，系统会自动为该科目开设往来辅助核算账页。往来辅助账信息的录入对于往来业务的管理和分析至关重要，通过录入往来客户的名称，系统能够准确标识特定的交易对象，便于后续的查询和对账操作。业务员姓名（经手人）的录入则有助于追溯具体业务的责任人，对于日后的沟通和问题解决非常重要。业务（或票据）号的输入可以建立业务与相关凭证或票据之间的关联，便于后续的审计和审查工作。

3. 往来销账

销账是指对已清账的往来业务进行勾销或注销的操作，是账务处理中的重要环节，用于标记已完成的往来业务，确保账簿的准确性和完整性。通常情况下，会计软件提供了自动销账和手工销账两种基本方式。自动销账是指软件系统根据日常往来业务的记录，对每个往来单位的往来账户进行自动核对，并标记相应的业务已完成，即已清账。系统会根据销账依据进行匹配，一旦往来业务的相关信息符合销账依据的要求，系统会自动勾销或注销对应的业务，将其视为已清账项。销账依据通常有两种形式：一种是基于往来单位、方向和金额的销账依据，通过对比往来业务记录中的单位、方向和金额与往来账目中的相应信息，系统可以自动判断是否进行销账操作；另一种是基于往来单位、方向、金额和往来业务号的销账依据，系统会根据这些信息进行匹配，并标记相应的业务已完成。在执行销账过程中，对于已核对相符的往来业务，系统会自动在往来账目中打上销账标志，以表示该业务已完成。自动化的销账方式能够大大提高工作效率和准确性，减少了人为错误的可能性。

（五）部门核算与管理

1. 部门辅助核算设置

部门辅助核算是一种适用于部门和部门核算科目较多的单位或内部

管理要求较高的单位的辅助核算方式，为财务部门和各部门提供了及时了解收支情况的需求，同时也方便了对部门业务的考核与控制。在传统的会计核算中，部门通常被视为各费用科目下的明细科目进行处理，此种设置方式可能导致会计科目和项目的数量庞大，不利于对部门业务的细致管理。为了满足财务部门和各部门的需求，部门辅助核算方式的引入提供了更加灵活和有效的解决方案。采用部门辅助核算，可以将各部门作为辅助核算项目进行设置，财务部门能够及时掌握各部门各项收支的发生情况，而各部门也可以随时了解本部门的各项收支发生数额。部门辅助核算的优势在于减少了会计科目和项目的数量，简化了核算过程。将各部门作为辅助核算项目，促使财务部门更加灵活地进行财务分析和报告编制。各部门也能够更好地了解自身的经营状况，并根据需要进行相应的调整和改进。部门辅助核算还为部门业务的考核与控制提供了便利，对部门收支的详细记录和分析，从而进行绩效评估和业务控制。部门辅助核算为管理层提供了重要的决策依据，帮助他们更好地了解各部门的贡献和效益。

2 部门核算数据的录入

部门核算可以使企业实现对不同部门的经济活动进行精细化管理，对各个部门的成本、收入、利润等关键指标进行监控和控制，对于企业的业务决策和绩效评估具有举足轻重的意义。在录入科目期初数据或输入记账凭证时，系统弹出的辅助信息输入窗口会要求用户填写与该业务相关的部门信息和金额等辅助信息。这样一来，每笔业务都能够与特定的部门进行关联，使得财务数据更加细化和准确。在凭证过账的过程中，软件会自动将填写的部门辅助数据登记到相应的辅助账簿中，使得部门核算的数据能够与会计核算数据紧密结合，形成完整的财务信息。辅助账簿能够提供针对各个部门的详细收支情况，方便管理层进行比较和分析，辅助账簿的建立也为后续的报表编制和财务分析提供了基础数据。

（六）通用项目核算与管理

通用项目核算的特点在于其针对特定的核算对象或核算内容进行了设置，以满足特殊的核算需求。设立专门的核算项目可以更加细致地跟踪和记录与该项目相关的各项收支事项，那么企业可以更好地了解特定项目的经营状况，进行精细化的管理和控制。通用项目核算的设置方式灵活多样，可以根据不同的业务需求和管理要求进行定制。在软件系统中设立专门的核算项目，对该项目发生的各种收支进行分类和归集，使得企业能够深入了解每个项目的财务状况，并进行有效的分析和决策。在大多数软件中，通用项目核算通常以专项辅助账的形式输出。

第四章　数字化财务对企业价值的影响及提升

第一节　数字经济对推动企业财务管理的影响与变革

一、数字经济对推动企业财务管理的影响

（一）企业财务站位提高

在传统的财务工作中，财务人员通常被视为会计核算的执行者，局限于日常的报账和编制报表的工作，其职责主要是确保财务数据的准确性和合规性，以支持企业的财务决策和报告要求。然而，随着数字经济时代的到来，财务的站位正在发生变革，要求财务人员从狭隘的会计角色中解放出来，并更多地参与企业的运营业务和管理流程。财务人员应用数字技术可以更高效地处理财务数据和信息，减少烦琐的手工操作，提高工作效率。数字化财务还使财务人员能够更全面地了解企业的运营情况，从而参与经济业务和管理流程，为企业的发展提供更加深入的洞察和支持。

在数字经济时代，财务人员需要不断提升自身的能力和素质，以适应新的角色要求。他们需要具备敏锐的洞察力和鉴别力，能够从海量的财务数据中发现潜在的商业机会和风险，为企业提供有力的决策支持。财务人员还需要与其他部门密切合作，参与业务流程的改进和优化，提高企业的运营效率和竞争力。数字化财务的崛起无形中为财务人员提供了更广阔的发展空间和晋升机会，财务人员掌握先进的财务技术和工具，可以更好地满足企业的战略需求，提供战略规划和风险管理方面的专业建议，他们逐渐从传统的后勤职能转变为企业战略的参与者和决策者，其地位和影响力在企业中得到提升。然而，要实现数字化财务的转型，财务人员需要不断学习和更新知识，紧跟数字技术的发展趋势，具备良好的数据分析能力、信息技术应用能力和沟通协作能力，以便更好地应对数字化财务工作的挑战和机遇。

（二）促进业财融合

在数字经济时代，财务工作正在发生改变，要求财务人员深入企业第一线，与业务人员密切合作，发挥财务管理的职能，为企业经营业绩提供支持，创造更多的财务价值。数字经济的兴起要求财务从传统的后勤角色转变为企业运营的“调度中枢”和“专业大脑”，财务人员需要更加关注业务发展的过程，与业务部门紧密协作，了解业务的运营情况，为业务决策提供财务分析和建议，掌握业务模式、市场趋势和竞争环境，为企业的战略制定和业务拓展提供支持。基于数字化转型背景之下，财务人员需要发挥财务管理的专业知识和技能，参与业务决策的过程，帮助企业实现战略目标，运用预算管理、资产调度、资源配置和绩效考核等管理工具，引导、控制和促进业务部门达成企业战略目标。

（三）提供个性化财务服务

过去，财务人员主要负责整理和呈现统一格式的财务报表，向外部投资者和内部管理层提供会计信息。然而，随着数字经济的兴起，财务人员获得了技术红利。数字经济的时代注重数据的价值和应用，大数据技术的发展使得财务人员能够更好地处理和分析海量的数据，使得财务人员能够对数据进行深入的加工和分析，而不仅仅局限于提供统一格式的报表。财务人员对数据进行综合汇总和提炼，能进一步为决策管理人员提供更有价值的信息支持。大数据技术的应用使财务人员能够更好地理解和挖掘企业数据中的潜力和价值，对数据的分析和预测，财务人员能够识别企业的弱点和缺陷，并找到改进和优化的机会。通过分析财务数据和业务指标，发现业务运营中的问题和机遇，为企业的发展提供有针对性的建议。数字经济赋予财务人员更多的角色和责任，他们不再仅仅是会计核算的执行者，而是成为决策管理的重要参与者和支持者。大数据技术和分析工具的利用，财务人员能够提供更深入的业务洞察和预测，帮助企业做出更明智的决策。财务人员可以参与战略规划和预算管理，优化资产配置和资源利用，推动企业实现战略目标。

（四）提高财务服务及时性

传统财务处理过程中存在许多手工操作和长传递路线，导致数据处理的滞后性。单据的传递和手工操作环节的增多，往往导致月底和月初财务人员需要花费大量时间进行结账和整理，无法及时提供财务信息给相关方。然而，数字经济的出现为财务领域带来了显著的改变。在数字经济时代，应用数字化技术，财务处理流程得到了优化和简化。[①]电子化的单据传递和自动化的数据处理减少了许多手工环节，大大提高了财务数据的及时性。数字化系统能使财务数据的采集、处理和报告更加高效和准确地进行，单据可以通过电子方式快速传递，数据的录入和处理可以自动化完成，减少了传统手工操作带来的时间延迟和错误风险。

---

① 王利萍，吉国梁，陈宁．数字化财务管理与企业运营[M].长春：吉林人民出版社，2022：76.

二、数字经济推动企业财务变革

数字经济的兴起对企业带来了广泛而深远的变革，涉及企业的战略规划、组织架构、经营模式、价值创造与实现、资产管理、资源配置、资金链条、商品流通等多个方面。变革的核心在于数字化网络技术的应用，为企业带来了时间和空间的巨大转变。在数字经济时代，企业需要重新审视自身的战略规划。数字化技术的普及和应用，使得企业能够更好地捕捉和分析大量的数据，数据驱动的决策和创新推动了企业的发展和竞争力提升。企业需要借助数字化平台和技术，与顾客、供应商、合作伙伴建立紧密的联系和合作关系，实现全方位的数据管理、信息沟通和业务流程整合。数字化战略的规划使企业更加敏锐地抓住市场机遇，快速响应变化，实现持续创新和增长。

在组织架构方面，数字经济的发展要求企业建立灵活、透明、协同的组织结构。传统的层级制度和功能部门划分已经不能适应快速变化和高度互联的数字经济环境。企业需要采用更加扁平化和灵活的组织结构，打破部门之间的壁垒，促进信息流通和知识共享。数字化工具和平台的应用可以支持跨部门的协作和协同工作，促进创新和问题解决的合作。数字经济的兴起也带来了企业经营模式的变革，传统的线下业务逐渐向线上转移，企业需要通过电子商务平台和数字化渠道来拓宽销售渠道和增加市场份额。同时需要借助大数据和人工智能等技术，深入了解客户需求和行为，个性化定制产品和服务，提升用户体验和满意度。数字化的经营模式也使得企业能够更好地实现供应链的优化和整合，提高供应链的透明度和效率。在价值变现方面，数字经济为企业提供了更多的商业模式和创新机会。数字化平台和技术为企业提供了探索新商业模式的平台，如共享经济、平台经济和订阅服务等，从而实现多元化的价值创造和收益模式。数字经济还鼓励企业从传统的产品销售向服务提供和解决方案提供转变，为客户提供更全面的价值和解决方案。在资产管理和资源配置方面，数字经济的发展为企业提供了更好的资产管理和资源配置的工具和方法。数字化技术促使企业更好地管理和优化资产配置，提高资源利用效率。数字化平台和智能算法能有效帮助企业进行资源调度和优化，使得资源的配置更加精准和高效。数字经济为企业提供了更多的融资和投资渠道，促进企业的资本运作和创新。数字经济还对企业的资金链条和财务管理提出了新的要求，企业需要借助数字化技术，加强财务数据的管理和分析，实现资金的精细化管理和风险的有效控制。数字化的财务工具和平台可以提供实时的财务信息和报告，帮助企业更好地了解资金流动和财务状况，做出准确的决策和预测。在商品形态和流转路径方面，数字经济推动了产品和服务的数字化转型。互联网和移动技术使产品和服务以数字化的形式呈现和交付，企业可借助数字化平台和电子商务渠道，拓宽产品的市场覆盖和销售渠道。

在数字经济时代，财务部门需要转向大数据化的方向。传统财务虽然处理的数据量相对较小，主要集中在会计核算和报表编制上，但随着数字化技术的发展和数据的快速增长，财务部门意识到利用大数据进行分析和决策支持的重要性。大数据具有三个关键特征，即数据量大、速度快和多样性。财务部门通过引入大数据分析技术，可以更全面、准确地了解企业的财务状况和运营情况。收集、整合和分析大量的内部和外部数据，财务人员能灵活揭示出企业的发展趋势、模式和关键驱动因素。例如，财务人员可以通过对销售数据、市场趋势和消费者行为的分析，预测产品的需求量和价格变动，为企业制定精确的销售策略和定价策略提供支持。

财务大数据化是指将外部大数据和内部大数据应用于财务决策和管理过程中的一种趋势，外部大数据化是指利用宏观环境和行业信息的大数据来进行分析和参考。在数字经济时代，大量的宏观环境数据和行业数据可以通过互联网和其他数据来源进行采集和分析。财务部门可以利用这些外部数据来了解市场趋势、竞争态势、消费者行为等信息，从而更好地预测和决策。例如，通过分析宏观经济指标和行业数据，财务部门可以判断市场需求的变化趋势，以便调整产品定价和销售策略。内部大数据化则涉及企业内部各类资源和资产的协同和赋能。随着企业内部业务系统和数据采集工具的发展，财务部门可以获得更多的内部数据，如销售数据、财务数据、供应链数据等。通过对这些数据的整合和分析，财务部门可实现对企业运营情况的实时监控和分析。例如，财务部门通过内部大数据化来了解销售趋势、产品利润率、资金流动状况等关键指标，从而及时做出预警和决策。财务大数据化的核心目标是通过数据的采集、整合和分析，提供更准确、及时、全面的财务信息，以支持企业的决策和管理。在实践中，财务部门可以利用大数据技术和工具，如数据挖掘、机器学习和人工智能等，对数据进行分析和建模，从中发现隐藏的规律和趋势，为企业的战略制定和业务优化提供支持。

第二节　数字化财务对企业综合价值的提升

财务管理数字化转型为企业带来了较大的效益，主要是以数字化充分反映财务的一切信息，及时为企业管理层决策提供强有力的支撑。数字化信息系统充分实现了数据的收集、分析、反馈与应用，进而助力企业效率的有效提升，使得数字化的成果得以及时呈现。

一、数字化财务对企业综合价值的体现

（一）企业工作更加精确

在数字化系统中，企业可以获得多种数据池，如制造数据、供应链数据、智能数据、财务数据和经营数据等，数据的集成和分析可以为企业的运作提供更加精确的支持。制造数据的应用可以帮助企业实现生产

过程的精确控制和优化，使企业实时监测和分析生产线上的各项数据，如设备状态、生产效率、产品质量等，帮助企业及时发现生产过程中的异常情况，并采取相应的措施进行调整和改进。例如，通过制造数据分析，企业可以确定生产线上的瓶颈环节，优化生产计划，提高生产效率和产品质量。供应链数据的应用可以提高企业的供应链管理和物流运作的精确度，数字化系统可以实时追踪供应链中的物流信息、库存状况、供应商绩效等数据，并通过分析和预测来优化供应链的运作。例如，通过供应链数据的分析，企业可以准确掌握供应商的交货时间、产品质量等关键信息，从而及时调整采购计划和库存管理，避免供应链断裂和库存积压的问题。智能数据的应用可以提升企业的智能化运营和决策能力，智能数据包括各种传感器、设备和物联网技术所收集的数据，为企业提供实时的环境和设备状态信息。企业对智能数据加以分析，可以实现设备的远程监控和预测维护，减少设备故障和停机时间。智能数据还可以用于产品的智能化追踪和管理，为企业提供更加个性化和定制化的服务。财务数据和经营数据的应用可以帮助企业实现精确的财务管理和经营决策，数字化系统能帮助企业实时获取财务数据，如销售额、成本、利润等，以及经营数据，如市场份额、客户满意度等。这些数据可以帮助企业及时了解经营状况，进行财务分析和预测，支持决策的制定和执行。例如，通过财务数据和经营数据的分析，企业可以评估产品的盈利能力，优化产品组合和定价策略，提高企业的竞争力。

（二）保证研发数据与方案的可行性

数字化研发可以提供准确的产品参数和配方管理，企业可以借助数字化信息系统，将产品的参数、配方、配比等关键数据进行数字化记录和管理。这样一来，研发团队可以随时查阅和核对产品的具体参数，确保研发过程中的数据准确性和一致性。数字化研发可以借助外部市场产品的对比，提供改良的参考，数字化信息系统有利于企业获取外部市场上类似产品的相关信息，包括竞争对手的产品参数、性能指标等。研发团队可以将这些数据与自身产品进行对比和分析，找出差距和改进的空间。如此，企业可以及时调整产品研发方向和策略，提供更加符合市场需求的产品。数字化研发还可以提升研发方案的可行性，数字化信息系统能使研发团队进行模拟和仿真实验，评估不同方案的效果和风险。数字化研发可以帮助团队快速验证各种研发方案的可行性，并及时进行调整和优化。那么企业可以在产品上市之前就对其性能、质量和可靠性进行全面评估，降低开发过程中的风险和不确定性。

（三）开展互联网端远程营销

数字化营销为企业提供了更广阔的市场覆盖和更高效的推广手段，使企业能够与目标受众直接进行互动和沟通。数字化系统提供了丰富的线上平台和工具，企业能够在互联网上建立自己的品牌形象和推广渠道，建立企业网站、社交媒体账号、电子商务平台等线上渠道，展示和推广企业产品和服务。[①] 数字化营销使得企业可以借助搜索引擎优化、社交媒体广告、电子邮件营销等手段，将产品信息传播给潜在客户，并与他们进行互动和交流。

（四）数字化财务推进企业合规化、合法化

企业在进行各项决策时，必须遵守法律、法规和税务的管理规定，以确保业务运营的合规性和合法性。数字化系统记录和处理企业的财务数据可以使企业及时获得各项财务指标和报表，准确了解企业的财务状况，从而为企业合规化提供了坚实的基础，也能满足法律和税务机构对财务报告的要求，确保财务信息的透明度和准确性。数字化财务系统通过与律师、会计师及税务局等机构的有效连接，能够为企业提供合规合法的建议和意见。数字化系统可及时更新法律、法规和税务政策的变

① 王利萍，吉国梁，陈宁．数字化财务管理与企业运营[M]．长春：吉林人民出版社，2022：98.

化，并将其纳入企业的财务处理和决策过程中。当企业面临涉及法律和税务方面的问题时，数字化财务系统能够与相关专业人员进行交互和协作，共同分析和解决问题，确保企业在各项决策中符合法律和税务的要求。数字化财务系统还可以通过内部控制的建立和执行，帮助企业建立健全合规管理体系。数字化系统能够对企业的财务流程和操作进行监控和审计，确保各项操作符合合规要求。数字化系统的内部控制机制，能使企业识别和纠正违规行为，减少风险和损失，提高合规管理的效率和准确性。

（五）数字化财务助力数字化决策

数字化财务在助力企业的数字化决策方面发挥着关键作用，利用数据池和分析工具，数字化财务能够有效筛选和加工海量的数据，将其转化为高价值的资产，为企业管理层提供准确、及时的数据支撑，便于决策的制定和执行。

二、数字化财务助力企业价值提升的步骤

（一）实现技术与管理融合

在当今数字化时代，企业需要利用数字化重新定义商业模式，并加强对数字化建设的投资。数字技术的迅猛发展和普及给企业带来了巨大的机遇和挑战，而将数字技术与管理融合起来，可以为企业创造持续发展的基础。

（二）建立高效的组织架构

在数字化转型的背景下，建立高效的组织架构成为企业必须面对的重要课题。传统的组织架构往往过于僵化，无法适应快速变化的市场需求和技术创新，因此，促进组织流程再造，构建高效的组织架构成为数字化转型的重要任务之一。

（三）形成新型市场盈利模式

充分利用数字化体系，形成良好的数字流转对企业长期发展产生了极大程度上的影响。在数字化转型的过程中，企业可以通过数字化技术和平台，实现信息的高效流动和共享，从而形成全新的价值创造方式，探索新型的市场盈利模式，并获得更大的价值。

三、数字化财务系统推动财务从服务中心转向管理中心

数字化财务系统的建立旨在提高会计核算能力，但其作用绝不仅限于此。通过深度开发数字化财务系统，可以实现从服务中心向财务管理中心的转变，并为企业管理者提供更全面、准确的决策支持。传统财务管理主要集中在对财务信息的分析和利用上，以此为基础进行未来的预测。然而，现代数字化财务系统的发展已经扩展了财务管理的范围，涵盖了诸如收入分成、成本分摊、多维度的投入效益管理、经营分析、全面预算管理以及成本费用管控等核心内容。数字化财务系统使得企业可以获得财务管理所需的数据积累，并且能够采集到财务数据以外的业务数据，这是实现转变的基石。财务人员利用预设的规范和数据抓取软件对采集到的数据进行加工处理，并进行管理分析，以便提交各类管理报表，并为企业提出优化和改进的方案。收入分成和成本分摊是财务管理的重要环节，数字化财务系统利于企业跟踪和分析收入的来源和分配情况，实现公平合理的收入分成。成本分摊可以帮助企业了解各项成本的分配情况，并对其进行合理的分摊，从而更好地控制成本和提高盈利能力。多维度的投入效益管理是现代数字化财务系统重要组成，财务人员可以进行系统化的数据分析和报告功能，深入研究不同投资项目的回报率和风险，并为决策者提供有力的支持，有助于企业评估不同投资决策的效果，并进行更精确的资源配置。数字化财务系统还能够进行经营分析和全面预算管理，以及成本费用管控。通过系统化的数据分析，财务

人员可以监控和控制企业的经营情况，并及时发现并解决潜在的问题。全面预算管理可以帮助企业制订全面的预算计划，并进行跟踪和分析，以确保企业在预算范围内运营。不仅如此，成本费用管控可以帮助企业实现成本的控制和优化，提高企业的竞争力。

四、数字化财务系统由成本中心转向利润中心

数字化财务系统的应用使得财务部门能够从成本中心转变为利润中心，并为企业创造更大的价值。战略部署可以使企业建立市场化的财务系统。例如，设立法人主体的财务共享中心，定位为集团子公司或分公司的财务核算服务商。此类共享中心可以为企业内部提供标准化、流程化的财务核算和管理服务，并根据不同需求进行方案补充设计，提供个性化服务。随着条件成熟，财务共享中心可以将其专业化管理推向市场，为行业内或跨行业、上下游相关企业提供财务共享服务。建立财务共享中心的优势在于其具有丰富的内部管理经验，拥有成熟的内部运营基础和客户资源，使得财务共享中心在提供服务时拥有较强的专业能力和抗风险能力。向外部提供财务共享服务并收取相应的服务费用，财务共享中心能够更好地发挥经济实体的功能，实现利润的增长。

财务共享中心的市场化运作对于企业和其他组织而言均带来了诸多益处，首先，可以实现资源的有效整合和优化利用，企业能够集中管理和提供财务核算服务，节约人力、物力和财力，降低成本并提高效率。其次，财务共享中心的专业化管理和丰富的经验可以提供高质量的财务服务，帮助企业更好地理解和分析财务数据，为决策提供有力支持。此外，财务共享中心还能提供标准化的报告和管理流程，确保财务信息的准确性和一致性，提高整体管理水平。

五、数字化财务系统向利润中心转变应具备的条件

为了实现成本中心向利润中心的转变，财务中心应具备以下条件。

（一）明确的战略目标

明确的战略目标有助于指导财务共享中心的运营和发展，可以帮助确定财务共享中心所要提供的服务范围和定位，可以专注于开展与财务核算和管理相关的服务，如财务报表编制、预算管理、成本费用管控等。这样能够提供高质量的专业服务，并满足客户的需求。明确的战略目标可以帮助财务共享中心制定相应的发展策略和规划，根据目标可以制定长期发展规划，包括人员组织建设、技术平台建设、市场拓展等方面。根据战略目标的要求，提前规划资源投入和发展路径，确保能够实现预期的业务增长和效益提升。明确的战略目标还可以帮助财务共享中心与其他部门和组织保持良好的协同合作关系，当各方都清楚共享中心的定位和目标时，可以更好地理解其提供的服务，并与其进行有效的沟通和协调，有助于促进信息共享、资源整合和合作创新，进一步提升整体组织的综合竞争力。在确定战略目标时，财务共享中心应该充分考虑企业的整体发展战略和需求，与其他部门进行紧密的协商和沟通，结合市场环境和竞争情况进行分析和评估，确保目标的合理性和可行性。财务共享中心应该建立有效的绩效评估机制，对目标的达成情况进行监测和评估，并根据需要进行调整和优化。

（二）建立健全与委托方的结算模式

建立健全的结算模式是财务中心与委托方之间合作的关键，在设立初期，财务中心的主要服务对象是集团内各分支机构或子公司。因此，财务中心需要充分考虑与委托方的结算费用问题，并确保费用的公平合理性。在建立结算模式时，财务中心可以采用全成本核算方式，从互利

共赢的角度来进行费用分摊。财务中心应按照实际发生的成本来计算，并将费用分摊给各委托方。具体的分摊方式可以参照市场成本法，即参考类似行业的同等服务价格进行分摊。确保分摊的费用具有市场公平性，既满足财务中心的运营成本，又为委托方提供合理的费用结算依据。另一种常见的分摊方式是按标准配置法，即根据委托方自主配置财务团队所需费用，并按一定的折扣率计算出委托财务中心的价格。这种方式充分考虑了委托方的自主决策权，更确保了财务中心的收入稳定性。还有一种分摊方式是按资源使用法进行计算，考虑了委托方占用财务中心的各种资源，包括人员成本、专属设备和共享设备的分摊成本（如按折旧额计算），以及配置的管理成本、间接费用等。通过综合考虑这些因素，可以计算出委托价格，并确保财务中心能够覆盖相关的成本。建立健全的结算模式有助于财务中心与委托方之间的合作顺利进行，还能够提升服务质量和客户满意度。在制定结算模式时，财务中心应当充分了解委托方的需求和预算限制，通过积极沟通和协商，确保费用分摊的公平性和合理性。财务中心还应建立完善的结算制度和相应的监控机制，对结算过程进行监督和审核，确保结算的准确性和透明度。

（三）运营成本可管控

为了有效管控运营成本，财务中心在建设过程中需要设置合理的组织架构，并根据系统建设的不同阶段来投入人力资源，确保人力资源的合理利用，并减少不必要的成本支出。在人员的聘用方面，财务中心应根据业务需求和发展阶段，灵活地招聘适合岗位要求的人才，确保组织结构的合理性，避免因过多或过少的人员而导致的资源浪费或工作压力过大。在与委托方的业务委托中，财务中心可以通过加强协同效应，提高工作效率和质量，从而减少运营成本。通过与委托方密切合作，财务中心可以更好地理解委托方的需求，并提供符合其要求的财务服务，协同作用可以减少重复工作和资源浪费，从而降低运营成本。

（四）具备市场开拓能力

为了具备市场开拓能力，财务中心需要充分发掘自身的优势，并利用这些优势吸引并服务潜在客户。财务中心可以依托自身的技术优势和专业知识优势，提供高质量的财务服务，不断提升技术水平和专业能力，建立起良好的声誉和口碑，从而吸引更多的客户。相比于企业自行组建财务团队，委托财务中心可以有效控制人力成本，避免了长期雇用和培训人员的费用，使客户能够以更低的成本获得高质量的财务服务。管理优势包括高效的业务流程、规范的操作规程和灵活的服务模式，通过运用先进的管理工具和方法，提供全面而精准的财务服务，满足客户的需求。财务中心可以深入了解行业的特点和需求，并根据行业的不同特点，提供定制化的财务服务。特别是针对中小型企业，他们通常注重开发成本，更倾向于将财务业务委托给专业的财务中心，以获得高质量的服务。财务中心在市场开拓中也可以考虑与同行业或上下游企业进行合作，与企业建立合作伙伴关系，共同开发市场，共享资源，并为客户提供更全面的解决方案，有助于扩大财务中心的市场份额，并增强其在行业中的影响力。

六、立足于价值体现，规划财务数字化系统

为了实现企业综合价值，财务数字化系统应认真做好下面几项规划。

（一）应用层规划

为了实现数字化财务系统的应用层规划，财务部门需要以企业的长远利益为出发点，从底层数据池着手，将数字化系统的实际应用贯穿到企业的各个环节中。所以，需要在销售、采购、供应链、财务、资金、合同、项目管理、仓储、物流等方面进行分类清晰的设计，并明确授权和权限。在数字化系统的设计中，关注点应放在各个子系统和模块之间

数据的互通和接口的连接上。核心数据、产品数据、人工数据、BOM 单据、客商数据、银行账号等关键数据应被整合成主数据进行管理，并进行统一编码、统一语言和统一规则的处理。此类数据池建设使得数据能够无缝流动，为后续的数据整合提供了便利。整合和统一管理核心数据，消除了数据冗余和不一致性的问题，确保了数据的准确性和一致性，为企业的决策制定和业务流程提供了可靠的数据基础。数据的互通和接口的连接能使不同部门和业务流程之间可以更加高效地共享数据和信息，促进了团队合作和跨部门的协同工作，提高了工作效率和减少了重复劳动。统一的数据管理和规范化的数据格式，可以更方便地进行数据的提取、整合和分析，为财务部门提供更深入的洞察和决策支持。最重要的是，应用层规划和数据池的建设是数字化财务系统实现全面数字化转型的基础，为企业提供了一个集成化的数字化平台，实现了不同系统和业务流程之间的无缝连接和协同工作，使得数字化财务系统成为企业管理的核心支撑和决策驱动力。

（二）智能合约规划

智能合约是基于区块链技术的一种智能化合约形式，具有自动执行、不可篡改、去中心化等特点。在财务系统中，智能合约可以用于自动化执行财务交易和合作协议，确保交易的透明性和可靠性，减少人为错误和纠纷的可能性。通过智能合约，企业与合作伙伴之间的合作流程可以更加高效和安全。智能合约规划应考虑到各种可能的合作场景和交易情况，以确保合约规则能够准确地描述和执行各种业务流程，合约规则应包括各方的权利和义务、交易条件、支付方式、交付标准等方面的内容。智能合约应能够与财务系统中的数据进行实时交互，并确保数据的准确性和安全性，合约执行过程中产生的数据应及时更新到财务系统中，以便进行财务分析和报告。智能合约应具备自动化执行的能力，能够根据预设的条件和规则自动执行各项交易和合作协议。还应建立相应的监督机制，确保合约的执行符合法律法规和合规要求。随着业务环境的变化，合作关系和合作条款可能需要进行调整和更新。因此，智能合约应具备灵活的更新和变更机制，能够满足合作双方的变化需求。

（三）数字中台规划

在数字化财务系统中，数据是核心资源，而数字中台的作用就是将各个系统产生的数据进行整合，构建统一的数据架构和共享平台。数字中台能够将分散的数据集中管理，进行数据抽样和处理，为企业提供一致、准确、可靠的数据素材，为财务部门提供了更好的数据基础，搭建合适的数字中台，为企业提供基础的IT素材和资源包，使其能够进行深入的数据分析和决策支持。

（四）人才储备规划

财务数字化的成功实施不仅依赖于先进的技术和系统，还需要具备高素质的人才队伍来驱动和支持。人才储备规划应着眼于员工的自我学习和提高，以培养具备与公司业务结合的能力和专业素质的人才。鼓励员工积极主动地进行学习和自我提升，提供培训课程、知识分享平台和学习资源，激发员工的学习热情，使他们能够了解最新的财务数字化技术和行业趋势。

第三节　数字化财务提升财务分析能力与数字分析能力

财务分析是对财务数据的评价、解释和预测，财务分析能够揭示企业的财务状况、经营成果以及可能存在的风险。投资者和债权人是财务数据的主要使用者，他们依靠财务分析来评估企业的价值和潜在回报，以做出投资和融资决策。随着数字化财务的发展，大数据技术的应用为财务分析提供了更强大的数据分析基础和管理价值。大数据的出现使得企业可以获取更多、更全面的数据，包括传统财务报表数据以及交易数据、客户数据、市场数据等多维度的信息，这些数据的积累和整合为财务分析提供了更准确、更全面的基础。通过大数据技术的应用，企业可以进行精准营销。企业对大数据进行分析可以深入了解客户的需求、偏好和行为，实现精准定位和个性化营销。企业可以利用大数据分析，将产品和服务精准地推送给潜在客户，提高市场反应速度和销售效果。

一、数字化财务提升财务分析能力

（一）数字化财务分析的优势

1.账务分析更快捷、全面

传统财务分析在处理财务报表和信息时，面临着许多挑战和限制。手工处理财务数据耗时且容易出错，尤其在数据量大、公式烦琐的情况下更加明显。此外，传统方法往往局限于单一维度的分析，无法全面把握企业的财务状况和经营趋势。随着数字化财务的引入，财务分析迎来了全新的变革。数字化财务系统通过引入自动化处理和数据整合技术，使财务分析变得更加快捷、简便、全面。财务人员可以利用预设规则和多维度分析模型，对财务数据进行快速全面的分析，生成有价值的财务分析报告，这些报告可以包括趋势分析法和比率分析法等常用方法，用于评估企业的财务状况、经营动态以及资源配置情况。

趋势分析法是一种常用的财务分析方法，通过比较不同时间点的财务数据，揭示企业财务和经营的动态变化和趋势。数字化财务系统能使财务人员轻松地提取和比较不同期间的财务数据，包括收入、利润、现金流等，以发现企业的增长趋势、季节性变化和周期性波动等信息，有助于财务人员更好地评估企业的盈利能力、经营稳定性和财务健康状况。比率分析法是另一种常用的财务分析方法，通过计算和比较不同财务指标之间的比率关系，评估企业的资产负债结构、财务杠杆、盈利能力和效率等方面的合理性。数字化财务系统可以自动计算和分析各种财务指标的比率，如资产负债比率、流动比率、净利润率、总资产收益率等。通过比率分析，财务人员可以深入了解企业的财务状况和经营绩效，帮助他们识别潜在的风险和机会，并提出相应的管理建议。数字化财务分析不仅提高了分析的速度和准确性，还扩展了分析的维度和深度。财务人员可以利用数字化系统获得更全面、多样化的数据，包括财务报表数据，并且可以结合市场数据、客户数据、竞争对手数据等进行综合分析，使得财务分析能够更好地揭示企业的内外部环境对财务绩效的影响，并为决策者提供更全面、准确的信息支持。

2.提供管理改进的建议

数字化财务利用大数据分析的能力，对大量的财务数据进行深入分析，能够识别和发现企业管理中存在的弱点，并提出相应的改进建议。分析数据可以揭示管理流程中的瓶颈和延迟，确定流程中的弱点，并提出相应的改进方案。例如，通过对采购和供应链数据的分析，财务团队可以发现是否存在物料采购的延迟问题，是否有过多的库存积压等情况。基于这些数据分析结果，他们可以与相关部门合作，优化采购流程，提高供应链的效率和准时交付率。通过分析大数据，财务团队可以发现导致成本增加或收入下降的因素。例如，通过对原材料供应商的价格变动进行分析，财务团队可以了解原材料价格的波动情况，并探索背后的原因，如市场供求关系、外部环境变化等，利于企业更好地应对供应链风险，优化采购策略，并合理预测成本和利润。挖掘大数据中的关联性和趋势，财务团队可以发现业务部门之间的协同机会和潜在的效率改进点。例如，通过对差旅费用的分析，财务团队可以发现差旅集中发生的城市，并建议业务部门使用租房方式替代酒店住宿，从而节约差旅费用。基于数据的决策和管理优化，可以帮助企业提升绩效和降低成本。

3. 修补业务流程的缺陷

企业普及数字化财务后，财务管理变得更加前瞻和全面。作为企业成本费用的重要指标和业务流程的关键节点，财务数据的分析可以帮助发现和解决业务流程中存在的缺陷和问题。以差旅流程为例，财务通过数据分析可以实现差旅前置化管理，进一步提升效率和降低成本。在传统的财务管理模式中，差旅费用往往是在业务部门发生后才由财务进行报销和核算。然而，通过数字化财务系统，财务可以在业务发生前就开始参与管理流程。财务团队对数据的分析，可以识别差旅流程中的痛点和问题，并提出改进方案。例如，通过分析历史差旅数据，财务团队可以发现差旅集中发生的城市、出差时长、费用分布等关键信息。基于这些洞察，他们可以与业务部门合作，制定更加合理的出差政策和预算控制措施。

4. 提供供应商诚信调整参考

在传统的供应链管理中，供应商的诚信度和支付准时性一直是企业关注的焦点。财务数字化平台的实施，可以使企业实时监控供应商的结算情况，并根据供应商的历史诚信记录设定相应的结算方式和进度。数据分析和预警机制能帮助企业及时发现供应商结算异常情况，如延迟付款、违约行为等，从而采取相应的措施进行调整和管理。财务数字化平台提供了供应商结算数据的实时监控和分析功能，企业可以通过对供应商结算数据的整合和分析，了解供应商的结算偏离情况。例如，通过分析供应商的结算周期、付款准时性、资金流动等指标，企业可以评估供应商的信用状况，并对供应商的结算方式和进度进行相应的调整。在发现供应商诚信度有偏离时，企业可以采取灵活的措施，如调整收付款进度、改变合作模式、增加履约保证金等，以最大限度地保障企业的资金安全和稳定。

5. 为内部部门与员工诚信评级及绩效考核提供参考

通过数据的汇总和分析，企业可以发现哪些部门存在违规现象较多。例如，通过分析财务数据和相关业务数据，可以发现某些部门在成本控制、财务报告准确性、合规性等方面存在较多的违规情况。企业可以通过数字化财务平台提供的数据分析功能，对这些部门进行重点监测和管理，加强对违规行为的监督和纠正。数字化财务平台还可以帮助企业评估业务员的诚信状况，分析业务员的申报数据的真实性比例等指标，评估业务员的诚信水平。有关数据可以作为业务员绩效考核的一个重要维度，为个人绩效核定提供依据。诚信度较高的业务员可以得到相应的认可和奖励，而诚信度较低的业务员则需要进行相应的纠正和培训，以提升其诚信水平和业务素质。在发现问题所在时，企业需要分清问题的客观原因和主观原因。企业可以通过数据分析辨别出违规行为背后的原因是系统问题、流程问题还是个体行为问题，有助于企业进行有针对性的改进措施。例如，优化内部流程、加强内部控制，或进行个体员工的培训和引导。同时还可以依据数据分析的结果，对企业内部的各个部门和个体进行信用评级，以识别潜在的风险因素，并采取相应的管理措施。

6. 提高成本费用的管控能力

数字化财务管理模式的集权特点使企业能够集中管理和控制成本费用，数字化财务系统能促进各机构和子公司的财务数据可以集中收集、整合和分析，使得企业能够快速准确地了解各个部门和子公司的成本费用情况，发现问题和潜在风险，并采取相应的管理措施。统一管理成本费用，企业可以实现更加有效的成本控制和资源配置，提高整体的运营效率和盈利能力。数字化财务系统提供了一套标准的财务管理规则和流程，使各个子公司和部门在财务管理方面高度一致。标准化的财务管理方式可以帮助企业确立统一的成本费用标准，减少因管理差异而带来的混乱和不公平。数字化财务系统提供了统一的数据采集和报表生成功能，使得各个部门和子公司的财务数据更加规范、准确和可比较，有助于企业进行绩效评估和决策制定。

（二）数字化财务对分析能力的要求

数字化财务对于企业财务人员的分析能力提出了以下几点要求，即充分利用数字化平台获取足够的数据，将财务分析细化，从而有效解决内部资源的问题；不仅从数字化平台提取内部数据，还应从外部广泛收集并挖掘数据，包括行业、主管部门等方面的数据；应适时对数据进行收集与汇总，在线更新与补充、在线服务支持、在线分析；等等。

（三）数字化财务分析关注的重点

分析客户付款行为，可以了解客户的信用等级，并评估其信用风险。对客户的付款逾期情况、欠款金额以及付款方式等信息加以分析，可以预测客户的信用额度对企业收入的影响，有助于企业在与客户合作和交易时更好地管控风险，制定合理的信用政策和措施。财务分析还可以开展事前、事中和事后的风险分析，事前风险分析主要通过评估企业面临的各种风险因素，如市场风险、信用风险和操作风险等，制定相应的风险管理策略。事中数据分析则是在经营过程中监测和分析数据，及时发现和纠正风险，确保企业的经营稳定性和可持续发展。事后业绩分析则是对企业的财务绩效进行评估和分析，帮助企业总结经验教训，优化经营策略和决策。财务分析还可以利用非结构化和半结构化数据，挖掘相关性，并提炼财务分析的证据。运用数据挖掘和机器学习技术，可以发现财务数据背后的隐藏关系和规律，辅助企业做出更准确的决策。例如，通过分析销售数据和市场趋势，可以预测产品销售的趋势和需求变化，为企业的市场营销和生产计划提供依据。引入目标标准、行业标准和历史标准，是财务分析中常用的方法之一。将企业的财务指标与预设的目标、行业标准和历史数据进行比较，评估企业在财务绩效方面的优劣势，并找到改进的方向。横向比较可以帮助企业了解自身在同行业内的相对位置，纵向比较可以评估企业在不同时间段的发展情况，从而获得企业发展的经纬度。细分财务各项指标，关注其所占比例，也是财务分析的重要内容。对企业成本分布的合理性和资源资产分配的有效性进行评价，从而发现资源的浪费和利用不充分的问题，并提出相应的改进建议。例如，通过分析成本结构和成本占比，可以确定成本控制的重点领域，优化资源配置，提高企业的运营效率和盈利能力。财务分析应当与预算计划相结合，考核财务各项指标的完成程度和执行进度，以动态调整和规划企业的财务管理。与预算计划的对比和分析，可评估企业在财务目标的实现上的情况，并及时采取措施进行调整和优化。从而使企业在财务管理过程中保持灵活性和敏捷性，以应对不断变化的市场环境和经营需求。

（四）财务分析的对标标准

财务分析有着明确的标准，通过对比能够鉴别出优劣，通常而言，对标标准如图 4-1 所示。

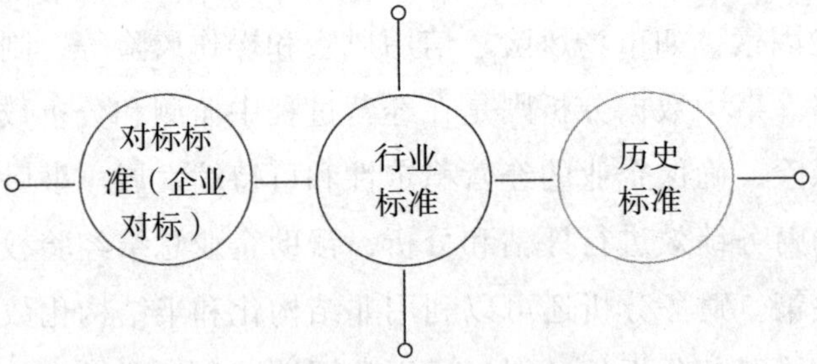

图 4-1　企业财务分析的对标标准

（五）数字化财务分析目标

在当今数字化时代，企业越来越依赖数字化数据进行决策和规划。在财务分析中，传统的财务指标和方法已经无法满足企业对全面、准确的信息需求。因此，强化数字化数据提取的便捷性成为财务分析的重要目标，应采取具体的措施和方法，以实现这一目标。企业需要最大限度地综合不同的大数据，并广泛搜集相关信息，形成数据库。数据采集、清洗和整理，可将各种数据源的信息统一汇总到一个数据库中，提供一个全面且准确的数据基础，为后续的分析和挖掘提供支持。针对数据库中的数据，可以利用数据挖掘和分析技术，发现并推断未知的关系，预测发展趋势。数据挖掘可以通过机器学习算法和统计分析方法，从海量数据中发现隐藏的模式和规律。挖掘数据中的关联性和趋势，企业可以获得更深入的洞察，并为未来的决策提供有力支持。基于数据分析的结果，结合实际情况，企业可以得出相关的结论，并将其应用于实际决策中。数据分析不仅是为了获得信息，更重要的是将其转化为有实际应用价值的见解。企业对数据的深入理解和分析，可以做出明智的决策，优化业务流程，提升绩效。另外，分析一段时间内的数据，并交叉引用不同的数据集，可以研究两者之间的关系。比较不同时间段的数据，企业可以观察到业务活动的变化和趋势，并识别可能的因果关系，比较不同来源的数据也有助于确认数据的一致性，并发现数据中的差异和潜在问题。从数据中提取信息，并进行趋势和行为模式的预测，以适应市场的变化和机会的出现。

（六）SWOT 分析法在数字化转型的财务场景中运用

企业战略分析是在复杂多变的商业环境中制定战略决策的重要过程，结合客观、全面的分析，企业能够识别内部和外部因素对业务的影响，并找到合适的发展路径。战略分析主要从方案吸引力和企业匹配度两个角度进行评估，以确保战略决策与企业的能力和可行性相匹配。一种常用的战略分析方法是 SWOT 分析法，以内部优势（Strengths）、劣势（Weaknesses）和外部机会（Opportunities）、威胁（Threats）为基础，综合考虑这些因素的影响系数进行定性或定量的分析，得出结论。SWOT 分析法可以帮助企业全面、系统、准确地研究其所处的情景，并制定相应的发展战略、计划和对策（见图 4-2）。

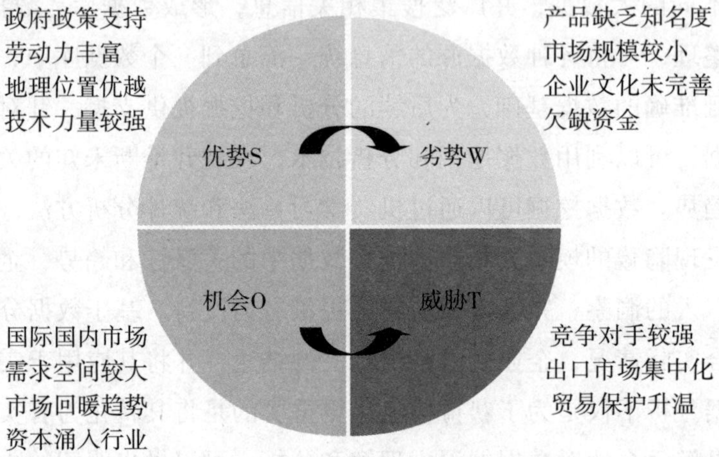

图 4-2 SWOT 分析模型

SWOT 分析法是一种综合分析方法，综合考虑了企业内部因素和外部条件。该方法的创始人海因茨·韦里克通过整合竞争理论和能力学派理论，以系统的思维方式将这些零散因素相互匹配起来进行综合分析，形成了结构化的平衡系统分析体系。

1.SWOT 分析法的基本特点

在结构化方面，SWOT 分析法通过构建 SWOT 矩阵，将企业的内部优势、劣势和外部机会、威胁划分为不同的区域，为分析提供了明确的框架和结构。这种结构化的方式使得分析过程更加有条理，便于厘清各个要素之间的关系。SWOT 矩阵由四个象限组成，包括内部优势（Strengths）、内部劣势（Weaknesses）、外部机会（Opportunities）和外部威胁（Threats）。在这个矩阵中，企业可以将其内部的优势和劣势与外部的机会和威胁进行对比和匹配，从而得出战略分析的结果。SWOT 分析法在内容上也强调了结构化的分析方法，要求分析人员对企业的外部环境和内部资源进行全面的分析，包括市场趋势、竞争态势、技术创新、组织能力、人力资源等方面。对这些要素进行系统性的分析，可以识别出企业的优势和劣势，抓住机遇，应对威胁，为战略决策提供有力的支持。SWOT 分析法的结构化和系统性特征使得企业能够更加全面地了解自身的优势和劣势，同时也能够更好地把握外部环境的机遇和威胁。将这些要素进行对比和匹配，企业可以制定出适应当前市场环境的战略方向。

2.SWOT 分析法的操作步骤

SWOT 分析法通常被用于辅助企业制定发展战略以及分析竞争对手的情况，主要可以从下面两个方面对该方法进行分析：

（1）环境因素分析

战略分析是一个综合考虑外部环境和内部能力的过程，旨在为企业的战略制定和决策提供有力支持。外部因素和内部自身能力因素是战略分析中两个重要的维度，两者相互影响并共同决定企业的竞争优势和战略定位。外部因素是指企业所处的宏观环境、市场特征和用户行为等外部变量，在分析外部因素时，企业需要关注市场趋势、竞争态势、政策法规、技术发展等方面的信息。对于机会而言，企业应该识别市场中的机会点，如新兴市场、技术创新、政策支持等，以抓住市场机遇。而对于威胁而言，企业需要警惕市场竞争、市场饱和度、法律法规变化等因素带来的潜在风险。企业可以通过综合分析外部因素，把握市场趋势，识别机会与威胁，并为战略制定提供依据。内部自身能力因素是指企业在战略分析中需要评估的自身资源和能力，企业的优势可以包括技术优势、品牌声誉、供应链管理、人力资源等方面的优势。企业可以通过对内部优势的分析，确定自身的核心竞争力和差异化战略，企业还需要识别内部的劣势，如财务状况、生产效率、营销能力等方面的劣势，并制定相应的改进措施。全面评估内部自身能力，从而了解自身的实力和潜力，为战略制定提供内部支撑。

内部因素主要涉及组织机构自身的优势和劣势，而外部因素则是来自环境中的机会和威胁。深入分析这些因素，企业可以制定相应的战略方向和应对措施。内部优势是组织机构在战略分析中的有利条件，包括多个方面。有利的竞争态势使企业能够在市场竞争中占据优势地位，充足的资金来源为企业提供了发展的资本基础，良好的企业形象和市场声誉赢得了客户的信任和忠诚度，技术力量和创新能力使企业能够开发出具有竞争优势的产品和服务，规模经济带来了成本效益和资源优势，产品质量的卓越性和市场份额的扩大都是企业的内部优势，广告攻势有效地提升了企业的品牌知名度和市场影响力。组织机构也面临着内部劣势，在一定程度上限制了企业的发展。设备老化和技术落后可能导致生产效率低下和产品质量下降，管理混乱和缺乏关键技术可能导致决策不准确和市场敏捷性不足，资金短缺和经营不善可能限制了企业的扩张和投资能力，产品积压和竞争力差可能导致销售下滑和市场份额流失。在外部因素方面，机会为组织机构提供了发展的潜力。新产品和新市场的出现为企业开拓新的业务领域和客户群体提供了机会，外国市场壁垒的解除为企业进入国际市场提供了便利，竞争对手的失误也可能为企业争取更多市场份额创造有利条件。组织机构也需要面对外部的威胁，新的竞争对手的进入可能加剧市场竞争，对企业的市场份额构成威胁。替代产品的增多可能降低企业产品的需求和价格，市场紧缩和经济衰退可能导致市场需求减少和销售下滑，行业政策的变化可能对企业的运营方式和市场准入产生不利影响，客户偏好的改变也可能导致企业产品需求的不稳定，突发事件如自然灾害或社会动荡可能对企业的生产和供应链造成严重影响。

（2）构造 SWOT 矩阵

通过调查和分析，企业可以识别出一系列影响因素，包括内部的优势和劣势，以及外部的机会和威胁。对这些因素进行排序时，可以根据其影响程度和风险等级进行评估。那些对公司发展具有重大影响、具有长远影响、具有紧迫性的因素应该排在优先位置，因为这些因素对公司的战略决策具有重要性。例如，市场份额的增长、技术创新、竞争对手的举措等都是具有直接、重要、大量影响的因素，应该置于优先位置。而那些对公司影响相对较小、短暂的因素可以放在次要位置，因为其影响程度相对较低，不会对公司的长期发展产生显著影响，这些因素可能是暂时的市场波动、临时的供应链问题或短期的政策变化等。

3.SWOT 分析法的优缺点

SWOT 分析法是一种常用的战略分析工具，其优点在于能够提供全方位的视角，同时考虑内部和外部因素，帮助企业深入了解自身的优势、劣势、机会和威胁。然而，SWOT 分析法也存在一些局限性和缺点，特别是在数字化财务场景下。

SWOT 分析法的优点在于通过综合考虑内部和外部因素，能够提供全面的分析视角，帮助企业全面了解其优势、劣势、机会和威胁，从而形成全面的战略认知，为决策提供有力支持。SWOT 分析法通过构建矩阵结构，使得问题和解决方案可以在一个系统的框架中同时考虑，进而将战略问题划分为各个要素，使得分析更具条理性和结构性。SWOT 矩阵提供了一种简单的方式来组织和可视化分析结果，使得人们可以清晰地了解各个因素之间的关系和权重，更容易地评估企业的战略状况和制订相应的行动计划。

SWOT 分析法的缺点是在数字化财务场景下存在一定的局限性，传统方法主要关注成本、质量等传统因素，未能充分考虑新兴的数字化因素和组织流程的更新发展。因此，在数字化时代，需要引入新的因素和视角，以全面了解企业的优势和劣势。SWOT 分析法在数据分析方面的依赖度较低，虽然可以通过人工调查和专家意见收集数据，但缺乏数据驱动的分析方法可能导致主观判断和偏见。在数字化财务环境中，充分利用数据分析工具和技术，结合数字化财务数据，可以更准确地评估企业的优势和劣势。SWOT 分析法通常是一次性的静态分析，难以应对快速变化的市场环境和竞争压力。在数字化财务环境中，需要采用更加动态的分析方法，不断更新和调整分析结果，以适应市场的变化和企业的需求。

二、数字化财务提升数字分析能力

数字分析指的是对企业内部以及外部的有关数据进行系统化分析，并且提取出其中的有效信息进行评价，形成分析报告。可以说，数字化财务用数据说话，并且重视数字定量分析，为企业的经营、科学研究等提供了咨询与决策服务。

（一）数字分析的重要意义

1. 数字分析能完整反映状况

数字化时代的到来带来了大数据的兴起，这对企业的数据分析和决策提供了全新的机遇。在财务领域，数字分析能够更完整地反映企业的状况。

2. 数字分析能强化监督作用

随着大数据的产生和应用，企业能够获取更全面的信息，这为监督和执行提供了更强大的支持。数字分析可以提供更客观和准确的数据，完整描述业务的流程和资金流向。企业可以借助数字化财务系统和相关数据平台记录和跟踪各个环节的数据，包括销售、采购、库存、收付款等。这些数据能够反映企业运营的各个方面，并且以数字化的形式存储和呈现，减少了数据的主观性和误差，提高了数据的可信度和准确性。数字分析能够更好地反映经营状况和重要经济指标的完成情况，对数据的分析和比较，从而了解企业在不同时间段和不同业务领域的表现，包括销售增长率、利润率、资金利用效率等关键指标。数字化财务系统可以提供实时的财务数据，使管理层和监督部门能够及时获取和分析数据，从而对企业的经营状况进行监督和评估。数字化财务系统可以标准化数据的收集和记录，确保数据的一致性和准确性。数字分析可以比较实际执行情况与制订的计划和目标之间的差距，从而发现执行过程中的问题和挑战。结合数字化的监督和分析可以及时发现执行偏差，并采取相应的纠正措施，确保企业在执行过程中保持良好的运营状况。数字分析可提供更全面的数据支持，使监督部门能够更好地了解企业的运营情况。监督部门可以通过数字化财务系统，获取到更多的数据细节和相关信息，包括合同、交易记录、支付明细等，为监督部门提供更全面的了解，从而更有效地进行监督和评估。

3. 体现推动科学管理的作用

企业充分利用数字分析所提供的丰富资源和数据，可以更深入地了解事务的内在本质，揭示现象之间的内在联系和规律，为管理决策者提供了更准确的信息和更全面的视角，推动管理科学的实现。数字分析可以帮助管理者深入了解企业的运营和业务流程，从而发现管理存在的漏洞。例如，通过数字分析，可以发现生产线上的制约因素、供应链中的瓶颈以及销售渠道中的效率低下等问题。深入分析有助于管理者更准确地定位问题，并采取相应的改进措施，提高整体运营效率。对大数据的分析，可以发现企业内部的潜在机会和价值。例如，通过对市场数据和客户行为的分析，可以发现新的市场需求和潜在客户群体。数字分析也可以揭示产品或服务的创新机会，以及在供应链中的优化潜力，为企业提供了发展的新动力和方向，促使管理者制定相应的战略和决策，以实现企业的增长和竞争优势。

（二）数字分析的模式与重点

通常来说，企业数字分析基本有两种模式，一种是外包，即委托专业服务机构提供企业数据分析，如新浪与尼尔森公司的合作、长虹与奥维的合作。另一种是在企业内部专门开展有关的数据分析工作，比如中国移动等企业，均是通过自身的数字化平台而进行数据分析。做好数字分析工作也需要在数据平台、数据支持以及数据应用几个方面重点下功夫。

1. 数据平台

企业开展数字分析的关键是建立一个稳定且可靠的数据平台，数据平台是数字化财务分析的基础，打破了企业内部不同部门之间的数据壁垒，实现了数据的整合和共享。企业建立数据平台，能够更好地利用各个系统（如CRM、ERP等）的数据，搭建完善的IT架构，并进行数据的初始化和维护工作。建立数据平台能够整合企业内部的各类数据，包括营销、供应商、财务、生产链、员工、管理等方面的数据。将这些数据整合在一起，企业能够实现全面的数据视图，深入了解不同业务领域的数据关联和影响。例如，通过将销售数据与财务数据关联，企业可以更好地了解销售活动对财务绩效的影响，进而优化销售策略和资源配置。数据平台的建立使得企业能够与外部数据进行连接和交互，除了企业内部的数据，外部数据（如市场数据、行业数据、竞争对手数据等）也是进行数字分析的重要信息源。与外部数据的连接，企业可以获取更全面、准确的市场情报，从而更好地了解市场趋势、竞争态势和消费者需求。

2. 数据支持

企业结合数据平台的整合和分析功能，能够为用户、竞争对手、市场情况和内外部环境等方面提供全面的分析，而分析的结果可以快速发布并按查询权限进行调阅，满足不同用户的需求。数据平台的分析功能帮助企业洞察市场动态、优化竞争策略，把握内外部环境的变化，从而为企业的决策和发展提供准确的数据支持。在数字化时代，建立强大的数据平台已经成为企业获取竞争优势和推动业务增长的关键要素之一。

3. 数据应用

数据不仅是企业运营的基础，也是决策和指导的关键资源。数字分析作为一种基于数据的决策和指导工具，为企业提供了全面的市场洞察力和业务分析能力。其应用范围广泛，涵盖了多个方面的决策和策略制定。数字分析可以用于战略定位和业务选择，对市场机会进行分析和市场定位的研究，企业可以了解自身的优势和劣势，并确定适合自己的战略方向。数字分析能揭示市场的潜在需求和竞争态势，帮助企业选择最具竞争力和发展潜力的业务领域。数字分析在投融资决策中发挥着重要的作用，通过对项目的收益分析和风险评估，企业可以评估投资回报率和项目可行性，从而做出明智的投资决策。数字分析可以提供全面的市场预测和趋势分析，帮助企业降低风险，提高投资效益。数字分析对于营销策略的制定和评估也具有重要意义，企业可以通过对市场份额、产品定价、广告效果、营销渠道等方面的分析，优化营销策略，提高市场占有率和品牌影响力。数字分析还可以评估客户满意度和品牌资产价值，为企业的市场推广活动提供有力的支持和指导。不仅如此，数字分析还可以应用于销售计划、员工考核、市场潜力预测、品牌资产评估等方面。企业对数据的深入分析，能够更准确地制订销售计划和目标，评估员工绩效，预测市场潜力，并评估和改善品牌资产的价值。

（三）建立有效的数字分析模型

1. 元数据

所谓的元数据又被称为“中介数据”“中继数据”，主要应用于描述数据的数据，是描述数据属性的重要信息，用以支持指示存储位置、历史数据等功能。元数据是一种电子式目录，为了有效达到编制目录的目的，必须描述并且收藏数据的内容或者特色，从而达成协助数据检索的目标。元数据的用途是能够提供基于用户的信息，并且能够支持系统对于数据的管理与维护，具体而言，在数据仓库系统中，元数据机制主要支持的系统管理功能如图 4-3 所示。

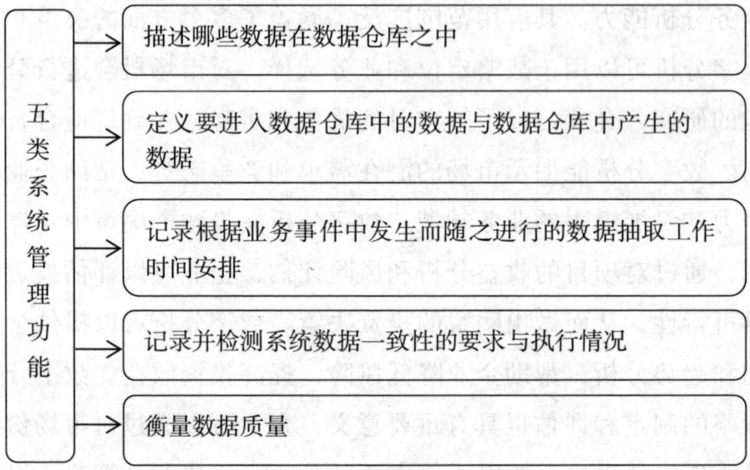

图 4-3 元数据机制主要支持的五类系统管理功能

2.ODS 层

ODS 层（Operational Data Store）是一个在企业数据架构中占据重要作用的数据集合，以面向主题、集成、可变和当前的细节数据为特征，旨在满足企业对实时、操作性和集成性全方位信息的需求。ODS 层的主要目的是为其他逻辑层提供数据，支持企业的数据分析和决策。ODS 层的建立是通过各个系统将业务数据同步到操作性数据 ODS 层中来实现的，此类数据可以通过业务埋点、接口数据等方式从各个业务系统中抽取和集成。因此，ODS 层成为基础数据的来源，为企业提供了一个统一的数据存储和管理平台。在 ODS 层中，通常会包含业务源接口表和对应的 ODS 表。业务源接口表用于接收和存储来自各个业务系统的原始数据，这些数据可能是实时产生的，包含了丰富的业务细节信息。而 ODS 表则是对业务源接口表数据进行加工和整理，保留了数据的操作性和集成性，并与业务系统模型保持一致。通过对数据的加工、清洗和转换，ODS 层可以提供一致性和准确性的数据视图，为后续的数据分析和决策提供可靠的基础。

3.DWD 层

DWD 层（Data Warehouse Detail）是位于 ODS 层和数据仓库之间的一个重要隔离层，主要用于对 ODS 层数据进行数据清洗、规范化和整合，以及构建数据宽表。DWD 层的建立旨在提供更加高效、可靠和灵活的数据支持，满足企业对于决策和分析的需求。由于 ODS 层是操作性数据的集合，其中可能存在一些脏数据、重复数据或不一致的数据。DWD 层通过数据清洗的过程，对数据进行去重、筛选和修复，确保数据的准确性和一致性。DWD 层也对数据进行规范化，将不同数据源的数据转化为统一的格式和单位，提高数据的可比性和可分析性。在业务分析中，往往需要综合多个维度的数据进行分析和决策。DWD 层可以根据不同的维度，如时间、地区、产品、客户等，将相关数据进行汇总和聚合，形成更加全面、维度丰富的数据宽表。

4.DWS 层

DWS 层（Data Warehouse Service）是建立在 DWD 层之上的一个关键层级，用于整合和汇总特定主题域的数据，并形成主题宽表，该层的主要目标是为特定的业务需求提供高度聚合、易于查询和分析的数据服务。在 DWS 层中，基于上层的基础数据，通过聚合和整合的过程，形成针对某一特定主题的宽表，涵盖不同的业务领域，如用户、商品、经销商或厂家等。通过聚合用户、商品、经销商或厂家的运动轨迹等信息，DWS 层提供了全方位的公共基础宽表，以及相应的实体模型，包含了关于用户的基础信息、购物记录、偏好和习惯等，形成了用户画像的全景视图。DWS 层的主要价值在于为企业提供了便捷、高效的数据服务，其支持后续的业务查询和专题分析，主题宽表便于业务人员查询和分析与特定主题相关的数据，从而更好地理解和解读业务现象。企业可将 DWS 层的数据用于数据挖掘算法的训练和模型构建，从中发现潜在的商机和趋势。此外，DWS 层还支持 KPI 报表的生成，帮助企业监测和评估业务绩效。

5.ADS 层

在 ADS 层中，数据的聚合和统计是基于特定维度进行的，而这些维度可以是时间、地理位置、产品、客户等。将数据按照这些维度进行汇总和统计，ADS 层生成了报表和可视化数据，以便企业用户能够直观地了解数据的情况和趋势，报表和可视化数据可以包括各种图表、仪表盘、指标卡等，用于展示和呈现数据分析的结果。ADS 层的主要目标是为企业提供高效、易用的数据分析服务，支持前端报表展现。通过 ADS 层提供的统计数据，企业可以生成各种报表，如销售报表、财务报表、市场报表等，从而帮助企业监控业务运营状况、评估业绩表现，并为决策提供参考。ADS 层支持专题分析，企业可以根据业务需求从 ADS 层中提取特定维度的数据，进行深入的专题分析，探索数据背后的关联性和趋势，以获取更深层次的洞察和决策依据。ADS 层还可以用于 KPI 报表的生成，企业可以定义关键绩效指标（KPI），并通过 ADS 层的数据服务实时监测和报告 KPI 的达成情况。

第四节　数字分析师专业能力及其在数字化财务转型中的应用

企业要全面做好数字分析，应有专业的团队，数字分析师应具备有关的专业化知识，有一定的教育背景、基本素质以及技能经验。在专业知识方面，需要数字分析师具备统计学、心理学等方面的知识，从而培养分析的思维与技能。与此同时，数字分析师应具备良好的逻辑思维能力以及坚持不懈、认真细心的态度，更要有一定的沟通能力。

一、逻辑能力

数字分析师在处理企业难题时需要具备较强的逻辑分析能力，逻辑能力使他们能够以合理的假设和严密的推理进行思考和分析，确保所提出的解决方案具有逻辑的连贯性和推导的准确性。逻辑分析能力是数字分析师的核心能力之一，数字分析师需要能够从复杂的数据中提取有用的信息，厘清数据之间的因果关系和联系，从而得出准确的结论和预测。在分析过程中，数字分析师要善于运用逻辑推理，将问题分解为更小的部分，逐步建立层次结构，并形成系统性的分析框架。结合层次分明的分析，数字分析师能够更好地理解问题的本质，并找到解决问题的关键点。除了逻辑分析能力，数字分析师还需要具备数字敏感和数字直觉能力。数字敏感是指对数据的敏锐感知和理解能力，能够快速捕捉数据中的模式、趋势和异常情况。数字直觉是通过长期的数据分析经验积累而形成的一种直觉感知能力，使数字分析师能够凭借经验和直觉洞察数据背后的含义和潜在关联。

二、技能经验

数字分析师作为数字化财务转型中的关键角色，需要具备一系列专业能力来应对复杂的数据环境和需求。在技能方面，数字分析师需要具备对数据库结构的深入了解，并且至少掌握一种编程语言，如 ASP、Java、PHP、C++、Hadoop 等。这些编程语言的掌握可以帮助数字分析师有效地处理和分析大量的数据，并为企业提供准确的决策支持。数字分析师需要具备相关领域的实际经验，熟悉数据库的开发、测试、优化和管理等方面的工作，以确保数据的准确性、完整性和安全性。具备技能经验使得数字分析师能够更好地理解数据分析的过程，并在实际应用中进行有效的数据处理和解读。数字分析师在数字化财务转型中的应用是多方面的，他们可以利用数据库和编程技能，构建数据模型和分析工具，为企业提供定制化的数据分析解决方案，并且能够从大量的数据中提取有价值的信息，发现潜在的趋势和模式，并将其转化为对企业决策有指导意义的见解。数字分析师还可以通过数据分析和预测模型，帮助企业制订战略计划、优化资源配置，并提供精确的业绩评估和风险预警。

三、业务分析能力

数字分析师的业务分析能力主要从 5 个方面强化（见图 4-4）。

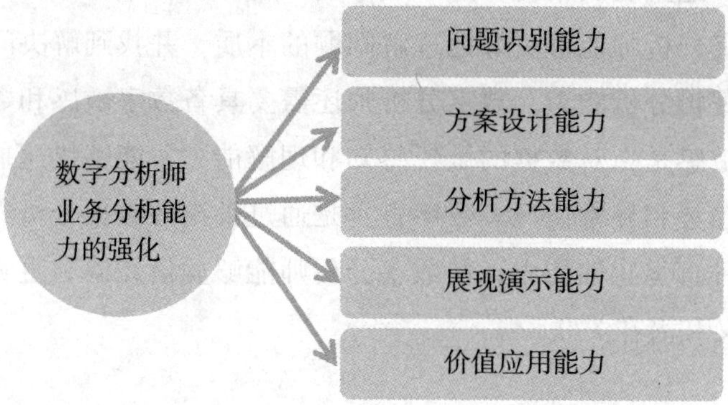

图 4-4　数字分析师业务分析能力的强化

四、市场规模估算能力

数字分析师在数字化财务转型中具备对市场规模进行估算的思路与能力，这是他们在制定商业战略和预测销售趋势时的重要工具。市场规模是一个产品或服务在市场上被需求量、意愿购买人群量和实际销售额所衡量的指标，数字分析师需要能够准确估计市场规模，以帮助企业做出决策和规划。在市场规模估算方面，数字分析师可以运用不同的思路和方法。其中，构成关系是一种常用的思路，通过预计的用户量和意愿购买比例的计算，得出产品的估计市场规模。这种方法适用于量化指标的估算，可以提供较为准确的市场规模预测。另一种思路是类比关系，通过找出类似区域或产品的数据进行同比分析，从而估计市场规模。这种方法相对简单直观，可以作为快速估算的参考。惯性关系是参照过去时期或上一阶段的购买人群和数量进行估算，利用历史数据的趋势性进行预测，适用于市场变化较为稳定的情况。相关关系是综合考虑多个因素的定量分析，通过综合权衡正面和反面因素，得出较为精确的市场规模估算。数字分析师在市场规模估算的过程中需要运用逻辑思维和数据分析能力，对市场的不同维度和层次进行分级分析，考虑各种相关因素，并运用合适的方法进行估算。数字分析师还需具备对市场趋势和行业动态的敏感性，能够及时更新数据和调整估算模型，以适应市场变化。在提升市场规模估算能力时，应重视有关注意事项（见图 4-5）。

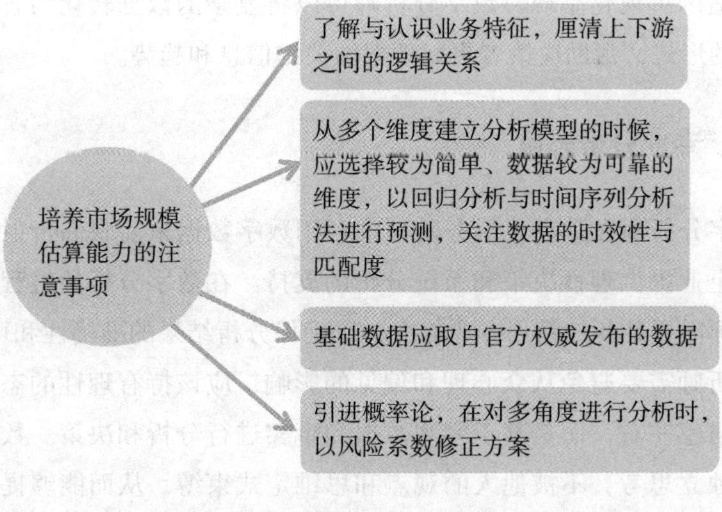

图 4-5　培养市场规模估算能力时的注意事项

五、增强数字分析的深度、广度与时效性

数字分析师在数字化财务转型中的应用，要求他们对企业有深入的

了解，包括企业的现状、问题所在以及问题产生的深层原因。只有对企业的情况有全面的认知，数字分析师才能更准确地分析数据背后的含义，并提供有针对性的解决方案。数字分析师还要结合市场和行业的情况，从宏观角度分析企业数字数据，为企业的决策提供更深层次的洞察和意义。在数字分析过程中，数字分析师需要确保各期数字具有可比性，即相同指标在不同时间段之间具有可比性，这样才能进行有效的趋势分析和比较。数字分析师要确保描述的全面性，不仅需要关注表面的数字，还需要深入挖掘数字背后的故事和原因。只有全面了解数字的背景和意义，才能给出更有价值的分析结果和建议。数字分析师应该使用最新的数据，保持数据的时效性，以便更准确地反映当前的市场和行业情况。在数据可视化方面，数字分析师可以采用图片、表格等形式来展示分析结果，可视化的工具能够产生视觉冲击，更易于引起人们的共鸣和理解。通过合适的可视化呈现，数字分析师可以将复杂的数据转化为直观、易于理解的形式，帮助决策者更好地把握关键信息和趋势。

六、专业分析态度

数字分析师在数字化财务转型中利用数字数据来反映和折射现实情况，为企业提供理性决策和系统分析的支持。在数字分析的过程中，数字分析师需要具备一系列专业能力，以确保分析结果的准确性和可靠性。数字分析师需要避免从众心理和偏见的影响，应该持有理性的态度，不被主观情感左右，而是基于客观数据和事实进行分析和决策。数字分析师需要独立思考，不被他人的观点和思维定式束缚，从而能够提供更全面、客观的分析结果。数字分析师需要培养合理怀疑和换位思考的思维习惯，合理怀疑意味着数字分析师不盲目接收数据，而是对数据进行审查和验证，审视数据的来源、质量和可靠性，并通过多种途径进行交叉验证，以确保数据的准确性。数字分析师还应该具备换位思考的能力，站在不同的角度思考问题，理解不同利益相关者的需求和视角，从而为企业提供更全面的决策支持。在数字分析的过程中，数字分析师需要运用假设检验等科学方法，核实分析结论的有效性。假设检验是一种统计方法，可以帮助数字分析师判断分析结果是否具有显著性和可靠性，数字分析师设立假设、收集样本数据并进行统计分析，可以确定分析结论的可靠程度，并在需要时进行修正和调整。

七、熟练掌握分析模型

数字分析师在数字化财务转型中的应用离不开各种分析模型和工具的运用，需熟练掌握各种分析模型，以帮助企业深入了解市场、竞争对手和用户行为，并提供决策支持。波特五力分析法是一种常用的竞争分析模型，能帮助数字分析师评估市场上的竞争态势。数字分析师通过对行业内的竞争者、供应商、顾客、替代品和进入壁垒等因素的分析，进而揭示出企业在特定市场环境下的竞争优势和劣势，并制定相应的竞争策略。PEST 分析法是一种用于分析外部环境的工具，涵盖了政治、经济、社会和技术等方面的因素，数字分析师可以利用 PEST 分析法来了解外部环境对企业的影响，识别潜在的机会和威胁，并为企业的战略决策提供参考。科特勒的用户决策流程是一种用户行为分析模型，能帮助数字分析师了解用户在购买决策过程中的心理和行为，从而更好地满足用户需求。通过对用户需求、信息获取、评估、决策和购买行为的分析，从而了解用户的偏好和行为模式，为产品开发和营销策略提供指导。数字分析师还需熟练运用各种统计分析方法和工具，如回归分析、方差分析和 t 检验等，以进行数据的验证和推断，可以利用 Excel 等常用的分析工具进行数据处理和可视化呈现，还可以借助商业智能工具如 Cognos、Microstrategy 和 BO 等，以及大数据魔镜、FineBi、Yonghong Z-Suite BI 套件等来辅助分析和生成报表。

八、熟练掌握数字分析步骤

数字分析师在数字化财务转型中需要熟练掌握数字分析的各个步骤，以确保有效的数据分析和准确的结果呈现。明确分析思路是数字分析的关键步骤，数字分析师需要清晰地了解分析目的和问题，并制定合适的分析策略和方法，包括确定分析的范围、目标、数据需求以及使用的分析模型和工具。有了明确的分析思路，数字分析师才能有针对性地采集和处理数据，以获取有意义的分析结果。数据采集是数字分析的基础，数字分析师需要根据分析思路，收集相关的数据资源，还需要保证数据的准确性和完整性，以确保后续分析的可靠性。数据处理是数字分析的关键环节，数字分析师需要运用统计和数据处理的方法对采集到的数据进行清洗、整理和转换，以确保数据的质量和一致性，包括数据清洗、数据转换、缺失值处理、异常值检测等。结合有效的数据处理，数字分析师可以准确地进行后续的数据分析工作。数据分析是数字分析的核心，数字分析师需要运用各种分析方法和模型来揭示数据中的规律和趋势，并且应具备运筹学和统计学的知识，熟练运用数据分析工具和软件来进行数据分析。图表展现和报告撰写是数字分析师向业务部门和管理层传递分析结果的重要方式，数字分析师使用可视化工具和图表来展现分析结果，以便于理解和决策，同时编写报告，清晰地呈现分析的背景、方法、结果和建议。

在数字化财务转型中，数字分析师将市场规模的估算能力应用于预测销售趋势、制定市场营销策略和规划产品开发方向，可以灵活利用市场规模的估算结果为企业提供参考，帮助企业了解市场的潜在规模和增长机会，并基于这些信息制定相应的业务策略。数字分析师还可以利用市场规模的估算结果与实际销售数据进行比对，评估企业的市场份额和竞争力，并提出改进建议。

第五章　基于数字化转型视域下的企业财务管理

第一节　数字化环境下的工作系统及其工作方式

数字技术为企业带来了新的顾客价值空间，而顾客价值创造及获取方式也发生了巨大转变，企业据此有效构建数字化的工作系统，赋予了数字化工作者更加灵活自主的工作安排及最大的工作能力成长空间，在一定程度上起到了提升工作成效的作用，并且令企业对于数字化工作者及其工作的方式有了新要求。

一、高工作成效及实现的路径

在数字化转型的背景下，企业追求改进工作绩效和创新工作系统，将关注重点从交易价值转向顾客体验价值。然而，许多企业在数字化转型中仅仅改变了任务分配和行为管理，而未对创造顾客价值和培养工作者成长的工作系统进行根本性的变革。在数字化时代，工作者需要获得授权和赋能，与利益相关者共同创造顾客价值。数字技术的发展降低了获取知识和经验的成本，提升了工作者的能力和成长速度。数字化工作者越来越关注自身创造的价值和能力发展的前景。他们需要与企业达成共识，并以共同规划的战略目标为基础，通过动态的工作能力和与利益相关者的协同合作，实现数字化顾客价值的创造。

在这种背景下，新的工作成效取得方式要求工作者成为价值共创者，参与管理工作目标和产出关键结果。目标设计和关键结果管理成为体现这一理念的典型工具，能够促进工作者的能力提升和潜能的激发。明确的目标设定和关键结果管理，工作者能够更好地理解企业的期望，并通过个人努力和团队协作实现这些目标。为了适应新的工作成效取得方式，人力资源管理实践需要与之相适应，激发和赋能工作者成为企业的核心。人力资源部门应该提供相关培训和发展机会，帮助工作者不断提升技能和知识，以适应数字化转型的需求。而建立灵活的工作环境和培养创新文化也是重要的举措，可以激发工作者的创造力和主动性。在数字化转型中，企业需要意识到数字化工作者的重要性，将其视为价值共创者和创新驱动力。与工作者的合作和共同努力，企业可实现更高效的工作绩效和更好的顾客体验。数字化工作者的激情和才能将成为企业成功的关键因素，为企业带来持续的创新和竞争优势。

二、重新认识工作系统与实践

在传统的工业化时代工作系统中，工作者往往被视为完成任务的工具人，企业通过人力资源管理实践来确保工作者按时完成任务并取得工作成效。然而，随着数字化时代的到来，数字技术的发展重新定义了取得工作成效的方式和工作者的角色。在数字化时代，工作者不再仅仅是完成任务的工具，而是直接参与创造和获取顾客价值的过程。数字化企业意识到顾客体验和价值的重要性，开始将顾客价值作为核心来理解工作系统和人力资源管理实践。这种转变意味着企业需要重新构建工作系统，以数字化顾客价值为中心来规划和执行工作。数字化工作系统认知更新框架将数字化顾客价值作为核心，企业与数字化工作者根据该价值制定目标和规划，并通过赋能工作者来实现更好的价值创造，这种认知方面的变化对企业的工作系统和人力资源管理实践产生深远影响。传统的任务导向型管理逐渐被替代，取而代之的是以顾客价值为导向的工作方式。数字化企业需要重新设计工作系统，将工作目标与数字化顾客价值紧密联系起来。工作系统应该允许工作者参与目标制定和规划，以确保他们能够对顾客价值的创造做出积极贡献。数字化工作系统需提供充分的资源和支持，以赋能工作者发挥其潜力和创造力。人力资源管理实践也应不断适应数字化工作系统的要求，传统的人力资源管理侧重于任务分配和绩效评估，而数字化时代的人力资源管理应更注重激发和赋能工作者的创造力和主动性，包括提供培训和发展机会、建立灵活的工作环境，以及鼓励团队合作和知识共享。

三、数字化工作模式

在数字化时代，数字化工作系统的核心是以数字化顾客价值的创造和获取为导向。为了实现更高的工作目标，企业需要构建敏捷的团队，并赋能工作者，从而适应快速变化的市场需求。数字化团队强调团队成员之间共同承诺的目标，动态配合和拥有复合角色的方式。团队成员应具备多样的技能和知识，能够快速响应市场变化，并具备创新和解决问题的能力，团队的动态控制和反馈机制应基于过往背景、当前成果和未来潜力，以实现持续的学习和改进。数字化领导力意味着管理者与工作者共同规划目标，并共同推进工作进度。数字化领导者需要具备开放的沟通风格，激励和赋能团队成员，鼓励创新和合作，并能够灵活应对变化和挑战。数字化领导者应该成为团队成员的导师和支持者，建立信任和共享的工作环境，推动数字化转型的顺利进行。数字化个体是指具备全面数字技术理解的个体，具备共生思维、系统视角和围绕顾客价值创造的全面数字化行为。数字化个体应具备对数字技术的敏感性和理解力，能够灵活运用数字工具和平台，提高工作效率和创新能力。数字化个体还应具备与利益相关者合作的能力，能够主动参与顾客需求的理解和解决方案的设计，实现顾客价值的最大化。在数字化工作系统中，企业需要更新取得工作成效的方式，从传统以任务为中心的工作系统转变成以顾客价值创造为中心的数字化工作系统，并打造相应的数字化工作模式。此种转变要求企业培养敏捷团队，赋能工作者，并注重数字化领导力的培养。个体员工需具备全面的数字技术理解和能力，以适应数字化时代的工作要求。

四、新工作范式及其特征

基于对全球就业市场动态发展的观察，尤其是基于对企业、平台公司以及人力资源服务机构访谈与实地调研，可以初步归纳出由工业化就业模式向数字化工作范式转换整体上呈现出几个典型的形式特征。

（一）从组织型就业向自主型工作转型

在传统的工业经济范式下，劳动者往往被视为雇主组织的工具人，他们受制于严格的管理规则，缺乏自主性和创造性。然而，随着数字化时代的到来，自主型工作范式逐渐崭露头角，强调劳动者个人的自由选择和自主权。在这种工作范式下，劳动者可以在组织内获得更大的自主空间，也可以通过数字平台寻找适合自己的工作任务。自主型工作范式为组织和劳动者带来了许多好处，数字技术平台为劳动者提供了更多的自主选择机会。他们可以根据自己的技能和兴趣，在数字平台上选择适合自己的工作任务，从而提高工作的满意度和自主感。自主选择的模式有助于激发劳动者的创造性和创新能力，提高工作的质量和效率。自主型工作范式也给组织带来了灵活性和效益的提升，传统的雇主组织模式往往需要大量的固定人力资源，而在自主型工作范式下，组织可以更加灵活地借助数字平台上的劳动力，根据实际需求进行招募和配置。这种灵活性不仅降低了组织对固定员工的依赖，还可以更好地适应市场的变化和需求的波动。自主型工作范式也强调结果导向，注重客户满意度和质量，从而提高组织的竞争力和业务效益。然而，自主型工作范式对雇主组织的人力资源管理提出了新的要求，传统的管理方法往往注重对员工的控制和指导，而在自主型工作范式下，组织需要更加注重激励和支持。雇主组织应该为劳动者提供良好的工作环境和发展机会，鼓励他们展现自己的才华和创造力。组织也需要建立有效的沟通渠道，与劳动者保持密切的联系，了解他们的需求和意见，及时提供反馈和支持。在数字化时代，自主型工作范式成为一种新的趋势，赋予了劳动者更大的自主权和选择权，提升了工作的满意度和创造性。对于组织来说，自主型工作范式带来了灵活性和效益的提升。实现自主型工作范式需要雇主组织转变管理方式，注重激励和支持劳动者，建立良好的沟通渠道，以实现组织和劳动者的共赢。只有在这种新的工作范式下，组织和劳动者才能充分发挥自己的潜力，实现持续的创新和发展。

（二）从集中型就业向分布型工作转型

在传统的工业经济范式下，就业模式被塑造为集中型就业，劳动者需要在特定的时间和地点执行任务，并按照受控的工作流程交付工作成果。随着数字技术的迅速发展，数字化平台为企业和劳动者带来了分布型工作范式的机会。数字技术平台的出现打破了集中型就业模式的限制，促进了分布型工作范式的形成。对于企业而言，数字技术平台提供了优化市场经营、组织管理和生产制造流程的机会。企业可以借助数字化平台构建分布型商业模式，通过线上渠道进行市场拓展，实现全球范围内的合作和交流。数字化平台还提供了高效的协作工具和实时的数据共享，促进团队间的协同工作，提高生产效率和质量。数字化平台还可以帮助企业优化资源配置，实现更灵活、适应性更强的组织结构。对劳动者而言，数字技术平台为他们提供了更灵活的工作安排和自主权。劳动者可以通过数字化平台选择适合自己的工作任务，无论是远程工作还是自由职业，都可以在数字平台上找到适合自己的机会，不仅提高了劳动者的自由度和生产效率，还降低了通勤时间和相关风险。劳动者可以根据自身的能力和兴趣选择合适的工作项目，实现更好的工作平衡。

数字技术平台的兴起标志着劳动力管理模式的转变，从传统的集中型就业模式向数字化分布型工作模式的转变。数字化平台提供了更广阔的就业机会和灵活性，劳动者可以更自主地选择工作方式和工作内容。而企业也受益于数字化平台，可以更好地利用全球范围的资源和人才，实现更高效的运营和创新，这种转变为经济的数字化转型提供了新的机遇和动力。然而，数字化分布型工作模式也带来了一些挑战和调整的需求，企业需要更加注重协调和管理分布在不同地点的团队，加强沟通和协作的能力，确保工作的协调性和质量。劳动者需要具备更强的自主性和自我管理能力，适应数字化工作环境的要求，并持续学习和提升自身的技能和能力。

（三）从单一型就业向多元型工作转型

在传统的工业化就业模式中，劳动者在特定的时间段内为一个雇主组织工作，长期从事同一岗位的工作，并且只存在于雇主与劳动者之间的单一劳动关系。这种模式给劳动者和雇主都带来了一定的约束和限制，限制了工作的广度和深度，缺乏多样性和个人发展的机会。但是，伴随着数字技术的发展和数字化经济的兴起，多元型工作范式开始逐渐取代传统的工业化就业模式。多元型工作范式突破了单一模式的限制，为劳动者提供了更灵活的工作安排和更丰富的职业发展路径。劳动者可以选择同时为多个雇主工作，根据自身的兴趣和能力选择不同的工作任务，实现职业生涯的多样化和多彩化。

在多元型工作范式下，劳动者可以更加灵活地安排工作时间和工作地点，选择远程工作、自由职业或参与项目式工作，不再受限于特定的时间和地点。灵活性的特点使劳动者能够更好地平衡工作与生活的需求，并更有效地利用自己的时间和资源。多元型工作范式还为劳动者提供了更丰富的职业发展路径和机会，劳动者可以通过同时与多个雇主合作，积累更广泛的工作经验和技能，拓展自己的专业领域和人际网络，选择参与不同领域的项目，接触不同类型的工作任务，提高自己的综合能力和适应性。劳动者还可以与雇主建立多样化的人力资源关系，从而获得更广阔的职业发展机会。对于企业而言，多元型工作范式也带来了许多优势，企业可以更灵活地调配人力资源，根据项目需求和专业能力来选择合适的劳动者合作。多元型工作范式也有助于提高劳动效率和创新能力，因为劳动者在不同的工作环境中接触到更多的经验和观点，有助于促进知识交流和创新。然而，多元型工作范式也面临一些挑战和问题。劳动者需要具备更强的自主性和自我管理能力，能够有效地协调和组织自己参与的多个项目和任务，而企业需要建立有效的协作机制和管理体系，确保多元型工作范式下的协作和沟通顺畅，并能够充分发挥劳动者的专业能力和创造力。

五、智能协同工作方式的构建

传统的商业活动管理系统通常以企业为中心，将其他主体视为其管理系统工作方式的附属，企业通过管控和控制其他主体来实现商业活动的目标。在数字化技术的迅猛发展和数字化经济的崛起之下，数字化商业活动管理系统开始以数字化顾客价值为基础，并以协同其他主体作为其管理系统工作方式的关键。在数字化商业活动管理系统中，企业需要合理利用数字化技术来推动业务增长和创新。数字化技术为企业提供了更多的机会和工具，以实现与顾客和合作伙伴的协同合作，共同创造价值。企业需要重塑数字化工作战略，将数字化顾客价值作为核心，以顾客需求和体验为导向，建立起与顾客紧密互动的数字化关系。与此同时，企业需构建数字化工作组织，通过数字技术和平台建立起灵活、高效的协同工作环境。数字化工作组织可以促进信息的流通和共享，打破部门之间的壁垒，实现各个部门和团队之间的协同合作。另外，企业还需要赋能数字工作个体，培养和激励员工的数字化能力和创造力。数字化工作个体需要具备技术娴熟、创新思维和协同合作的能力，能够适应快速变化的数字化环境，企业可以通过提供培训和发展机会、建立激励机制和营造创新文化来激发数字工作个体的潜力和动力。

智能协同是数字化商业活动管理系统的新工作方式，不仅是协同合作的一种形式，更是基于数字化技术和价值共创的理念，实现智能化、高效化的工作方式。智能协同的工作方式包括三个关键部分：企业需要确定数字工作战略。这意味着企业要明确数字化转型的目标和方向，制订相应的策略和计划，以实现与顾客和其他主体的协同合作。数字工作战略需要以顾客价值为导向，充分利用数字化技术的优势，提高企业的竞争力和创新能力；企业需要构建数字工作组织。数字工作组织应该是灵活、高效的协同工作环境，通过数字化技术和平台实现信息的共享和流通，促进部门和团队之间的协作和协同。数字工作组织应该能够适应快速变化的数字化环境，提供支持和平台，促进各个团队和个体的协同合作；企业需要赋能数字工作个体。这意味着企业要培养和激励员工的数字化能力和创造力，使他们能够在数字化环境中发挥最大的潜力。企业可以通过提供培训和发展机会、建立激励机制、营造创新文化等方式，激发数字工作者个体的积极性和创造力。

第二节　第四张报表新概念的提出

财务报表是评估企业财务状况和绩效的主要工具，但是在数字化时代，单独的财务报表无法提供企业所需的全面、相关和及时的数据和信息。主要是因为财务报表受到其先天条件的限制，只能反映企业财务价值的结果，而无法反映生态圈内各利益相关者的关系，以及用户价值和员工价值的变化。在过去，企业通常通过业务报表来补充财务报表。业务报表由业务部门主导编制，更加深入地反映了业务发展的各个要素，包括数量价格、分区域分产品线构成以及增减变动的构成等。业务报表同样面向过去，只反映了企业价值的结果，无法全面展示生态经济中各利益相关者的关系。

在数字化时代，企业转型与财务管理工具需要创新和变革，以适应新的发展需求。在这一时代背景下，企业的底层根基是顾客价值增值的实时呈现。因此，将各主体对顾客价值创造的实时反映和呈现纳入财务管理体系，成为财务人员关注的焦点。在数字化时代，优秀企业的标准也发生了变化，财务报表能否直接反映顾客价值已成为衡量企业优劣的重要指标之一。

一、财务报表的概述

（一）财务报表的定义

财务报表作为企业或预算单位的重要会计报表，起着反映资金和利润状况的关键作用。在我国，财务报表的种类、格式和编制要求都由统一的会计制度进行规定，要求企业按期定期编制和报送。对于国企而言，报告期末需要编制资金平衡表、专用基金及专用拨款表，基建借款及专项借款表等资金报表，以及利润表、产品营销利润明细表等利润报表，而国营商业企业则需要报送资金平衡表、经营情况表及专用资金表等报表。

会计报表需要按时报送给所有者、债权人、相关方以及当地财税机关、开户银行和主管部门，对于股份有限公司而言，会计报表还需在股东会议召开前的 20 天备置于公司办公处所，供股东查阅。对于公开发行股票的公司，按照财政部的相关规定，需要公告有关报表文件，月度报表应在月份结束后的六天内报送，而年度会计报表应在年度结束后的四个月内报送。财务报表的编制和报送是企业财务管理中至关重要的环节，使企业能够清晰地了解自身的资金和利润状况，为所有者、债权人以及其他利益相关方提供有关企业财务状况的信息，及时编制和报送财务报表也是企业遵守相关法规和制度的重要举措。财务报表的编制和报送需要严格遵循会计准则和规定，确保报表的准确性和可靠性，及时地报送也有助于企业及时发现和解决财务问题，以便采取相应的措施来维护企业的财务稳定和持续发展。在数字化时代，随着信息技术的发展和数字化转型的推进，财务报表的编制和报送也逐渐借助数字化工具和系统实现。企业可以利用财务软件和数字化平台来简化报表编制的过程，提高准确性和效率。数字化技术也为财务报表的分析和解读提供了更多的工具和手段，帮助企业更好地理解财务数据，并做出相应的决策。

（二）财务三大报表与第四张报表

财务报表是伴随着商业社会对于会计信息的披露程度需求逐渐提高而不断发展的，主要包括资产负债表、损益表、现金流量表以及会计界饱受争论的第四财务报表。

1. 财务三大报表

众所周知，在会计方面有三大财务报表，分别是资产负债表、损益表与现金流量表，三张表充分体现了一个企业的全部财务信息，通过解密财务报表，能够对外来判断一个企业是否值得投资，以及对内制定企业发展战略路线。

（1）资产负债表

资产负债表作为一种重要的会计报表，被广泛应用于反映会计主体在特定日期的财务状况。其历史可以追溯到古代意大利，当时商业融资的需求逐渐增加，放贷者开始关注借款人的资产状况，以确保贷款本金的安全性。在商业发展的过程中，资产负债表的重要性逐渐凸显，通过列举会计主体的资产、负债和所有者权益，提供了对财务状况的全面概览。资产负债表将企业的资产和债务明确列示，反映了企业在特定日期的资产净值和负债状况。人们可以通过资产负债表，了解企业的资产组成、负债结构以及所有者权益的构成情况。

（2）损益表

损益表，又称为“收益表”或“利润表”，是一种会计报表，用于总结和反映企业在特定会计期间内的经营收入和费用情况，以及利润的分配或弥补情况。随着商业竞争的不断加剧和信息披露要求的提高，损益表逐渐成为反映企业盈利能力和持续经营能力的重要工具。在过去，人们主要关注企业的静态状况，即企业在特定时间点的资产和负债情况，这由资产负债表所反映。但随着商业社会对企业持续盈利能力的关注增加，损益表的出现成为满足信息披露需求的重要途径。损益表不仅反映了企业在一定期间内的经营收入和费用情况，还提供了利润的分配或弥补情况，使人们更全面地了解企业的盈利状况和经营表现。

损益表的出现可以追溯到商业竞争加剧的现代社会，随着商业环境的不断变化和竞争的加剧，人们对企业的盈利能力产生了更大的关注，损益表的引入可以满足人们对企业持续经营能力的评估需求。另外，一种观点认为，损益表的出现与近代税务体系的发展要求密切相关。税务系统需要了解企业的收入情况，损益表为纳税人和税务部门提供了可靠的信息。损益表的编制包括列示企业在特定会计期间内的收入和费用，收入方面包括销售收入、利息收入、租金收入等，费用方面包括生产成本、销售费用、行政费用、财务费用等。通过计算收入减去费用，得出企业在特定会计期间内的净利润或净亏损。损益表还会列示利润的分配或弥补情况，如利润分配给股东或留作弥补亏损。损益表的出现为企业和利益相关者提供了更多关于企业经营状况和盈利能力的信息，不仅对企业内部的经营决策提供了依据，也对外部的投资者、债权人等利益相关者提供了了解企业盈利能力的途径。通过分析损益表，能对企业的盈利水平、经营效率和可持续发展能力进行评估，并作出相应的决策和判断。

（3）现金流量表

现金流量表是一种重要的会计报表，用于反映企业在特定会计期间内现金和现金等价物的流入和流出情况，通过分析现金流量表可以了解企业在过去一段时间内的现金收入、现金支出以及现金的净增减情况。现金流量表是财务报表中的重要组成部分，与资产负债表和损益表一起提供了全面的财务信息，帮助利益相关者评估企业的现金流状况和经营活动。

2.会计界饱受争论的第四张财务报表

除了资产负债表、损益表和现金流量表之外，财务报告还要求企业披露第四张财务报表，该报表主要涉及三表之外的重要事项。第四财务报表的披露内容包括企业面临的或有事项、企业所从事业务的详细介绍以及相关的风险分析和企业的抗风险能力。第四财务报表要求企业披露或有事项，或有事项是指可能发生但尚未确定是否会发生的事项，可能对企业的财务状况、经营成果和现金流量产生重大影响。第四财务报表要求企业对所从事的业务进行详细介绍，包括企业的主要产品或服务、市场竞争状况、销售渠道、客户群体等方面的信息，进而使企业展示其核心竞争力、市场地位和发展战略，帮助利益相关者更好地了解企业的经营模式和商业前景。第四财务报表要求企业进行风险分析并披露相关信息，风险分析是对企业面临的各种风险进行评估和分析，包括市场风险、经营风险、财务风险等。企业应当通过风险分析，识别关键风险因素、评估风险的可能性和影响程度，并制定相应的风险管理策略。在财务报告中，企业应当披露风险分析的结果、风险应对措施以及风险对企业财务状况和经营业绩的潜在影响。除此之外，第四财务报表还要求企业披露其抗风险能力，抗风险能力是指企业应对各种风险的能力，包括金融风险、市场风险、经营风险等。企业应当披露其抗风险策略、控制措施和监测体系，以及与供应商、客户、合作伙伴等关键利益相关者的合作机制，以展示企业的整体风险管理能力和抗风险能力。

二、第四张报表的设想

（一）从数据到价值

数字化代表了大数据时代的到来，标志着企业从传统的模式转向基于数据的决策和运营。数字化的核心是利用大数据技术和工具来分析和应用数据，以实现更高效的业务流程、更精准的市场营销和更个性化的客户体验。数字化的出现给企业带来了巨大的机遇，数字化技术使企业能够更好地应用新技术，提升生产力和竞争力，便于收集、整理和分析海量的数据，使企业可以深入了解客户的需求和行为，从而有针对性地开发和推出产品和服务，同时促使企业进行内部业务流程的优化和自动化，提高生产效率和资源利用率。数字化的发展改变了企业与客户之间的互动方式，在消费品行业等领域，数字化带来了线上营销和直接面对客户的需求的变革，企业能够借助互联网和移动设备，直接与客户进行交互和沟通，了解客户的偏好和反馈，较为直接的互动模式不仅提高了企业与客户之间的关系，也为企业提供了更多精准营销和个性化定制的机会。另外，数字化的发展也促使企业与个人的技术差距变小，个人能够与企业直接对话并提供更适合自身需求的服务。例如，通过智能手机应用程序，个人可以享受到个性化推荐、定制化服务和即时互动的便利。个人与企业之间的直接连接不仅满足了个人的需求，也为企业提供了更多了解客户和提供增值服务的机会。

（二）第四张报表的提出

德勤提出的第四张报表——数字资产表，标志着企业报表的进一步演变和发展。传统的财务报表主要关注财务数据，而第四张报表强调非财务数据在反映企业信息和未来发展方面的重要性。第四张报表的出现是为了更好地满足各方利益相关者对企业信息的需求，并使企业能够更全面地了解自身业务和未来趋势，其核心理念是将非财务数据纳入企业的决策和管理过程中。传统的财务报表主要关注过去的财务绩效，而第四张报表着眼于未来，通过非财务数据的分析和披露，提供更大的前瞻性和灵敏度，其关注的是企业在市场、客户、创新、员工、社会责任等方面的表现和价值创造。

越来越多的上市公司已经开始在报告中使用非财务数据，这反映了市场和利益相关者对企业的更全面了解的需求。非财务数据可以包括市场份额、客户满意度、产品创新、员工培训等方面的指标和数据，从而更好地展现企业的价值观、战略方向和未来发展潜力，对投资者、分析师、客户、员工等各方都具有重要的参考价值。通过第四张报表的应用，企业能够将数据变现，实现事前决策。其提供了更多的信息和洞察力，帮助企业预测市场趋势、发现机会和挑战，并及时采取相应的行动。第四张报表还能够促进企业的创新和持续改进，对非财务数据进行跟踪和分析，企业可以发现改进的空间和潜在的创新点，为业务增长和竞争优势提供支持。

（三）第四张报表的构想

企业应收集与自身有关的大数据，并且深入分析这些大数据之间的关联，令企业内部的管理者能及时掌握企业最新动态与情况，进而做出相应的战略调整。

1.重业务数据而非财务数据

传统企业在进行企业价值评估时，通常依赖于财务数据和业务发展情况，并结合经验判断来进行分析和决策。然而，随着第四张报表的出现，企业在进行价值评估时需要适当调整其方法和侧重点。与传统的三张财务报表不同，第四张报表更加注重企业的业务数据，特别是对于互联网属性较强的企业和正在进行数字化转型的企业来说，这些业务数据涵盖了用户数量、用户标签、用户使用行为等与互联网特性相关的信息，不仅能够揭示用户的行为和偏好，还能够预示企业未来的价值。通过对这些业务数据的分析，财务管理人员可以深入了解其关联特征、增长趋势、波动等情况，从而为企业的成长性和未来的价值形成有效的判断依据。例如，通过对用户数量的增长率和用户活跃度的分析，可以评估企业的市场份额和增长潜力。

对于传统企业来说，要适应第四张报表的出现，需要调整企业价值评估模型和方法。除了关注财务数据和业务发展情况外，还需要加强对业务数据的收集和分析，尤其是一些与企业的核心竞争力和市场趋势密切相关的数据，将更加有助于企业更准确地评估自身的价值，并为战略决策提供更有力的支持。为了有效利用第四张报表所呈现的业务数据，企业需要建立相应的数据分析和管理体系，包括收集、整理和存储数据的能力，以及分析和应用数据的能力。企业可以借助数据分析工具和技术来处理大规模的业务数据，并从中挖掘出有价值的信息和见解。

2.融合第三方数据与企业第一方数据

企业逐渐对数字资产的重要性有了新的认识，而第四张报表在筛选和甄别有效数据方面具有重要意义，并不意味着传统财务报表的放弃，而是与之相辅相成，相互补充，以提供更全面的信息。有效评估企业的运营情况需要综合考虑第三方数据和企业自身的第一方数据，收集独立于企业的第三方数据并将其与企业数据融合，可以增加报表的客观性和真实性。在编制报表时，财务数据仍然是基础，因为其反映了企业的财务状况和经营绩效。然而，单纯依赖财务数据无法提供足够的洞察力，而通过结合大数据技术和分析方法，将财务数据与业务数据相结合，可以为企业提供更深入的分析和理解。第四张报表的关注点在于整合和分析多种数据来源，特别是那些独立于企业的第三方数据，包括市场趋势、竞争对手情报、行业统计数据等，通过与企业自身数据融合，可以获得更全面的信息，从而更准确地评估企业的运营情况和未来发展趋势。

3. 实现结构化与规范化

企业内部和外部都积累了大量的数据，但由于数据的多样性和差异性，常常难以清晰地了解数据的价值关系，使管理层难以准确评估数字资产的价值。在这种情况下，第四张报表的出现对于评估数字资产具有重要意义。通过结构化和规范化的方式，第四张报表整合和呈现了大量数据，特别是针对企业管理层，以通俗易懂的方式表达，有效地反馈企业的价值。

第四张报表的核心目标是将大量的数据收集并汇聚到一起，以一种结构化和规范化的方式进行呈现。通过对数据的整合和处理，报表将复杂的数据转化为可理解的信息，为管理层提供参考，使其能够更有效地进行分析和判断。此种结构化和规范化的方式有助于消除数据的混乱和冗余，突出关键信息，并提供更清晰的数据价值关系。第四张报表的意义在于将数字资产的价值以一种易于理解的方式展现出来，不仅能够帮助管理层更好地理解数字资产的重要性，还能够为管理层提供决策支持和战略指导。第四张报表提供可理解性强的分析报表，使管理层能够更准确地评估数字资产的贡献和潜力，从而更好地制定业务发展战略和优化资源配置。

三、第四张报表的内容

无论哪种企业，在编制第四张报表的时候都应具备一定的共性，即将用户作为中心，结合用户的数据分析、产品的数据分析等，共同编制第四张报表。

（一）用户数据

对于新兴互联网企业来说，用户数据是至关重要的资产，用户数据提供了深入了解用户行为和偏好的机会。企业收集和分析用户数据可以获得有关用户年龄段、所属区域、活跃度、参与性、忠诚度和黏性等方面的信息，从而建立用户画像并衡量企业的运营效果。用户数据可以提供关于用户特征的洞察，分析用户年龄段、性别、地理位置等信息，企业可以了解不同用户群体的偏好和需求，进而优化产品设计、营销策略和服务体验。例如，如果企业发现主要用户是年轻人，那么可以针对他们的消费习惯和兴趣设计个性化的产品和营销活动，提高用户参与度和忠诚度。用户数据可以揭示用户行为和参与程度，监测用户在平台上的活跃度、使用时长以及购买和分享行为等，企业能了解用户对平台的参与程度和忠诚度。这些数据可以帮助企业评估平台的用户黏性和用户留存率，并根据用户行为模式进行个性化推荐和精准营销，提升用户体验和增加交易价值。用户数据对于衡量企业的 GMV（总交易额）也具有重要意义，收集消费者的购买行为数据，企业可以全面了解消费者在平台上的购买习惯、购买力和购物时间段等信息。而所收集的信息可以帮助企业分析和预测市场需求，优化供应链管理和库存控制，提高销售效率和盈利能力。

（二）产品数据

对于新兴互联网企业来说，产品数据是评估和优化企业产品的重要依据。产品数据可以提供关于产品规模、核心竞争力、差异化、研发投入和客户满意度等方面的信息，帮助企业了解产品在市场上的表现和用户对产品的反馈。产品规模是衡量产品市场份额和销售量的重要指标，收集和分析产品的销售数据和用户数量，是企业评估产品在市场上的渗透率和受欢迎程度，并制定相应的市场推广策略，进一步扩大产品的市场份额和销售额。核心竞争力和差异化是产品数据中的重要维度，针对产品的特点、技术创新、设计风格等进行分析，企业可以了解产品在市场上的竞争优势和差异化特点，进而提高产品的竞争力和市场占有率。研发投入是产品数据中的关键指标之一，收集和分析企业在产品研发方面的投入和资源配置，企业能对产品创新的力度和研发效率形成全面了解，进而优化研发策略和资源配置，推动产品的不断升级和创新。

（三）渠道数据

对于电商企业而言，渠道数据是评估和优化企业销售渠道的重要依据，渠道数据可以从数量和质量两个方面来衡量，以全面了解企业渠道的现状和效果。数量方面的渠道数据可以提供有关企业渠道规模、构成和结构变化的信息，收集和分析销售渠道的数量数据，使企业了解自身渠道的规模和扩张情况。例如，企业可以了解有多少线上渠道和线下渠道，每个渠道的销售额、市场份额和增长趋势等，可帮助企业评估渠道的分布情况、渠道扩张的潜力和市场覆盖的广度，进而制定相应的渠道发展战略。质量方面的渠道数据可以提供关于渠道的稳定性、安全性、获客质量、获客能力、响应速度和聚客水平等方面的信息，企业通过收集和分析销售渠道的质量数据可以了解渠道的运营状况和效果。例如，企业可以评估渠道的稳定性，即渠道的长期合作伙伴关系和稳定的销售额，同时可以评估渠道的安全性，即渠道是否存在欺诈行为或侵权问题。根据分析渠道的获客质量、获客能力和响应速度，企业可以了解渠道对于吸引目标客户和提供及时服务的能力，还可以评估渠道的聚客水平，即渠道的吸引和留存用户的能力，进一步帮助企业确定渠道的优势和短板，进而优化渠道的选择、运营和管理。

（四）社会责任

企业的社会责任是指企业对社会、环境和利益相关者承担的义务和责任，在现代商业环境中，企业除了要追求经济利润，还要积极履行社会责任，关注可持续发展、环境保护、社区发展和慈善事业等方面。企业的社会责任包括对待自然资源的态度，应该注重资源的合理利用和保护，采取环保措施减少对自然环境的负面影响，包括节约能源、减少废物排放、采用可再生能源等措施，以减少对环境的损害。企业的社会责任涉及社区保护计划，企业应该关注所在社区的发展，积极参与社区建设，为社区居民提供就业机会和改善生活条件，还可以通过支持教育、文化和体育活动等方式回馈社区，提升社区居民的生活品质。企业的慈善捐助活动也是社会责任的重要组成部分，企业可以通过向慈善机构捐款、赞助公益项目、支持社会公益事业等方式回馈社会，此类活动可以改善弱势群体的生活状况，推动社会公益事业的发展。企业在环境保护方面的行动和措施也是社会责任的体现，企业应制定并执行环境保护政策，遵守环境法规，采取环保技术和管理措施，减少污染排放，降低对环境的影响，积极参与环境保护倡议，推动可持续发展和生态平衡。

为了让利益相关者对企业的社会责任履行情况有所了解，企业应及时披露相关信息。社会责任披露应遵循一系列原则，如社会性原则，即关注社会公众的利益和关切；可靠性原则，即披露的信息准确可靠；有效披露原则，即披露信息具有一定的实用性和决策参考价值；政策性原则，即符合国家法规和政策要求；一致性原则，即披露信息与企业实际情况一致；及时性原则，即及时披露信息以便利益相关者及时了解企业的社会责任履行情况。在编制第四张报表时，企业应遵循会计信息质量要求进行披露。包括信息的可靠性，即披露的数据准确可信；相关性，即披露的信息与企业的业务和社会责任相关；可理解性，即披露的信息能够被利益相关者理解；重要性，即披露的信息对利益相关者的决策具有重要影响；真实性，即披露的信息真实反映了企业的社会责任履行情况；客观性，即披露的信息客观中立；可比性，即披露的信息能够进行横向和纵向的比较；谨慎性，即披露信息时应谨慎处理，确保信息准确性和完整性；及时性，即披露的信息应及时更新和发布。

四、第四张报表的职能

第四张报表的职能如图 5-1 所示。

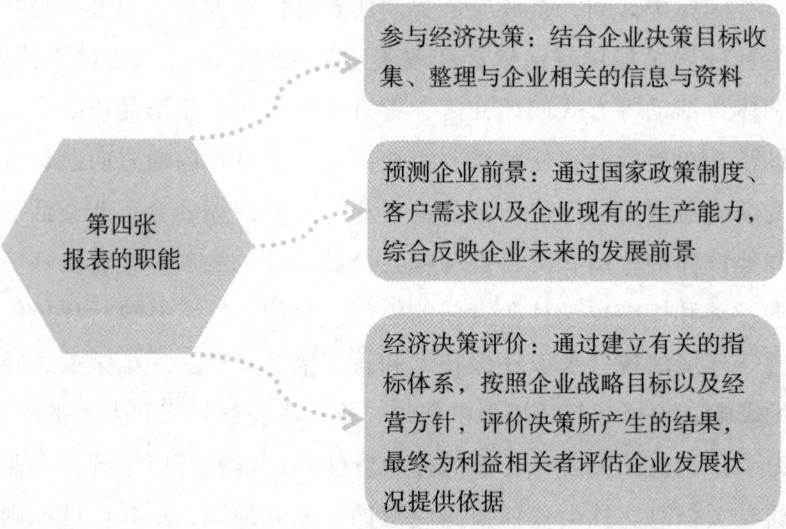

图 5-1　第四张报表的职能

五、第四张报表的应用价值

与传统的第三张报表相比较而言，第四张报表提供了更多的非财务信息，从而为企业的融资提供了更加全面、具体的信息，促使投资方能够全面了解企业实际盈利水平，为企业内部管理层与治理层提供更多的决策依据与管理指导方针。

（一）从企业融资的角度

在互联网行业中，企业的成功往往与其用户、渠道和产品密切相关。因此，第四张报表的出现对于新兴互联网企业来说具有重要意义，提供了非财务数据，如用户数据、渠道数据和产品数据，这些数据能够更准确地反映企业的真实情况和业务运作状况。

（二）从管理者的角度

对于企业管理者来说，第四张报表的引入带来了重要的管理工具和决策支持。传统的财务报表虽然能够提供企业的财务状况和经营绩效等方面的信息，但在面对日益复杂和多变的市场环境时，仅仅依靠传统报表的数据往往无法全面把握企业的运营状况和未来发展趋势。第四张报表的特点在于结合了用户数据、渠道数据和产品数据，这些数据集中体现了企业的市场表现、用户关系和产品竞争力等关键要素。对于管理者而言，这些非财务数据的综合分析可以提供更全面的业务洞察和决策支持，帮助他们更准确地了解企业的市场定位、竞争优势和发展潜力。

（三）从风险管理的角度

第四张报表的重点是业务数据分析，而业务数据和财务数据之间存在着紧密的关联性。财务数据反映了企业的财务状况和经营绩效，而业务数据则提供了关于企业的运营情况、市场表现和业务发展的具体信息。当业务数据和财务数据之间出现较大的偏差时，这可能意味着潜在的风险存在。这个风险会提醒审计、风险管理部门，利于其及时识别风险范围，并且预先发现风险、及时处理风险。

第三节 新型企业财务管理模式的应用

《管理会计兴衰史》明确指出，从当今企业所处的环境来看，企业的财务管理系统已经远远无法满足企业管理的实际需要。在数字化时代背景之下，企业应巧妙借助先进的数字技术，回归顾客并制定“有效价值增值”的科学发展战略，但是新型的企业财务管理模式有待被深入挖掘。

一、财务进入数字化时代

数字技术的迅猛发展引领了产业革命和管理革命，彻底改变了产业的价值创造方式。在数字化时代，数据成为新的生产要素，企业通过挖掘和应用数据，将产业从线性的价值链演化为交互的价值网。传统的价值链是线性的，从供应链开始，经过生产、分销、销售等环节，最终达到消费者。然而，在数字化时代，消费者的数据可以实时获取，这为供应链和生产决策提供了重要的指导。企业可以根据消费者的需求进行按需研发和定制化生产，实现个性化和差异化的产品和服务，这种双向的价值链模式促进了供需的精准对接，提高了效率和质量。数字技术的应用突破了传统工业时代的效率天花板，多对多的协同合作和大规模进行私人定制，企业可以将各种生产要素重新组合，形成独特的核心竞争力。数字化时代的产业互联网改变了产业链各环节的组织方式和互动方式，企业的边界被打破，生态经济模式成为决胜的战略。在数字化时代，企业需要灵活应对千人千面的用户需求。构建中台架构和前中后台组织架构成为重要的管理模式，实现快速响应和资源优化。中台架构将各个业务模块进行解耦和标准化，提供统一的服务和数据支持，为前台和后台的业务部门提供灵活的组合和协同工作的能力。前中后台组织架构则将各个业务环节分开，实现高效的运营和协作。数字化时代的管理模式变革需要企业具备创新意识和敏捷性，不断适应变化的市场环境。企业需要主动迎接数字化转型，加强技术创新和人才培养，建立开放的创新生态系统。企业还要与外部合作伙伴建立紧密的合作关系，共同探索数字化时代的商业模式和发展机会。

二、共生增值表

传统的损益表关注企业的财务数据，主要着眼于营销收入和成本。然而，在数字化时代，企业需要更加注重用户价值和利益相关者的参与，这使得共生增值表成为一种更为全面和综合的管理工具。共生增值表以客户为中心，将用户价值视为核心要素，并考虑利益相关者的角色和需求。与传统损益表相比，共生增值表能够更好地反映企业在数字化时代的运营状况和价值创造能力。传统企业常常将定价和营销策略局限于产品的销售和市场份额，而忽视了用户体验和长期影响，往往采取压货式营销，追求短期销售增长，却可能牺牲了与合作伙伴的利益。相反，共生增值表更加关注用户的体验和价值创造，细分用户群体和分析消费数据，企业可实现全生命周期的产品定制和精准营销。精细化的营销方式可以更好地挖掘用户需求，并进行快速迭代创新，满足不断变化的市场需求。共生增值表强调利益相关者的参与，包括供应商、合作伙伴和其他利益相关者。在传统企业中，供应商往往与产品设计和库存管理分割，生产计划和营销计划不匹配，导致管理难点和成本费用增加。然而，共生增值表鼓励与利益相关者的协作和合作，充分发挥各方的价值。企业可以通过与供应商和合作伙伴的紧密合作，实现供应链的协同和优化，降低成本并提高效率。

共生增值表作为数字化时代下的管理工具，对企业的商业模式和管理模式带来了重要的重新定义。相较于传统的损益表，共生增值表以客户为中心和利益相关者的参与为核心，突出了用户价值和生态圈整体的增值。传统的损益表主要关注企业的营销收入和成本，而共生增值表则更注重用户价值和生态利润的分享。在共生增值表中，企业的收入与成本不仅包括传统的硬件收入和成本，还涵盖了生态收入和成本的分享。结合小微组织的自主经营和分享利润的分配，企业可以实现商业模式和管理模式的转变。共生增值表的视角超越了传统财务报表的范畴，以管理会计为枢纽，全面衡量用户、员工和其他利益相关者的价值，成了覆盖企业价值创造、衡量、评价和分配全流程的管理工具。共生增值表通过动态反馈动因的方式，实现了从事后反映结果到动态反馈的转变，突破了传统财务管理模式的限制。传统财务管理更多地关注企业过去的财务表现，而共生增值表则具有更强的前瞻性和预测性，引入非财务数据和利益相关者的参与，更准确地反映了企业的绩效和潜力，为企业的决策提供了更全面、准确的信息支持。

共生增值表与经营报表之间也有着互为因果的关系：共生——用生态重新定义报表。共生包括了两个方面，一方面是生态圈的共生，即用户与用户、用户与企业、企业与企业、企业与员工之间形成利益共创的共同体，进而构成共生、互生、再生的生态圈。另一方面是生态组织的共生，即企业由科层制转向平台制，小微作为自主经营的单元，成了构成企业网络的要件，直接连接了员工、用户与合作伙伴。长期价值——内外结合，虚实结合。长期价值评估比较依赖更加全面的大数据集市，财务、业务、内部、外部数据能够在数据集市全面汇集，一方面能有效实现数据口径相统一；另一方面提供了多维度的价值评估要素，不仅关注过去，还关注未来的变化。长期价值评估主要立足于智能化、云计算的实时共享，数据驱动。支持精准评估，及时纠偏、可靠预测，通过预实结合，有效实现自主经营单元的自驱动、透明管理以及员工个体人人绩效，进而实现较为实时、高效、灵活的智能运营与决策。底层逻辑转换——事前算赢，业绩对赌。共生增值表的整体框架体系与传统财务报表具有底层逻辑的差异，具体包括报表编制主体差异、报表编制目的差异、报表编制方式与编制逻辑差异（见图 5-2）。

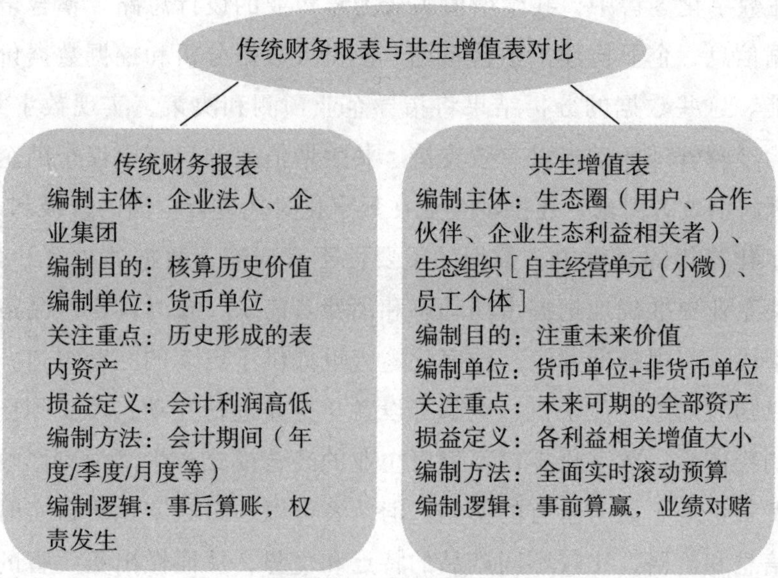

图 5-2　传统财务报表与共生增值表对比

三、零售业共生增值表实践应用探析

新零售是数字化时代对传统商业的一次全面升级和改造，其核心在于利用数字技术将产品和服务数字化，并与消费者进行互动，为消费者提供个性化的产品、服务和消费体验。数字化零售能够使企业更好地了解客户需求，并将这些数据用于指导产品研发、精准营销和提供更优质的消费体验，从而提升客户获取率、转化率、留存率和复购率。数字化零售的关键在于建立完整的渠道通路网络，涵盖线上和线下渠道，以满足消费者在不同场景下的购物需求。在这一过程中，企业需要建立消费者数据库，收集和整理消费者的信息，以掌握他们的消费画像和行为偏好。这将成为企业数字化转型的重要基础，使企业能够更加精准地了解消费者，更好地满足他们的需求。

在数字化零售中，共生增值表成为零售业的设计思路，整合全渠道的数据信息，企业构建了中台系统，使得大数据分析和挖掘数据价值成为可能。这些数据的分析结果将指导企业预测和决策，实现数字共生，从而为经营管理活动提供有效支持。共生增值表的运用不仅帮助企业更好地理解消费者需求，还推动企业在数字化时代进行全面的升级和改造。在数字化零售的过程中，数据的重要性不言而喻，数据的收集和分析，能够使企业更准确地把握市场动态和消费者需求，及时调整产品策略和营销手段，实现精准营销。数字化零售也提供了更多的互动渠道，消费者可以随时随地通过手机、电脑等设备与企业进行互动，享受到更加便捷的购物体验。数字化零售不仅对企业的经营模式产生了深刻影响，也为消费者带来了前所未有的便利。消费者可以通过数字化平台实时了解产品信息和价格，比较不同产品的特点和优势，从而做出更明智的购买决策。数字化零售还推动了线上线下的融合，为消费者提供了更加多样化的购物选择。

第六章　企业财务管理数字化建设与转型策略

第一节　财务组织与财务模式向数字化转变

一、财务组织极简进化史

如同生物一样，组织有着自身的发展、进化规律，在不同历史背景下，财务组织能够实现与当时的社会、经济与技术环境相互匹配。时至今日，财务组织已经迈入了与信息化时代环境相适配的时期。我国的财务发展可以从中华人民共和国成立后看起，可以说，在几十年的发展历程之中，财务组织在不断发生改变，这种改变也是与整个中国社会的进步相互匹配的。

（一）入门阶段——财会一体阶段

中国财务发展历程的漫长道路，如同中国历史上封建社会的漫漫长路一样，经历了多个阶段的变革和发展。中华人民共和国成立初期至 20 世纪 70 年代末，大约 30 年的时间，中国的财务与会计并没有显著的分离，被统称为“财会一体”。在这个时期，财务与会计的关系紧密相连，会计对处于计划经济时期的中国来说更为重要。在计划经济时期，国家进行收支的统一管理是至关重要的，因此算清账和核算财务情况显得尤为重要。政治因素和风险也不可忽视，因为财务数据的准确性和安全性直接关系到国家经济的稳定和发展。在这个阶段，财务管理更多的是服务于内部控制和成本管理的需要。一方面，企业需要保证资金和资产的安全，防止出现经济问题，因此需要进行必要的财务管理；另一方面，降低成本是企业获取管理业绩的一个重要途径。因此，许多企业在这个阶段都注重成本管理，不断寻求降低成本的有效措施。计划经济时期，中国企业的财务管理在一定程度上是受到限制的，受到计划经济体制和政府政策的影响。财务管理主要集中在确保企业经济稳健和成本控制方面，缺乏更多市场化的考虑和竞争导向的激励机制。然而，尽管面临一系列的挑战和限制，一些企业在成本管理方面取得了可喜的进展，为其后的市场经济时期奠定了基础。

（二）初级阶段——专业分离阶段

在 40 多年的改革开放中，中国企业经历了翻天覆地的变革，经营目标发生了重大转变。从计划经济时期到市场经济时期，企业的管理理念和运营模式发生了深刻的转变，财务管理在其中扮演着重要的角色。在计划经济时期，企业主要依靠国家计划来安排生产经营活动，财务管理更注重于资金的划拨和使用，以及核算企业的收支情况。财务与会计一体的管理模式在这个时期更为合理，因为国家统一管理收支，需要精确清楚地掌握企业的经济状况，以保证国家经济的稳定和计划的顺利实施。

随着改革开放的深入推进，市场经济逐渐取代了计划经济，企业的经营目标发生了根本性的改变，企业的主要目标由过去的按计划完成任务转变为更关注经营结果和盈利。市场经济下，企业需要更加灵活地应对市场变化，注重盈利能力和市场竞争力。财务在这一转变中发挥了至关重要的作用，不再只是简单地核算账目，而是成为企业战略决策的参谋和支持者。在财务管理方面，企业经历了专业分离的阶段，财务管理逐渐独立成为一个独立的学科。企业设立了独立的财务管理部门和会计部门，并出现了独立的资金管理部门。这种变化使得财务组织更加高效、专业化，并更好地适应了市场经济的要求。独立的财务管理部门能够更加专注于财务决策和风险管理，提供更加全面和精准的财务信息及参谋建议，帮助企业制定科学合理的财务战略，优化资源配置，提高经营效率。这个阶段被称为“专业分离阶段”，体现了企业对财务和会计领域的专业化重视，使得财务组织更加高效、专业化，并能更好地适应市场经济的要求。

（三）中级阶段——战略、专业、共享、业财四分离阶段

在 20 世纪 90 年代至 2015 年期间，中国财务领域经历了一场快速创新和积极变革的浪潮，其中引入了战略、专业、共享、业财四分离的概念，最早由咨询公司从国外引进，并在国内迅速流行开来，为财务组织的重要变革奠定了基础，推动了财务管理模式的进一步优化和升级。其中，财务共享服务中心和业财一体化的建设是该概念的重要组成部分，将基础作业分离到财务共享服务中心，企业能够实现资源的集中管理和优化配置，提高财务作业的效率和准确性。与此同时，业务财务队伍成为财务组织的重要组成部分，更加专注于业务运营和战略规划，为企业的决策和发展提供更加精准的财务支持。

在这一时期，还出现了三分离的概念，将战略财务和专业财务分开。战略财务主要聚焦于集团或总部的经营分析、考核、预算等工作，而专业财务主要聚焦于会计报告、税务、资金等具体内容。三分离的概念有助于企业更加清晰地界定各个财务部门的职责和角色，优化资源配置，提高财务管理的效率和专业性。在此背景之下，对国内大中型企业的财务建设水平起到了积极的推动作用，并取得了显著的成效。战略、专业、

共享、业财四分离的概念使得企业的财务管理更加灵活高效，财务共享服务中心的建设使企业能够将重复性的财务作业进行集中处理，从而提高了作业的效率和准确性，财务队伍的形成则更好地满足了企业战略规划和业务发展的需求，为企业的决策提供了更加精准的财务支持。三分离的概念使得财务管理更加专业化和规范化，战略财务和专业财务的分离使得各自负责的工作更加明确，能够更加集中精力做好各自的专业领域，提高了财务工作的质量和准确性。专业财务更专注于会计报告、税务、资金等专业性工作，使得企业的财务管理更加规范和符合法律法规的要求。

（四）高级阶段——外延扩展阶段

高级阶段的财务组织是财务领域发展到一定阶段后，开始进行创新和扩展的重要阶段。在这一阶段，财务人员展现了自我突破的决心，积极适应技术和概念的日新月异的社会环境，不断追求卓越和创新。在高级阶段，财务组织进一步扩展了财务工作的内涵，即所谓的外延扩展，财务的职能和作用不再局限于传统的财务管理，而是在此基础上融合了更多的新理念、新技术和新方法，以更好地满足企业发展的多样化需求。

战略财务在高级阶段开始运用大数据进行经营分析，在大数据技术的发展和应用背景下，财务团队能够更加准确地捕捉市场动态、客户需求和竞争对手的动向，为企业的战略规划和决策提供更有力的支持。大数据的应用使得财务在战略层面上能够更具前瞻性，更加敏锐地把握市场机会和风险，实现企业的持续发展和竞争优势。专业财务对管理会计的重视也在高级阶段增强，管理会计是财务管理中的重要分支，其主要关注企业内部的经营管理和资源配置。在高级阶段，财务团队更加重视管理会计的运用，以成本控制、绩效评估等手段，优化资源配置，提高企业效率和竞争力。业务财务在高级阶段呈现多元化趋势，随着企业业务的拓展和多元化发展，财务团队需要更加灵活应对不同业务板块的需求，提供有针对性的财务服务，业务财务的多元化使得财务团队更加适应企业发展的变化，为不同业务领域提供专业支持。另外，财务共享服务中心也在高级阶段开始转向深度服务或对外服务转型。财务共享服务中心的初衷是通过集中处理基础作业，提高作业效率。然而，在高级阶段，共享服务中心逐渐发展为向内部提供更深度的专业服务，或者向外部提供服务的转型，形成了一种更加灵活的财务服务模式。信息化时代的发展使得财务信息化部门日益重要，并逐渐演化出财务智能化团队，推动财务智能化的发展。财务智能化是财务信息化的新发展阶段，通过引入人工智能、大数据分析等先进技术，使财务团队在数据处理、决策支持等方面更加高效和精准。可见，在高级阶段，财务组织形态也开始向矩阵式、网状或柔性组织转变，导致财务团队兼具专业性和可扩展性，能够更好地适应不断变化的市场环境和企业发展需求。

二、新时期的企业财务管理应实现柔性管理

（一）深入理解管理的刚与柔

刚性管理和柔性管理作为管理领域中两种不同的管理思维和风格，均在不同情境下发挥着重要作用。在现代商业环境中，企业需要灵活应对快速变化的市场和竞争，因此刚柔相济的管理方式变得尤为重要。刚性管理在企业的早期发展阶段可能更为适用，在刚开始组建企业时，需要建立稳定的管理体系和规章制度，确保企业的基本运营秩序。刚性管理强调科学方法和标准化流程，对生产效率进行提升，确保产品和服务的质量和稳定性。在这个阶段，刚性管理可以有效地规范各项运营流程，确保企业的基本运作有序进行。随着市场和竞争的不断演变，刚性管理可能显得过于僵化和不适应快速变化的需求。这时，柔性管理的理念和方法显得尤为重要，柔性管理强调人的主观能动性和灵活性，注重员工的创造力和团队合作，以适应市场的动态变化。在快节奏的商业环境下，

企业需要敏捷地调整战略和组织结构，柔性管理可以更好地适应这种需求，使企业能够及时应对市场机遇和挑战。柔性管理注重平等、尊重和企业精神的培养，此种管理风格能够激发员工的潜力和积极性，提高员工的工作满意度和忠诚度。在充满竞争的商业环境下，员工的凝聚力和创造力对企业的竞争力产生了无形的影响，柔性管理有助于激发员工的创新思维和团队合作精神，使企业更具竞争优势。柔性管理还强调知识的转换和信息共享，在信息化时代背景下，企业所面临的数据和信息非常庞大，如何有效地利用这些信息，迅速转化为有价值的决策支持，成为企业的挑战。柔性管理通过虚拟整合、竞争性合作和差异性互补等手段，实现知识的共享和转换，促进组织内部的学习和创新，提高企业的应变能力和创新能力。

（二）信息化时代实现柔性管理途径

1.柔性的财务组织架构

传统的财务组织架构存在一些刚性和局限性，而在现代商业环境中，随着竞争日益激烈，企业迫切需要柔性的管理体系来适应不断变化的市场需求和业务挑战。在传统的树状组织形式下，横向协作困难，部门之间信息不畅通，往往导致决策滞后、资源浪费和效率低下。在组织体系中建立柔性，打破横纵钢板交织的牢笼将会带来更大的管理价值，可以从下面几个可能性进行探究：

（1）尝试扁平化的组织形态

在企业财务管理中，尝试实施扁平化组织形态是为了应对日益复杂和竞争激烈的商业环境，以提升组织的运转效率和灵活性。一个过度复杂的管理层级往往会导致信息传递滞后、决策执行缓慢，同时也增加了管理成本和组织内部的沟通成本。因此，适度地简化层级结构，去除纵向之间的“钢板夹层”，成为许多企业在财务管理中积极探索的方向。在尝试扁平化组织形态时，企业应当自下而上地进行变革，而不是简单地进行“砍层”。需要对组织架构进行全面评估和设计，充分考虑各个部门和岗位的职能和责任，确定合理的管理跨度和层级结构。还应当注重培养和提升中高层管理者的领导能力和决策水平，确保他们能够胜任更多的责任和权力。

（2）积极应用团队结构的组织

在企业财务管理中积极应用团队结构的组织形态是一种有效的方式，可以改善横向关系，解决横、纵钢板问题，并提高组织的灵活性和适应性，团队结构的灵活性和多样性使得企业能够更好地应对不断变化的商业环境和挑战。除了暂时性的团队，企业还可以设置永久性的团队来推动业务发展，永久性团队可以负责特定的业务领域或者跨部门的战略规划，确保企业整体发展和长远目标的实现，这种组织形态在柔性管理能够适应多变的市场需求，迅速响应业务机会，并有效地推动项目的落地和执行。在团队结构中，项目化团队是为了实现特定目标而组成的临时团队，能够集中资源，高效协作，迅速解决问题，推动项目的顺利实施。项目化团队在财务管理中尤为重要，可以应对复杂的财务问题，如资金筹措、投资决策、财务改革等，确保财务目标的实现和企业价值的最大化。

（3）探索流程型的组织

在财务工作中，流程型的组织形式确实能够带来柔性创新，并通过流程的穿透能力打破组织的刚性壁垒，从而提高财务管理的效率和灵活性。流程型组织在财务共享服务中心的应用已经取得了一定的成功，共享服务中心将一些共性、重复性的财务业务流程集中处理，如账务处理、报销管理等。这样的流程集中处理能够提高财务工作的标准化和规范化程度，降低重复劳动，减少人力资源的浪费，从而提高工作效率。进一步扩大流程型组织的适用范围是非常值得探索的，除了财务共享服务中心，财务管理人员可以考虑将更多的流程引入流程型组织中，如经营分析、预算管理、成本管理、税务管理等。此种做法能够形成跨部门、跨职能的协作，实现资源的优化配置和信息的快速传递，从而提高决策的准确性和时效性。

2. 柔性财务组织文化

在财务组织的文化建设中引入柔性管理思想，可以为团队文化增添包容性和灵活性，从而适应不断变化的市场环境和业务需求。传统的财务组织往往偏向层级文化，强调稳定性和控制性，这在一定程度上限制了组织的创新和适应能力。因此，适当增加团队文化、偶发文化和市场文化的比重，形成丰富的柔性财务组织文化，将有助于提升财务组织的综合素质。团队文化在财务组织中类似于家庭的氛围，团队文化强调合作、共识和传递正能量。在团队文化中，员工之间更容易形成紧密的联系，凝聚力和归属感增强，提高团队的协作效率和工作积极性。在关键时刻，团队文化可以帮助财务组织共克时艰，形成共同战斗的氛围。偶发文化是一种强调灵活性和创造力的文化，对于财务领域的创新和探索，偶发文化是非常重要的补充，鼓励员工发挥自己的创造力和想象力，财务组织能不断探索出新的业务模式和管理方法。偶发文化的引入可以打破传统的束缚，推动财务组织更加敏捷地应对市场变化和业务需求。市场文化是财务组织中具有挑战性的一种文化，鼓励内部竞争，强调绩效和效率。在市场文化的氛围下，员工之间会形成一种积极的竞争意识，从而激发工作动力，提高工作效率。然而，引入市场文化时需要注意适度，避免过度刚性，以免造成员工之间的恶性竞争和团队的分裂。

未来的柔性财务组织文化应在层级文化基础上增加团队和市场文化，并适度引入偶发文化，形成立体的柔性文化体系。团队文化可以促进团队协作和凝聚力，市场文化可以提高工作效率，而偶发文化则为财务组织的创新和发展提供源源不断的动力。柔性文化体系将使财务组织更具适应性、竞争力和战斗力，为企业的持续发展和成功打下坚实基础。在积极应用团队结构的组织中，柔性文化也将为团队协作和组织创新提供有力支持，形成良性互动，共同促进财务组织的健康发展。

三、企业财务组织与财务管理模式的数字化转变

（一）数字化时代下企业财务转变的使命

在数字化时代，财务领域的创新变得更加重要和复杂。数字化时代赋予财务人员新的使命和挑战，要求财务人员深刻理解并融合技术与业务，以适应不断变化的商业环境。数字化时代的创新技术带来了更多便利性和可能性，但也更加复杂。财务人员需要不断学习和掌握新的技术，如人工智能、大数据分析、区块链等，以更好地应用于财务工作中。具备数字化思维和数据驱动的能力，将技术应用于财务决策、预测和规划中，从而提高工作效率和决策质量。当今时代，市场竞争日益激烈，企业需要快速响应和适应市场变化。财务创新与转变不能拖泥带水，必须遵循“唯快不破”的基本逻辑，以敏捷的姿态进行创新，及时适应新的商业环境和需求。财务转变不能孤立于技术本身，而是应该关注应用场景和业务需求。财务人员应该深入了解企业的运营和业务模式，将技术与实际场景相结合，从而使创新技术具有更高的产出和价值。[①]例如，财务人员可以利用数据分析技术来优化财务预算和成本管理，提高企业的财务效益。

（二）数字化时代背景下企业财务转变的基础生态环境

在数字化时代，实现财务管理的创新需要构建一个适合创新的生态环境，且应涵盖多个方面的因素，以支持财务部门更好地适应信息化时代的发展需求，并推动管理创新。公司战略的一致性是财务转变的基础，财务转变须与公司的战略目标相一致，紧密围绕公司的发展方向和战略需求展开。财务团队应该站在战略的风口上推动转变，为公司创造更大的价值。财务转变需要一种开放、包容、勇于尝试的文化氛围，企业应

① 常青，王坤，檀江云.智能化财务管理与内部控制[M].长春：吉林人民出版社,2021:128.

该鼓励员工提出新的想法和创新性的解决方案，给予贡献创新的员工积极的鼓励和认可，通过奖励机制和激励措施，激发员工的创新潜能，促进创新思维的培养。适合财务转变的组织模式也是构建创新生态环境的重要因素，传统的财务组织模式可能存在较强的层级束缚和刚性壁垒，不利于转变的跨部门合作和协作。因此，企业可以考虑采用柔性组织形式，打破部门之间的壁垒，促进部门间的协作和跨部门创新。可以通过建立跨部门的创新、转变团队或项目组，鼓励不同部门的员工共同参与活动，促进知识和经验的交流，为财务创新提供更广阔的空间。

（三）适合企业财务转变的方式

在企业财务领域，财务转变不仅可以提升财务管理效率和质量，还可以为企业带来更多商业价值。财务领域可以借鉴创新转变的方法，并结合适合企业财务转变的方式，实现创新的目标。关联式创新在财务领域中同样适用，财务工作常常涉及大量数据和信息的处理，可以通过将不同领域的数据进行组合和关联，挖掘出新的洞察和价值。例如，将销售数据与客户满意度调查数据进行关联，可以发现影响客户满意度的关键因素，从而改进产品或服务；将财务数据与市场趋势数据进行关联，可以预测未来的销售和利润变化，做出更明智的财务决策。模仿超越式创新在财务领域也有其价值，企业可以学习和借鉴行业内其他成功企业的财务管理经验，站在巨人的肩膀上，避免重复犯错，学习先进的财务管理方法和策略。企业应该在学习的基础上超越原有的模式，根据自身的特点和需求进行调整和创新。例如，可以借鉴其他企业成功的财务数字化转型经验，但要结合自身实际情况，制定适合自己的数字化战略和路径。

第二节　企业专业财务管理向数字化转型及创新

一、会计与报告管理的数字化转型

（一）框架详解

会计与报告管理框架涵盖了多个职能和流程，确保了财务工作的准确性、规范性和高效性。在信息化时代，技术的进步和应用为财务创新带来了更多可能性，建立适合财务创新的生态环境成为推动财务管理创新的重要因素。会计交易处理及相关流程是会计与报告管理框架的核心，会计交易处理包括记录企业的经济交易和业务活动，并将其分类、分析和登记。相关流程包括财务凭证的生成和审核、账务的结转和调整等，确保财务数据的正确性和规范性。往来管理和关联交易管理是财务管理框架的重要组成部分，往来管理涉及与供应商、客户和其他合作伙伴之间的交易和往来，包括采购和销售的订单、发票、付款和收款等。关联交易管理是指对与企业存在关联关系的交易进行监管和管理，以确保这些交易的公平性和合法性，旨在防范潜在的经济往来风险，维护企业财务的稳健性和透明性。会计报告是企业向内外部利益相关者提供财务信息的重要途径，常见的会计报告包括资产负债表、利润表、现金流量表和股东权益变动表。合并是将多个子公司的财务信息合并成为整体公司的财务报告，确保整个集团的财务信息的一致性和准确性。会计核算相关系统是支撑会计与报告管理框架运作的基础，这些系统包括财务会计软件、ERP 系统等，帮助财务人员高效处理财务数据，提高财务信息的准确性和时效性。信息披露是企业向公众、投资者和监管机构披露财务信息的过程，确保财务信息的公开透明。审计是对企业财务信息的独立评估和核查，确保财务信息的可信度和准确性。审计流程包括财务内部审计和外部审计，对企业的内部控制和财务报表进行审查和验证，审计管理则是对审计过程进行规划、执行和监督的管理活动。

（二）推动数字化

在信息化时代，会计与报告管理领域正经历着深刻的影响和重大改变。随着技术的迅猛发展和数字化转型的推动，会计与报告管理在数字化方面的应用不断拓展，为财务工作带来了全新的发展机遇。业财系统的高度集成和统一计算引擎的出现是会计交易处理自动化的重要驱动力，现代的业财系统能够将各个业务部门的数据高度集成，实现数据的实时传递和自动处理。通过统一的计算引擎，会计交易实现了自动化处理，提高数据的一致性和准确性，从而加强会计信息处理的可靠性。机器学习技术在信息化报告中的应用为智能报告的实现带来了可能性，对大量历史数据进行学习和分析，识别出潜在的数据模式和规律，从而自动化地生成更加智能化和个性化的报告。这样的智能报告可以更好地满足不同利益相关者的需求，提供更有价值的财务信息。另外，区块链技术的应用对于会计与报告管理也具有重要意义，区块链技术的特点是去中心化、不可篡改和高度透明，这使得它在财务交易记录和会计记录方面具有巨大的潜力，交易记录可以被多个节点验证和确认，保证了数据的一致性和真实性。对于内部往来和关联交易的核对和一致性，区块链技术可以提供更为可靠的解决方案，避免了传统对接模式下可能出现的问题。

二、税务管理的数字化转型

（一）框架详解

税务管理涉及企业合规纳税、税务政策遵循以及税务风险的管控，在现代信息化时代，税务管理框架的优化和数字化转型成为企业追求高效财务运作和降低税务风险的重要途径。随着税法法规的不断更新和调整，企业必须及时了解税务政策的最新动态，并及时做出相应调整，税务政策研究需要对税法法规进行深入解读，将政策变化与企业实际情况相结合，为企业内部制定有针对性的税务策略和规划提供依据，以防范潜在的税务政策风险。与税务监管部门保持良好的关系，建立有效的沟通机制，有利于企业在税务事务处理中获取公平的对话和协商机会，维护良好的税务关系有助于促进税务部门对企业的理解和支持，从而更好地应对税务检查和风险管理。有效管理各类税务数据，建立清晰的数据管理体系，可以为企业提供准确的税务数据支持，同时利用数据进行税务分析，优化税务成本和管控税务风险，数字化技术的应用可以帮助企业实现数据的自动采集和处理，提高数据管理的效率和准确性。一个完善的税务系统能够全面覆盖各种税种，支持各类税务操作，如纳税调整、报表编制、预交申报等功能，税务系统需要与其他企业系统进行接口对接，确保税务数据和其他业务数据的同步性和一致性。营改增和电子发票等特定时期的税务管理变革需要企业提前设计相应方案，并对系统进行配套支持。

（二）推动数字化

在信息化时代，税务管理领域的数字化转型成为税务部门和企业共同关注的焦点。税务部门采用大数据技术如“金税三期”和“千户计划”等，利用先天的数据不对称优势，展开税务的大数据应用，以提升税务稽查能力和加强税务管理。这些举措对企业和税务部门带来了积极的影响，推动税务管理的数字化转型。税务部门利用大数据技术，从社会数据中获取更广泛的信息，并应用在税务监管中，进一步加强税务管理。通过大数据分析，税务部门能够更加全面地了解纳税人的经济活动和资金流向，从而实现更加精准的税收征管和风险防控。数字化转型使得税务部门能够更快速、更准确地掌握税收情况，有助于提升税务管理的效率和透明度。企业需要借鉴监管部门的管理思路，在企业内部应用大数据开展税务风险的预先排查，并提升内部基于流程的报账处理和操作风险管理。引入大数据技术，对企业内部的税务数据进行全面梳理和分析，及时发现潜在的税务风险，并采取相应的措施进行风险防范和应对。与监管部门之间发票数据的对接和电子发票的应用，利于提升企业内部的发票处理流程和管理效率，降低开票成本，方便进项报销。采用电子发票等新技术，可以实现发票数据的实时传递和共享，减少烦琐的纸质发票处理流程，提高发票管理的效率和准确性。数字化转型背景下，企业能够更加便捷地进行进项报销，降低企业的运营成本和财务成本，提升企业的竞争力。

三、资金管理的数字化转型

（一）框架详解

资金管理涵盖了资金收付管理、资金计划管理、融资管理、司库管理、外汇管理、银行关系管理、资金系统管理、流动性管理等多个方面，一个高效的资金管理框架可以帮助企业实现资金的合理配置、提高流动性、降低风险，从而为企业的持续发展提供坚实的财务支持。资金收付管理涉及企业日常的资金流动，包括管理企业的现金流量、预算编制、收款与付款的控制，确保企业能够按时收取应收款项、合理支付应付款项，保持资金的稳定和充裕。资金计划管理是通过合理的资金计划，企业可以更好地预测未来的资金需求，制订资金筹集和使用计划，确保资金的有效利用和安全运营，资金计划的制订还需要充分考虑企业的经营规模、发展战略以及市场环境等因素，以确保计划的可行性和有效性。融资管理方面，企业可以通过债券融资、股权融资和混合融资等方式筹集资金，满足企业的发展和扩张需求，不同的融资方式有其特点和适用场景，企业需要根据自身情况选择合适的融资方式，并确保融资活动符合法律法规，同时注意控制财务杠杆风险。司库管理则关注企业的现金和银行账户，通过合理的现金管理策略，优化企业的资金结构，最大限度地降低资金成本，提高资金的安全性和流动性。外汇管理则涉及企业跨境交易和外汇风险的管理，需要企业灵活运用外汇工具，降低汇率波动对企业的影响。银行关系管理是与企业主要合作银行保持良好合作关系的过程，通过与银行建立稳固的合作关系，企业可以获得更优质的金融服务和资金支持，降低融资成本和风险。资金系统管理则关注企业内部的资金管理系统，建立高效的资金系统，实现对资金流动的全面监控和管理，以提高资金管理的准确性和效率。流动性管理是指企业保持足够的流动性，确保企业能够应对突发的资金需求，避免资金短缺和流动性风险。

（二）推动数字化

在当今数字化时代，信息技术的快速发展对资金管理领域产生了深远的影响，特别是区块链技术和大数据技术的应用，为资金管理带来了许多新的机遇和挑战。区块链技术作为一种去中心化、分布式的数据存储和传输技术，具有高度的安全性和可信性，在资金管理中，区块链技术可以用于改进资金交易的安全性和核对一致性，实现资金的实时结算和清算，避免了传统金融体系中可能出现的中介环节和操作风险。特别是在跨境交易方面，区块链技术能够实现跨境资金的快速、安全、高效转移，降低汇款成本，提高交易效率，为企业的国际业务拓展提供了有力支持。大数据技术的应用对资金管理领域的优化也是不可忽视的，大数据技术可以通过对海量的历史资金数据进行分析和挖掘，发现潜在的资金管理模式和规律，用于优化资金计划管理，实现动态滚动预测，及时预警潜在的资金风险。企业可以应用大数据技术，更准确地预测资金需求，合理安排资金使用计划，提高资金利用效率，降低过度备付资金带来的成本。

第三节 企业业务财务管理向数字化的转型

一、数字化财务系统的建设

数字化财务系统的建设是现代企业业务财务管理向数字化转型的核心，随着信息技术的快速发展和数字化时代的到来，企业已经意识到数字化转型的重要性，并开始积极探索和应用数字化技术来提升财务管理的效率、准确性和灵活性。在数字化财务系统的建设中，各个环节都扮演着重要的角色，共同构建了数字化财务管理的完整体系。①

（一）数据采集是企业业务财务数字化建设的起点

在数字化财务系统的建设中，数据采集旨在通过物联网设备和传感器的应用，使企业可以实现对各种财务数据的自动采集和实时监控。例如，销售数据可以通过与POS机系统的连接自动获取，库存数据可以通过传感器实时监测仓库的存货数量和状态，成本数据可以通过与供应链管理系统的整合获得。自动化采集的数据可以减少人工干预的误差，确保数据的准确性和可靠性。物联网技术的应用还可以帮助企业实现对财务数据的全面覆盖，传统的财务管理往往只关注核心数据，而忽略了一些细节信息。而通过物联网设备，企业可以实现对更加细致的数据采集，将更多的数据纳入财务系统的范围。例如，企业可以通过传感器监测生产线上的生产效率和能耗情况，将这些数据与财务数据进行关联，从而更好地理解生产成本和盈利能力。另外，物联网技术的应用还可以提高数据的及时性，实现实时数据的采集和传输。因此，企业可以更加及时

① 王顺金．财务业务一体信息化技术研究[M]．北京：北京理工大学出版社，2015:246.

地了解财务状况，及时做出决策和调整，提高财务管理的灵活性和反应速度。除了物联网技术，数字化财务系统还可以借助其他信息技术来优化数据采集过程。例如，企业可以通过与供应商和客户的系统对接，实现财务数据的自动化交换。这样一来，企业无须手动收集和整理供应商和客户的财务数据，大大提高了数据采集的效率和准确性。

（二）数据存储和处理是企业业务管理数字化建设的核心

数据存储和处理是企业业务管理数字化建设的核心，是数字化财务系统顺利运行和发挥作用的基石。随着企业业务规模的不断扩大和信息量的快速增长，传统的数据存储和处理方式已经无法满足需求。在数字化财务系统中，通过利用云计算和大数据技术，企业可以实现大规模数据的存储和高速处理，从而提高数据处理的效率和准确性，为企业的决策提供更加精准的支持。

在数字化财务系统中，数据存储的首要任务是确保数据的安全性和可靠性。传统的本地存储方式往往面临着数据丢失、硬件故障等风险，而云计算技术的应用能够有效解决这些问题。将数据存储在云端，企业可以实现数据的备份和容灾，确保数据的安全不受单点故障的影响。云计算技术还能够实现数据的弹性扩展和灵活调度，让企业可以根据实际需求对存储空间进行自由调整，提高数据存储的灵活性和成本效益。另外，大数据技术在数据存储和处理中的应用，为企业提供了更加强大的数据处理能力。传统的数据处理方式往往受限于硬件性能和处理速度，无法处理大规模的数据。而大数据技术的出现，使得企业可以高效处理海量的财务数据，包括销售数据、库存数据、成本数据等。应用大数据技术可以使企业实现数据的实时处理和分析，快速挖掘出数据中的价值信息，为企业的决策提供准确的支持。在数据处理方面，企业还可以借助人工智能和机器学习算法，实现对财务数据的智能化处理和分析。人工智能技术可以通过学习和模拟人类的思维过程，对财务数据进行自动分类、归纳和预测。智能化的数据处理方法可以大大提高数据处理的效率和准确性，减少人工处理的错误和主观性，帮助企业更好地理解和应用财务数据，做出更明智的决策。

（三）人工智能与机器学习在数据分析与报告环节的价值

在数字化的企业业务财务系统中，数据分析和报告环节不可忽视，而人工智能和机器学习算法在这一过程中有着重要价值。随着数字化财务系统的兴起，利用人工智能和机器学习算法自动生成财务报告和预测成为可能，极大地提高了报告的准确性和效率。人工智能和机器学习算法在数据分析和报告中的应用，使得管理者能够更及时地了解企业的财务状况和业务趋势，为决策提供更全面的信息支持。

在企业业务财务管理数字化转型中，数据分析和报告环节的优化不仅提高了报告的准确性和效率，还为企业提供了更多的决策支持。在数据分析方面，人工智能和机器学习算法能够帮助企业快速发现数据中的关键信息和趋势，为企业的战略规划和业务决策提供重要参考。通过对历史数据的分析，算法可以帮助企业识别出过去业务中的成功和失败案例，从而引导未来的发展方向。而在财务报告方面，人工智能和机器学习算法的应用能够实现报告的智能自动生成和定制化。根据企业的具体需求，算法可以自动整理和汇总财务数据，生成不同维度和层次的报告，以满足不同层级管理者的需要。算法还能够实现对报告的动态更新和实时展示，让管理者随时了解企业的最新财务状况。

然而，要充分发挥人工智能和机器学习在数据分析和报告中的价值，企业需要面对一些挑战。首先是数据质量的问题，算法的准确性和有效性依赖于高质量的数据。因此，企业需要确保数据的准确性和完整性，避免数据的噪声和错误。其次是算法的选择和优化，不同的业务场景可能需要不同的算法模型和参数调整，企业需要深入了解算法的原理和特点，选择适合自身业务需求的算法。企业在采用算法的过程中，需要确保用户数据的隐私不被泄露和滥用，采取相应的安全措施保护数据安全。

二、企业业务财务流程的自动化

企业业务财务管理向数字化的转型是当今商业领域的重要趋势，随着科技的不断发展，财务自动化成为实现高效、精确财务管理的重要手段。通过财务软件和人工智能技术，财务流程的自动化可以显著提高财务管理的效率和准确性，为企业带来更多的优势和机遇。财务软件的应用使得财务流程的自动化成为可能，传统财务管理中，账单的出入账、对账和核算往往需要财务人员手动操作，耗费时间和精力。财务软件可以使相关流程实现自动化处理，大大减轻了财务人员的工作负担。财务软件可以自动识别和录入账单信息，进行对账核算，减少了人为错误的风险，提高了工作质量和准确性。人工智能技术的应用进一步提升了财务自动化的水平，人工智能技术可以发现数据中的潜在规律和趋势，结合人工智能的预测模型，实现利润预测、风险评估等功能，帮助企业提前做好应对措施。例如，基于历史数据的人工智能模型可以预测未来的销售趋势和市场需求，从而优化库存管理和生产计划，提高企业的运营效率和资源利用率。财务自动化的实施不仅可以提高工作效率和准确性，还可以节省企业的时间和成本。在传统的财务管理中，往往需要大量的人力资源进行数据录入和处理，而财务自动化可以减少这些烦琐的手动操作，让财务团队能够更专注于财务策划和决策，还可以降低财务管理的人力成本。

三、企业文化与思维方式的转变

企业业务财务管理向数字化的转型不仅是一场技术的升级和更新，更重要的是涉及企业的文化和思维方式的转变。数字化转型要求企业从传统的管理模式和思维方式中解放出来，拥抱新的技术和方法，以适应快速变化的商业环境。在数字化转型中，培养员工的数字化思维和建立支持创新的文化是至关重要的。数字化思维是指在解决问题和进行决策时，能够运用数字技术和数据分析的思维方式，而培养员工的数字化思维是数字化转型的基础。企业需要鼓励员工学习和掌握数字技术的知识和技能，提高其数字素养和应用能力。培养数字化思维可以帮助员工更好地理解数字化技术的价值和应用场景，从而更积极主动地运用数字化工具解决业务问题。数字化思维还可以激发员工的创新意识，鼓励他们主动寻找改进和优化的机会，推动企业的持续改进和创新。数字化转型过程中难免会遇到挑战和困难，而试错和持续学习是解决问题和适应变化的有效方式，建立支持试错和持续学习的文化是数字化转型的关键。企业需要鼓励员工勇于尝试新的方法和技术，不惧失败，从失败中吸取教训，并及时调整和改进。试错文化可以激励员工主动创新，促进企业的快速学习和适应能力。同时，持续学习也是数字化转型的必备条件。数字化技术和方法日新月异，员工需要不断学习和更新知识，以保持竞争力。企业应提供良好的学习平台和资源，鼓励员工主动学习，持续提升自己的技能和能力。在传统的财务管理中，不同部门的数据和信息往往孤立存在，缺乏及时交流和共享。数字化转型要求企业打破这种隔阂，建立起信息共享的平台和机制。只有在数据和信息共享的基础上，企业才能实现全面的数据分析和整合，从而更准确地把握业务状况和市场趋势，做出科学的决策。数字化转型是一项全面的变革，需要全员参与和共同推进。企业领导者应当树立数字化转型的战略意识，将其作为企业发展的重要方向，并给予充分的资源和支持。企业领导者应树立开放包容的态度，鼓励员工提出创新想法和建议，促进企业的创新和改进。

四、企业业务财务管理数字化转型过程中面临的挑战与风险管理

企业业务财务管理数字化转型过程中面临的挑战与风险是不可忽视

的，这些挑战和风险可能会对数字化转型的顺利进行和成功实施造成一定程度上的影响。因此，企业需要在转型之初就做好全面的评估和规划，制定相应的应对策略，以最大限度地降低风险，并确保数字化转型取得积极的成效。

数据安全和隐私问题是数字化转型中最为关键的挑战之一，随着数字化程度的提高，企业涉及的数据量也不断增加，其中包含了公司的核心资产和客户的敏感信息。如果数据泄露或遭到恶意攻击，将对企业造成严重的损害，不仅可能导致财务损失，还会破坏企业的信誉和声誉。因此，企业需要采取一系列措施来保护数据安全和隐私，引入专业的安全技术和团队，对数据进行加密和备份，建立权限管理系统，限制数据访问权限，以及定期进行安全漏洞和风险评估。技术的不断更新和员工培训的成本也是企业数字化转型的挑战之一，数字化技术日新月异，新技术不断涌现，企业需要不断更新和升级技术设备和系统，以保持竞争力。员工的培训和教育也需要跟进，确保员工掌握最新的技能和知识。然而，技术更新和员工培训都需要投入大量的成本和资源。为了应对这挑战，企业可以考虑建立长期的合作伙伴关系，与专业的技术服务提供商合作，获得持续的技术支持和培训。企业还可以建立内部培训计划，为员工提供持续的学习和发展机会，增强员工的技能和适应能力。另外，数字化转型过程中业务流程的中断也是一项潜在风险，数字化转型可能涉及企业各个部门和业务流程的调整和重组，而这些变化可能会导致业务流程的中断和延误。为了应对这一风险，企业需要在转型之前进行充分的规划和准备，确保转型过程中的业务流程能够顺利进行，包括明确转型的时间表和目标，建立沟通机制，与各部门和团队密切合作，确保业务流程的协调和衔接。还可以考虑分阶段实施数字化转型，逐步推进，减少中断的风险。除了上述挑战与风险外，数字化转型过程中还可能面临其他方面的问题，如员工抵触情绪、组织结构调整等。企业需要及时应对这些问题，积极解决和化解。数字化转型是一项全员参与的任务，需要企业领导者的坚定决心和支持，以及员工的积极配合和参与。只有全面评估和规划，制定科学的应对策略，企业才能成功应对挑战与风险，顺利实现业务财务管理向数字化的转型，并在数字化时代中保持竞争优势。

五、企业业务财务管理数字化转型的持续改进与创新

数字化转型并非一蹴而就的，而是一个持续的过程。随着技术的不断进步和市场环境的变化，企业需要不断学习和改进，以适应新的挑战和机遇。以下是数字化转型过程中持续改进与创新的重要方面：

（一）建立创新文化

创新文化是企业内部的价值观和行为准则，鼓励员工提出新的想法、创新性解决方案，并为创新提供支持和奖励。在数字化财务转型中，建立创新文化对于推动数字化转型的成功至关重要。企业需要明确数字化转型的目标和意义，使员工意识到数字化转型是提高竞争力、优化业务流程和提高财务管理效率的关键。创新是数字化转型的推动力量，只有当员工理解数字化转型对企业发展的重要性，员工才会主动积极地参与到数字化转型的过程。营造创新的氛围，让员工乐于提出新的想法和尝试新的解决方案，企业可以设立创新奖励机制，对于提出创新性想法并实施成功的员工给予奖励和表彰，激励员工积极参与数字化转型。并且可以组织创新讨论会、工作坊等活动，让员工有机会分享自己的创新思路和经验，促进知识交流和创意碰撞。数字化转型是一个涉及众多方面的复杂过程，需要各级员工的积极参与和贡献。因此，企业需要赋予员工足够的自主权和决策权，让员工有机会参与数字化转型的规划和决策过程，从而提高员工的参与度和主动性。数字化转型是一个持续不断的过程，企业需要持续推动创新和改进，适应不断变化的市场和技术环境，建立一种持续改进的文化，鼓励员工不断思考和反思，寻找优化和改进

的机会，推动数字化转型的不断进步和升级。

（二）持续学习与培训

数字化转型带来了新的技术和工具，员工需要掌握这些新技能和知识，以适应数字化转型的发展。因此，企业需要重视员工的培训与发展，为其提供持续学习的机会和资源，以保持竞争力和提高数字化转型的成功率。企业可以通过内部培训来传授数字化转型所需的技术和知识，内部培训活动根据企业的实际情况和需求进行定制，有针对性地提供员工需要的技能和知识培训。内部培训可以由企业内部的专业人员担任讲师，也可以邀请外部专家来进行培训。企业可以通过内部培训灵活控制培训内容和进度，确保培训与企业的数字化转型目标相一致。企业还可以通过外部课程和在线学习平台来扩展员工的知识和技能，外部课程可以是由专业培训机构提供的，也可以是与行业相关的大学或学院的课程。在线学习平台则提供了更加灵活和便捷的学习方式，员工可以根据自己的时间和需求，在线学习数字化转型相关的知识和技能。员工可在参与外部课程和在线学习平台时接触到更广泛的学习资源，了解最新的数字化转型趋势和最佳实践。企业可以鼓励、组织员工参加行业会议和研讨会，加强员工对行业动态和前沿技术的了解。行业会议和研讨会通常是业内专家和领导者分享最新的研究成果和经验的平台，参与其中可以帮助员工了解行业的最新发展和趋势，为数字化转型提供更广阔的视野和灵感。从整体视角上来看，持续学习与培训不仅是为了满足数字化转型的需要，更是为了激发员工的学习动力和创新意识。在数字化转型的过程中，员工需要面对各种新的挑战和变化，持续学习可以帮助员工保持积极的态度，不断适应新的环境和要求，而这也是促进员工的个人成长和职业发展，提高员工的满意度和忠诚度，有利于企业吸引和留住优秀的人才。

（三）探索新技术应用

随着各种新技术如人工智能、大数据、物联网等不断涌现，这些新技术的应用为企业业务财务管理带来了全新的可能性和机遇。因此，企业需要密切关注新技术的发展，及时引入新的工具和方法，以提升自身的竞争力和应对日益复杂的业务挑战。人工智能（AI）的应用在财务管理中具有巨大的潜力，AI技术可以自动化处理财务数据，进行智能分析和预测，优化财务流程和决策。例如，AI技术可以通过自动分类账单和发票，实现财务数据的自动出入账，降低人工操作的错误率，提高财务数据处理的效率和准确性。物联网（IoT）技术在财务管理中的应用具有较大影响，物联网技术可以将各种设备和传感器连接到互联网，实现设备之间的智能交互和数据传输。在业务财务管理中，物联网技术可以实现资产的远程监测和管理，自动化采集资产信息，提高资产管理的效率和精确度。例如，通过物联网技术，企业可以实时监测设备的运行状态和维护需求，降低设备故障和停机的风险，减少生产成本和维护费用。

为了探索新技术应用，企业可以与技术提供商合作，进行试点项目和实验。试点项目可以帮助企业评估新技术在实际应用中的效果和价值，发现潜在的问题和挑战。与技术提供商合作，从而获得专业的技术支持和服务，缩短技术应用的周期和风险。企业还可以与行业内的先进企业进行经验分享和合作，共同探索数字化转型的最佳实践和创新路径。

（四）改进现有系统与流程

数字化转型除了涉及引入新技术，还需要对现有的财务管理系统和流程进行深入的思考和优化。改进现有系统和流程，使企业消除冗余环节和低效操作，提高工作效率和质量，从而实现更加高效和精准的财务管理。企业可以通过流程再造的方法，重新设计和优化财务管理流程。流程再造是指对企业现有的财务管理流程进行全面的重新构思和重组，以实现更高效、简化和精益化的管理。企业可以对每个环节进行审视和分析，找出存在的问题和瓶颈，寻求改进的机会。例如，企业可以优化采购和采购付款流程，通过引入电子采购系统和在线付款方式，提高采购效率和资金使用的灵活性。流程再造的目标是将资源用于最有价值的活动，提高财务管理的效率和效益。数字化技术可以为流程改进提供强大的支持，企业引入数字化技术可以实现流程的自动化和智能化，减少人为错误和重复性工作。例如，企业可以利用财务软件实现账单的自动出入账、对账和核算，可大大减少手工录入数据的时间和错误。同时还可以借助人工智能技术实现财务数据的自动分析和预测，帮助管理者更好地理解企业的财务状况和业务趋势，做出更明智的决策。数字化技术为流程改进带来了更多的可能性，为财务管理提供了更强大的工具和手段。

第四节　建设新时代下的企业财务共享服务数字化

一、企业财务共享服务的基本理念和模式

企业财务共享服务是一种集中化和标准化的财务管理模式，通过建立共享服务中心，将企业全球范围内的财务数据和操作集中处理和管理。其基本理念是实现财务数据和信息的共享和整合，避免信息孤岛，提高数据的准确性和及时性。对数字化技术加以应用，财务共享服务中心可以实现财务流程的自动化和智能化，提高财务操作效率和质量。在数字化财务共享服务模式下，企业可以建立一个财务共享服务中心，负责处理和管理全球范围内的财务活动。该中心可以集成财务数据，进行统一的记账和报告，实现财务信息的共享和交换。财务共享服务中心可以引入先进的数字化技术，如人工智能、大数据和区块链，实现财务流程的自动化和智能化，减少人为错误和重复性工作，进一步有效提高财务管理效率，降低成本，为企业提供更好的财务支持和决策依据。

二、新时代下的财务共享服务的变革和创新

随着全球化和数字化的趋势不断加强，企业财务共享服务正面临着新的挑战和机遇。在新时代背景下，财务共享服务需要积极适应变革，借助新技术和创新模式，以满足企业在全球范围内更高效、精确、灵活的财务管理需求。云计算技术为财务共享服务带来了巨大的变革。企业可以通过云计算将财务数据和系统存储在云端，实现随时随地的数据访问和共享，促进财务操作的便捷性和灵活性的提高，使得财务人员无须受限于固定地点即可处理财务事务。云计算还为财务共享服务带来了弹性和扩展性，使得企业能够根据业务需要灵活地调整计算资源和存储容量，更好地应对业务峰值和变化。在数字化转型的过程中，企业面临着大量的财务数据，来自不同地区和系统的数据需要进行整合和分析。财务共享服务的数字化转型要求企业建立完善的数据整合平台，将多源数据进行标准化、清洗和汇总，形成统一的财务数据视图。将数据进行整合和分析，企业可以更全面地了解财务状况和业务表现，帮助管理层做出更明智的决策。数字化转型为企业财务共享服务带来了更多的创新机会，企业可以探索新的业务模式，如数字化财务咨询服务、智能化财务分析服务等，为客户提供更全面和个性化的财务解决方案，结合创新业务模式为企业开拓新的市场和业务领域。①

三、数字化技术在财务共享服务中的应用

数字化技术在财务共享服务中的应用已经成为企业实现高效、准确、灵活财务管理的重要支撑。自动化工具和机器人流程自动化（RPA）在财务共享服务中可以模拟和执行人类操作，自动完成大量烦琐的财务流

① 吴娟.数字化转型中业财融合及其实现路径研究[M].长春：吉林人民出版社，2022：126.

程。例如，自动化工具可以自动收集和整理财务数据，进行凭证录入和账务核对，从而减少了人工操作的时间和错误率。RPA 可以在现有系统中无缝集成，实现对重复性任务的自动处理，从而提高了工作效率，节省了财务人员的时间。人工智能和大数据分析在财务共享服务中的应用，能使企业对大量的财务数据进行快速和准确的分析。例如，通过自然语言处理技术，人工智能可以自动解析合同和条款，并与财务数据进行匹配，准确识别相关信息。移动应用在财务共享服务中提供了更加便捷的访问方式，财务人员可以通过手机或平板电脑随时随地访问财务数据和系统，进行报销审批、查看财务报告等操作。移动应用的便捷性提高了财务团队的工作效率，特别是在出差或远程办公时，能够及时响应业务需求，做出即时决策。区块链技术在财务共享服务中可以提供更高的数据安全性，区块链的去中心化特性和数据不可篡改性，确保了财务数据的安全和透明性。财务共享服务中的所有交易都被记录在区块链上，可以防止数据被篡改或伪造，为财务交易提供了更可信赖的数据基础。区块链还可以简化跨境财务交易，并提供更快速的结算和清算服务。虚拟助手和智能客服可以为企业财务共享服务提供更好的客户体验，虚拟助手可以回答常见的财务问题，处理一些简单的财务申请，从而减轻了财务团队的负担，智能客服则可以通过自然语言处理技术，实现与客户的智能对话，解答财务咨询和提供技术支持。

四、数字化创新策略的构建

在建设新时代下的企业财务共享服务数字化转型中，构建一个有效的数字化创新策略至关重要。这样的策略将引领企业在全球化和数字化的浪潮中保持竞争力，提高财务管理的效率和质量，实现更加持续的发展。以下是构建数字化创新策略的关键步骤：

（一）明确目标与愿景

数字化转型的第一步是明确企业的目标与愿景，企业需要审视当前的财务共享服务状况，确定需要改进的领域，并制定明确的数字化目标。所制定的目标应该与企业整体业务战略相一致，确保数字化转型能够为企业带来更多的价值。例如，目标可以是减少财务流程的时间和成本，提高财务数据的准确性和可靠性，增强决策支持能力等。

（二）识别适合的数字化技术

在制定数字化创新策略时，企业需要识别和选择适合自己的数字化技术。现代财务共享服务中，云计算、人工智能、自动化、大数据分析等技术都具有巨大的潜力。企业应该根据自身的业务需求和现有的技术基础，选择最适合的数字化技术。同时考虑技术的成本、可靠性、安全性等方面，确保数字化技术能够真正为企业带来实际的价值和改进。

（三）规划数字化转型项目

企业需要制定详细的数字化转型项目规划，包括确定项目的范围、时间表、资源需求、预算等。数字化转型是一个复杂的过程，涉及不同的部门和业务流程。企业需要确保项目规划的合理性和可行性，避免过度扩大或过于集中化，以免给企业带来额外的风险。在规划过程中，与相关部门和团队进行充分的沟通和协作，确保整个数字化转型过程的顺利进行。

（四）实施数字化转型

在实施数字化转型项目时，企业需要保证项目的有效执行和监控。项目团队应该根据项目规划，逐步推进数字化转型的各个环节。在实施过程中，及时调整和优化项目进展，确保项目能够按时、按质地完成。对于关键的数字化技术应用，企业应该进行充分的测试和验证，确保技术的可靠性和稳定性。

（五）持续评估和优化

数字化转型是一个持续改进的过程，在数字化转型项目完成后，企业需要持续评估和优化数字化转型效果。对数据的监测和分析，可以帮助企业充分了解数字化转型后的实际效果，及时发现问题并进行改进。企业应该关注技术的发展和新的数字化趋势，及时引入新的技术和方法，保持数字化转型的领先地位。

第五节　改革创新形势下的企业财务数字化发展规划

真正意义上实现财务转型仍然需要企业整合财务资源，尽可能加大技术研发以及系统改造升级，要求财务部门以及有关人员加快适应数字化的发展要求，这需要经过技术迭代、职能转型与改革。

一、数字化时代背景下企业财务发展的趋势

企业财务的数字化发展意味着财务管理出现了根本性变革，基于数据、网络以及共享模式的财资平台不仅有效改变了企业财务整体的生态系统，打破了财务管理的单一、模块以及分布式管理格局，而且在一定程度上改变了企业财务组织以及财务人员的工作方式、组织运营等，将企业财务上升至服务企业战略、重塑企业生态的新高度。

（一）财务数字化技术升级改造加快

在考虑企业财务管理的数字化转型时，必须理解财务系统的核心已从应用中心转向了以数据为中心。在这个新的环境中，财务信息系统以数据驱动为核心，重视获取、整合和利用全企业的数据，帮助企业实现更精准、更快速的决策。这一转变带来了新的需求和挑战，如如何处理海量的数据、如何保护数据安全和隐私、如何将数据转化为有价值的信

息和知识。在这个新的工作模式中，财务人员不再局限于办公室，他们可以通过移动设备随时随地地访问和处理财务信息。但这也提出了新的要求：财务系统必须能够支持移动设备，并能在任何网络环境下保证数据的安全和完整。在现代的数字环境中，用户已经习惯了直观、易用和个性化的数字产品和服务，这就要求财务系统也必须提供优秀的用户体验，让用户能够方便地获取和使用财务信息。企业财务管理的数字化转型也包括跨部门和跨企业的生态圈建设，在新模式下，企业不再是一个封闭的系统，而是一个开放的生态圈，通过与外部的供应商、客户和合作伙伴共享和交换数据，实现资源的最优配置和价值的最大化。

财务管理系统的未来形态必须具备高效、移动、智能、互联、安全等特性，并能在云计算、数据库技术大数据分析、移动商务、智能分析、智能决算等领域全方位拓展。尤其是云计算，它让财务系统的运行不再受限于特定的硬件和位置，提供了无限的计算和存储能力，使得财务系统能够更好地支持企业的发展和创新。这个转变也带来了实际的业务效益。例如，通过云计算和大数据技术，财务系统可以实现差旅、业务、税务等系统之间的数据实时同步，最大限度地减少人工交互，节约流程耗时，避免人工操作产生疏漏，同时也可以让员工将宝贵的时间用于更重要的工作。事实上，很多财务软件供应商已经看到了这个趋势，开始积极布局云端记账产品。他们不仅改变了产品的底层架构，也提供了公有云和本地化部署的版本。

（二）财务管理理念转向共享中心

企业财务管理的理念正在经历一场重大的转变，转变的主要驱动力是技术的进步，特别是大数据、云计算和人工智能等新一代信息技术。这些技术不仅提高了财务管理的效率，也拓宽了财务管理的视野、增加了财务管理的功能，使其从过去的事后结算和报告，转向了现在的决策支持、风险管控、市场洞察和员工服务等领域。战略财务开始运用大数据进行经营分析，提供更精准的决策支持。为了更好地处理和利用数据，一些公司甚至在财务体系中分化出数据管理部或数据中心。专业财务对于管理会计的重视也日益加强，管理会计作为一个独立的领域，专注于企业内部的经营管理，通过收集、分析和解释财务信息，为企业的经营决策提供参考和依据。在这个过程中，管理会计团队在财务组织中开始独立出来，成为一个专门的角色和部门，代表了财务的专业化发展。业务财务的变化更为多元化，具有更多的可能性和创新空间。根据公司的特点和需求，业务财务可以尝试不同的组织形式和工作模式。例如，设立独立的业务财务部门，或者与其他业务部门紧密合作，或者采用项目制等灵活的工作方式。在此过程中，财务共享服务中心除了为企业提供传统的财务服务，还为企业的其他共享服务中心提供服务，如 IT 服务中心、人力资源服务中心等，可以使各个服务中心将各自的优势和专长结合起来，共同提升企业的效率和效果。财务部门也可以通过提供更高质量和更多元化的服务，实现从成本中心向利润中心的转变。

（三）财务组织与人员职能变化

在企业财务的数字化转型过程中，财务人员的角色和定位也在发生深刻变化。这种变化是多方面的，不仅关系到财务人员的技能和能力，也关系到他们的工作方式和思维模式。财务人员不再只是处理账单和报告的执行者，而是成了企业决策的参与者和推动者，他们需要在数字化的大环境中找到自己的位置，实现自我价值。财务人员需要理解和尊重企业的前端系统，包括员工的工作习惯和业务流程。他们不能强迫员工改变已经习惯的工作方式，而是要寻找和提供适合的数字化工具和服务，使员工能在数字化环境中更高效地工作。这要求财务人员要了解财务，也要了解业务，才能更好地服务于企业和员工。财务人员需要运用新的技术和工具，如流程机器人，将数据从各个系统中取出，导入到数据库或分析模型库中。[①]由此可以看出，企业及财务的数字化转型任重而道远，从意识形态的重视与支持到转型工具的借鉴与使用，乃至对财务人员更好价值职能的培养，这些都是转型过程中不可或缺的部分。

二、企业财务管理数字化发展规划的思路

一方面，数字化的应用能够适应物联网时代背景之下财务资源生态圈建设的高标准与高要求；另一方面，将财务的作用提升至决策支持的核心地位。在推进财务数字化的进程中，应明确数据的价值，不断尝试新技术的应用，并且需要着重加强自身的研发与整合工作，将财务数字化融合为财务组织变革、财务人员综合化等更加深层次的领域，进而有效实现业财融合、财资一体的最终目标。

（一）加快推动数字化转型，改善技术生态

在企业的财务数字化转型过程中，主要的方向之一就是构建与企业业务、上下游和产业链相适应的财务共享平台。这个平台需要充分利用企业的财务数据资源，支持组织的柔性化变革，强化集团的管控，推动财务的转型，拉动业财一体化的发展。财务应用的中心在此过程中逐渐从应用本身转向了数据，表明了财务数字化转型的深度和广度。要实现这样的转变，财务共享中心需要充分利用自身的数据优势，与先进的管理模型、工具和方法相结合，挖掘出数据的价值。这不仅要求财务共享中心拥有大量的财务数据，还要求他们能够有效地处理和利用这些数据，为企业的精细化管理提供支持和决策依据。这就需要财务共享中心具备数据处理和分析的能力，能够利用数据来解决实际的财务问题和业务问题。在改造原有的财务系统的基础上，企业还需要搭建基于运营、数据管理和财务分析的智能化平台。该平台可以把现有的业务、商业模式、

① 曲柏龙，王晓莺，冯云香．信息化时代财务工作现状与发展[M].长春：吉林人民出版社，2021：143.

生产、销售等纳入其中，充分利用财务数据的决策作用。那么需要企业有足够的技术和能力，能够构建和运行这样的平台，实现财务数据的全面应用。

（二）优化财务运作机制，增强数字化水平

在财务管理的实践中，一套严格和规范的管理制度被视为核心要素。这是完成财务工作的关键，也为整个企业提供了保障。建设财务信息和体系需要健全的制度框架，为规范企业财务部门和人员编制提供了指导。因此，对于每个企业来说，首要的工作就是完善自己的财务管理制度。完善财务管理制度并非一蹴而就的事情，需要企业根据自身的实际情况进行持续优化。从优化财务管理系统到调整财务部门和人员的配备，再到实施严密的财务核算、预算和监督体系，每步都需要企业有精准的判断和执行力。并且这种体系应该融入数字化系统中，使得机器学习和人工智能的管理能力能够发挥出来，保证企业的日常财务运作能够顺利进行。

企业需要根据自身的发展现状，灵活地增加或减少部门和人员的安排，使企业的财务管理更加精细化，也能够使企业的资源得到更有效的利用，提高企业财务管理的质量。通过数字化的改造，企业可以形成一个健康的财务组织生态，满足客户的多样化需求。企业需要具备技术和能力，并且应对客户的需求有深入的理解。通过数据画像和财务的共享，企业可以从中发现新的增长点，实现企业的持续发展。

（三）加快布局数字化产业链，打通全市场要素

数字化正逐渐成为激活传统企业创新的重要媒介，随着物联网时代的来临，特别是在 5G 商用化的推动下，拥有数字化能力的企业在未来的竞争中将展现出强大的优势。对于企业财务部门来说，数字化的推动力将引导其进行深度转型。数据的重要性在日常运营中得到体现，数据驱动的业务发展成为不可或缺的趋势。企业对数据分析和应用能够深入

洞察市场，为市场拓展提供关键的支持和指导。对于现代企业而言，产业链的建立与发展是发挥企业优势、实现长期可持续发展的关键。利用实时的数据，企业可以明确自己的发展目标，从而在复杂的竞争环境下确定明晰的战略方向。

传统的企业商业模式往往以企业自身优势为主，但流程的脱节和信息的分散往往导致决策效率低下。数字化产业链的布局就是对这个问题的有效应对，将企业运营智慧化，化繁为简，形成流程化管理，对各个部门提供多样化的财务数据支持。企业的产业链在这个过程中被升华为价值链，整合了各个职能部门的资源，更好地服务于企业的战略目标。因此，企业财务数字化不仅是一种技术创新，更是一种战略转型，将深度改变企业的运营模式，让企业在未来的竞争中拥有更强大的竞争力。不仅如此，它也会对企业的组织结构、管理模式以及人才队伍等各个方面产生深远影响，推动企业实现全面升级和转型。

参考文献

[1] 李开复，陈楸帆 . AI 未来进行式 [M]. 杭州：浙江人民出版社，2022.

[2] 田林，吴敏艳 . 中级财务会计 [M]. 南京：南京大学出版社， 2022.

[3] 陈健 . 技术创新与体制创新 [M]. 南京：南京东南大学出版社，2021.

[4] 刘琨 . 战略管理会计与企业创新决策 [M]. 厦门：厦门大学出版社，2021.

[5] 毛丰付，娄朝晖 . 数字经济 [M]. 杭州：浙江工商大学出版社，2021.

[6] 宋九元 . 数字化转型下三一重工营运资金管理研究 [D]. 兰州：兰州财经大学，2023.

[7] 闫旭红 . 企业数字化转型对非效率投资的影响研究 [D]. 兰州：兰州财经大学，2023.

[8] 卫铭 . 企业数字化转型信息披露与股价同步性 [D]. 太原：山西财经大学，2023.

[9] 郭瑞敏 . 数字金融与企业财务可持续增长 [D]. 太原：山西财经大学，2023.

[10] 张毅琳 . 数字化转型、研发投入与企业绩效 [D]. 太原：山西财经大学，2023.

[11] 刘容奋 . 基于数字化的企业财务预算管理策略分析 [J]. 中国集体经济，2023，750（22）：125−128.

[12] 姜媛 . 大数据时代电力企业财务管理困境及突破 [J]. 中国集体经济，2023，750（22）：161−164.

[13] 刘艳君 . 探索数字经济时代企业财务管理转型 [J]. 中国集体经济，2023，

750（22）：121-124.
[14] 赵远.人工智能时代企业财务会计转型思考[J].财会学习，2023，374（21）：104-106.
[15] 朱佳森，胡永铨.传统企业数字化能力构建研究[J].合作经济与科技，2023，713（18）：91-93.
[16] 李宏彪，薛永琪.数字化转型下企业会计面临的挑战[J].合作经济与科技，2023，713（18）：159-161.
[17] 付婧.数字经济时代背景下企业财务管理转型研究[J].质量与市场，2023，337（14）：97-99.
[18] 任远.国有企业财务管理数字化转型研究[J].质量与市场，2023，337（14）：109-111.
[19] 房玉红.智能财务下企业存货管理的业财融合研究[J].商场现代化，2023，994（13）：186-188.
[20] 高华艳.探讨数字化环境给企业财务管理带来的机遇和挑战[J].商场现代化，2023，994（13）：174-176.
[21] 靳霞.财务数字化转型在企业经营管理中的重要性与实现策略[J].财会学习，2023，373（20）：37-39.
[22] 陈植.当AI颠覆传统会计职能 智能财务前景几何[N].21世纪经济报道，2023-07-11（8）.
[23] 王加志.数字化转型对企业高质量发展的影响与对策[N].财会信报，2023-06-19（5）.
[24] 刘欢，饶传军.让“脱轨”企业重回发展“主赛道”[N].法治日报，2023-07-11（3）.
[25] 李春艳.浅析企业财务管理创新实践[N].财会信报，2023-06-08（6）.
[26] 付重阳.基于“互联网+”的财务管理创新[N].财会信报，2023-06-05（6）.
[27] 钱小霞.大数据背景下财务会计向管理会计转型策略研究[N].财会信报，2023-05-25（5）.
[28] 申仁柏.企业财务会计信息质量的影响因素与优化策略[N].财会信报，2023-05-15（7）.